国際行政の新展開

国連・EUとSDGsのグローバル・ガバナンス

福田耕治・坂根 徹

法律文化社

はしがき

　世界は、様々な深刻な課題を抱え、激動の中にある。冷戦終結から約30年、民族紛争や国際テロリズム、核拡散、移民・難民問題、気候変動に伴う巨大自然災害、世界経済・金融危機と格差拡大、新型コロナウイルスをはじめとする新興感染症など、人類の生存にかかわる地球規模課題は枚挙に暇がない。これらの諸課題に対処するための取組みは、各国国内行政だけでは甚だ不十分であり、国際行政によるグローバル・ガバナンスが強く要請されている。本書『国際行政の新展開—国連・EU と SDGs のグローバル・ガバナンス』は、国際行政の初学者向けに、身近な問題を取り上げ、図表やさらに学ぶための文献も基本的に日本語のものを取り上げ、また英文の文献・図表は和訳するなど工夫し、大学生のみならず幅広い読者層を対象として執筆した。特に国連の「持続可能な開発目標（SDGs）」のグローバルな課題に関心のある学生諸君、実務でSDGs にかかわるビジネスマンや国際協力行政機関・NGO の職員、国・地方公共団体の公務員、市民など、地球規模課題に興味があるすべての人々の学びの一助となることを目指した。実社会において読者の皆様が様々な就業・活動において自らの問題として地球規模課題に取組み、それぞれの立場から課題の解決に果敢に挑戦し、鋭い問題意識をもって政策の企画・立案及びその後のマネジメントやガバナンス能力を身に付け、あるいは日々の生活で情報を摂取し考え議論・行動するなど、地球市民社会の連帯に貢献されることを切望している。

　本書の第 1 の特徴は、伝統的な国連システムと超国家性を有する EU という 2 つの主要な国際機構（群）の国際行政に焦点を当てたことにある。このような構成は、執筆者の各々の専門を活かしたものともなっており、その結果、本書は国際行政を学びつつ、同時に、国連・EU・国際機構の知識も自然と身に着くようになっている。第 2 の特徴は、歴史と理論、制度と組織、行政資源などの基礎的事項を踏まえつつ、SDGs のグローバル・ガバナンスに要請される様々な国際公共政策について、国際行政と加盟国行政・主権国家の統治機構と

の関係も踏まえつつ、本書のタイトルにある「新展開」として最近の動向や変化を取り上げている点にある。第3の特徴は、本書の各所で、国連システムやEU などの国際行政と日本との関係について取り上げている点にある。

　本書はさらに、丸善雄松堂の Maruzen eBook Library プラットフォームを介して、Web 連動型の本書のデジタル・テキスト『国際行政の新展開―国連・EU と SDGs のグローバル・ガバナンス』としても公刊され、ホームページも近く公開される。これは、書籍版と Web との連携による新たな挑戦でもある。これにより、国際機関や行政機関等のウェブサイトの URL に容易にアクセスし、最新のデータ、報告書等、関連の動画等を簡単に検索・閲覧し、また、関連の論文・レポートを J-STAGE や所属の大学図書館が提供する電子ジャーナルを参照することも容易になる予定である。また、Zoom やムードルなどに設定した講義をオンデマンド方式で配信し、あるいは双方向の遠隔リアル授業においてもアクティブ・ラーニングを支援するような幾つかの工夫もある。

　執筆者としては本書が、多くの読者の国際行政への理解を深める上での参考となり、また、国際行政や国際協力の実務と研究の発展に些かでも貢献できることを願ってやまない。最後に、執筆者が研究・教育においてお世話になった様々な分野の碩学の先生方、実務家の皆様に深謝する。そして、本書の刊行まで忍耐強く取組んでくださった法律文化社編集部の小西英央様をはじめ、本書の出版にご尽力くださったすべての皆様に心から感謝申し上げたい。

〈付記〉本書は科研費基盤研究の18KT0003・18K01450・19K01455と同若手研究の16K17056の研究成果の一部でもある。

　2020年6月

　　　　　　　　　　　　　　　　　　　　福田耕治・坂根　徹

目　　次

第Ⅲ部　国際行政資源の調達と管理

第 I 部
国際行政の基礎・歴史・理論

第 1 章

国際行政の基礎——その概念、対象と方法

〔本章で学ぶこと〕
　第Ⅰ部では、「国際行政学」が対象とする「国際行政」とは何か、いかなる行政現象や活動を意味するのか、一般の行政学ではほとんど扱われることがなかった国民国家の枠にはとどまらない「国際行政」の発達の歴史と現状や概念を明らかにする。第1章では、現代行政の活動が、様々な領域でグローバル化への対応を余儀なくされ、国際機構行政を発達させてきた背景を跡付けるとともに、多国籍企業やNGO/市民社会との連携・協力関係をも強めてきた理由を考える。次に「国際公益」、あるいは「地球公共財」などの概念とこれらを確保するために要請される国際行政と国内行政の制度的・政策的諸関係の発展や規制行政の国際化、グローバルな公共性を確保する観点から、最近の国際行政研究や国際公共政策の先端的研究の動向にも触れつつ、国際行政学という新しい学問分野の目的、研究の対象と方法や課題の広がりについて展望する。

第1節　国際行政、国際行政学とは何か

　「国際行政」とはいかなる行政現象や概念を指すのか、またこれを研究の対象とする「国際行政学」とはどのような性格と目的を有する学問分野であろうか。国際政治、国際関係論などの分野では、伝統的に安全保障分野の研究が中心であり、主権国家と国際連合（国連）とその専門機関など（国連システム）の国際機構と主権国家との関係などを考察の対象として発展してきた。しかし現在では軍事・安全保障分野の問題のみならず、環境、エネルギー、開発、人

権・人道、金融・経済、貿易、国際犯罪、感染症などの諸問題が深刻化しつつある。こうした国家の枠組みを超える地球規模課題が相互に密接に国内問題と関係しながら、複合的なリスクを高めており、地球規模の危機となって人類の生存自体を脅かしつつある。

　グローバル化し、相互に依存した現代の諸国家においては、いかなる分野であっても一国レベルのみでの問題解決はほとんど困難な状況となっている。さらに二国間や多国間レベルの政府間協力だけでも、気候変動対策をはじめとする多くの複合的な地球規模課題の解決は困難になってきている。そこで、こうした越境的諸課題の相互連関性に着目してマルチ・ステークホルダーを包摂するグローバル・ガバナンスがますます要請され、希求されるようになった。つまり地球規模で個々の公共政策過程の在り方の違いを認識しつつ、国際機構が策定する国際公共政策と主権国家の公共政策との諸関係を体系的・包括的に捉え直し、起こりうる将来の危機やリスクを予測して対応できる国際行政研究が要請されるようになってきた。

　つまり国際行政学は、「予見的ガバナンス（anticipatory governance）」の観点に立って、グローバルな未来社会を設計し、国際機構の国際公共政策と主権国家の公共政策を有機的に連携させ、長期的かつ人類的な視点に立った公平・公正な価値配分、行財政資源の適正配分と体系的な政策過程の検討が不可避となっている。日々刻々と変化し、発生する国際政治経済問題に、短期的視点の場当たり的な対症療法的政策には限界があり、また合理的でもない。むしろ長期的視点に立って、根源的な人類共通課題の解決に向け、国際公共政策と国内公共政策の戦略的な連携・協力や調整によって実践的で具体的な展望を与える新たな学問分野が「国際行政学」であるといえる。

　第1次世界大戦後、大正期から昭和初期に東京帝大で行政学を担当していた蝋山政道は、レオナード・S・ウルフ（Leonard S. Woolf）の『国際政府論（*International Government*)』（1916年）に依拠しつつ著した『国際政治と国際行政』（厳松堂、1928年）において、国際行政の概念を、19世紀半ば以降に発展した国際行政連合および20世紀の国際連盟（League of Nations）と国際労働機関（International Labor Organization：ILO）における「国際機構行政」の意味に限定して捉え、定義付けた。国際行政連合は、特定行政事項に限定した国際団体を形

成し、共同の常設事務局を設置して、これに一定の権限と事務を与えた場合に「国際行政」という現象が発生すると蝋山は指摘する。また蝋山は、ヴェルサイユ条約で設置された国際連盟やILOが、一定の目的や権限の範囲内で実質的に国家主権を制限しうる新たな性格を与えられた国際行政組織であることからも「国際行政」の概念を定義付けられると論じている。安東義良は、国際行政の3条件として、①一定の行政事項の処理を目的として組織された世界的国際団体であり、②共同の負担をもって運営される共同機関があり、③共同機関には一定の権限が存在して団体の事務または紛争を処理すること、を挙げている。これら3条件を基準として、「国際行政」や「国際行政団体」の概念を明確化できると安東は指摘する（安東義良（1925）「国際協力の発達と国際行政法の意義」『国際法外交雑誌』25巻7号）。

　第2次世界大戦後、国際行政研究の必要性を訴えた辻清明は「国際行政学への一試論」（『社会科学ジャーナル』15号、1977年）と題する論稿において、国際行政を「すべての国家または多数の国家間に共通する政策を、これらの国々の行動を調整する目的のために、恒常的な組織と職員を通じて行う集団活動」と定義づけた。さらに辻は、「国際行政とは、もっとも単純化して述べれば、各国内もしくは二国間ではない国際的な公共政策の立案、決定、実施のことである」と論じている。その後、1989年に「グローバル化（globalization）」という言葉が造語されると、福田耕治は「国際化（internationalization）」と「グローバル化（globalization）」の概念を峻別するとともに、国際行政学は、国際制度（国際事務局・国際公務員制）の構築やその運営・改革と、加盟国の国内統治制度、特に行政機関の間接行政による国際公共政策の実施過程をも含めた国際・国内政策過程の全体を一体のものとして捉え、国際行政機関の制度・管理・政策の全体を国際制度と国内制度の連携システムとして捉える必要があると論じた（福田 1997）。すなわち、「国際行政は、国際機構の行政機関と主権国家の国内行政機関との歯車のかみ合うような『合成』、連携・協力を前提とする『混成システム』においてはじめて有機的に機能し、意味をもつ、国際公益の実現のための行政活動と国際公共政策過程である。」（福田 2003：12）と定義付けた。

　国際行政の目的価値である国際公益とは、国家の枠を超えた公共利益を意味

する。国際公益という概念は、個人の利益、集団の利益、国家的利益、国民的利益の延長線上にある。利益の帰属が、国家という機構を介在とする共通利益であるのか、国家を介在せずに普遍的な人類、市民に直接かかわる共通利益であるのかによって分類することができる。国際法では、これを「国際的共通利益」(international common interests) と呼ぶ。国際社会学では、「人類益」(human interest) と呼び、公共経済学では、消費の共同性や非排除性を特徴とする「国際公共財」(international public goods) と呼ぶ概念がほぼこれに相当する。さらに20世紀末、グローバリゼーションが進行する中で、国家の枠を超える公共財を、UNDP（国連開発計画）のインゲ・カウル (Inge Kaul) らの研究チームが1999年に刊行した『地球公共財』(Kaul, Inge, Isabelle Grunberg and Marc A. Stern eds. (1999) *Global public goods: international cooperation in the 21st century*, Oxford University Press, Inc.) と題する著書で「地球公共財 (global common goods, global commons)」と名づけ、国際公益と類似する概念を提起した（インゲ・カール他編（FASID 国際開発研究センター訳）(1999)『地球公共財』日本経済新聞社）。このように学問分野によって、その対象や範囲において若干の相違は見られるが「国際公益」の類概念は少なくない。

　したがって、国際社会における行政現象を考察の対象とする「国際行政学」は、グローバル化した現代政治経済社会の中で生じる諸問題を、国際問題と国内問題を一体のものとしてトータルに捉える。国際行政学は、地球市民社会の一員としての市民の立場から地球規模課題の解決の方策を考察し、新たな国際制度の設計・構築や国際公共政策の策定・実施・評価に至る政策過程全般に目配りをしつつ、制度改革や政策改善に役立てる実践的性格をもつ学際的な新しい学問領域であるといえる。

第2節　国際行政学の研究対象と方法

　国際行政学（国際行政論）は、その文理融合・分野横断的に境界を越えていく性格から行政学と国際関係論の両領域にまたがるのみならず、複雑に関係しつつ法学・経済学・社会学・自然科学の交錯する問題領域を研究対象としている。そのため国際行政学では、様々な研究方法やアプローチが考えられる。先

ず第1は、「国際行政・学」すなわち「国際行政現象を一つの実体として捉え、その発展・運動形態や構造を研究し、国際社会の諸問題を解決しようとする学問」と定義付けられる。そこでは、様々な規模や形態をもつ国際機構内部の行政管理にかかわる「国際行政」がまず想定される。第2の捉え方は「国際・行政学」、つまり「国際関係及び国際問題を行政学の理論仮説や手法等を用いて分析を試みる学問」としての「国際行政学」である。行政学や公共政策学の諸理論、仮説、手法などを、国民国家の内部の事象に対してのみならず、国境を超えた行政現象や国際的主体に対しても適用して解明を試みるアプローチである。この点に加え、国際行政と国内行政との類似性、共通性とともに両者の相違点についても認識しておく必要がある。さらに近年における国民国家の運営、国内公共政策の形成や決定には多くの国際機構から得られる政策情報・ビック・データなど、データ・サイエンス分野の知見なども今後役立てられるに違いない。とりわけ本書では2030年をターゲットとするSDGs（Sustainable Development Goals）の17の諸目標を達成する観点から、国連とEUを中心として比較しつつ、主権国家、民間企業、NGO/市民社会との関連で、国際機構の行財政資源の管理・活用・支援の在り方を考える。そこでは社会科学・人文科学部門のみならず、自然科学部門の技術的協力も不可欠のものとなってくるであろう。

　地球規模課題の解決に資する観点から、国際行政学の研究対象としては次の3分野が先ず想定される。第1に、国際機構自体の行政官僚制における行財政資源の調達・管理や機構の設計と国際公共政策の形成・決定に係る研究分野、第2に、国際機構事務局とその加盟国行政との間で形成される制度的・政策的調整関係に係る研究分野、第3に、国際機構との関係で加盟国行政機関を中心とした国際公共政策の実施（執行）過程、及び政策評価を含む国際政策過程の体系的研究の必要性を指摘することができる。そこで本書では、SDGsのグローバル・ガバナンスの視点から、国際公共政策と国内公共政策を関連付け、必要な制度と政策の設計・決定と政策実施、評価の仕方についても考えてみたい。

　国際機構において国際行政を担うのは国際行政機構、つまり常設の「国際事務局」である。

国際機構の常設事務局は加盟国代表から構成される政治的機関から独立しており、国際機構行政の長は当該機構を代表し、国際機構の人事権を有し、行財政資源を配分する役割とその管理責任を有する。国際機構とその事務局の機能は、一般に国際社会の要請を政策化して具体化する「国際危機管理・国際問題処理システム」であると考えられる。これらの国際行政、特に国際機構行政に関する先行研究を見ると、①国際機構の意思決定を左右する国際機構の制度的構造の設計（institutional design）に関する研究、②国際機構とその加盟国の合意による政策形成（policy making/formation）手続の研究、及び③国際機構による国際規制などの政策実施（policy implementation）及び評価（evaluation）に関する研究というように、政策循環（policy cycle）の機能面から分類して捉えることができる。

　さらにこれをもう少し具体的に研究対象に落とし込んで整理すれば、

①国際機構内部の行政管理問題（国連、EU、ILO、WHO、FAO、WTO、NATO、ASEAN、APEC、UNESCO など）、国際事務局行政組織・国際人事行政・国際財務行政などの研究。

②国際行政機構と加盟国内行政機構との連携・協力のための制度的諸関係（両者の媒介、調整、連携化のための諸制度）の研究。

③国際公共政策と国内公共政策を包摂する政策過程の研究（政策分野ごとの形成過程から政策決定、実施、評価の各段階における国際レベルと国内レベルの政策的諸関係）。

④国際行政機関の民主的統制と国際行政責任・アカウンタビリティ確保の手段・方法（国際機構オンブズマンと加盟国オンブズマンとの協力、国際会計監査機関と加盟国の会計検査院との協力関係や国際公務員倫理規範と国際行政統制問題なども含む）の研究。

⑤１国際機構行政と他の国際機構行政（複数）との連携・協力関係（国連、ILO、IMF、WHO と EU との協力など）の研究。

⑥国際機構とその加盟国および第３国との政府間協力関係、及び多国籍企業等の民間営利団体、NGO 等民間非営利団体、個人との協力関係・社会関係資本との協力とネットワーク・ガバナンス研究。

などを挙げることができる。

第3節　本書の構成——国際行政を国連とEUを比較して考察する意義

　本書では、「第Ⅰ部　国際行政の基礎・歴史・理論」において、国際行政学の対象と方法、国際行政現象の生成とその発展の歴史とその理論的枠組みを先行研究に基づいて明らかにする。

　「第Ⅱ部　国際行政の制度と組織」においては、国際機構の行政制度構造と機能、国際行政機関と各加盟国の行政機関との関係、国際公共政策と国内公共政策の関係、規制の国際的調整制度について国連とEUを比較する。

　「第Ⅲ部　国際行政資源の調達と管理」では、国際機構の財務行政、財務統制、財政資源管理、国際公務員制と人的資源管理、施設・サービス・情報資源の管理など、国際行政資源の調達・供給・管理の在り方を検討する。国際行政と国家行政・地方行政との連携関係、INGO（非政府間国際機構）や企業等との協力関係など、公的部門と私的部門と連携・協力をめぐる問題に焦点を当て扱うこととする。

　「第Ⅳ部　国際行政とグローバル・ガバナンスの政策」では、先端的なSDGsのグローバル・ガバナンスにおける国際行政活動と国際公共政策の具体例を扱い、各政策分野における喫緊の課題についての議論を展開することにしたい。特に地球環境エネルギー、開発、人権・人道、安全保障などに関する国際公共政策の策定と実施をめぐり、現在の国連システムやEUの国際行政は、グローバル・ガバナンスにおいてどのような役割を果たしているのかを考える。

　本書では、世界的な政府間国際機構としての国際連合（国連）と、地域的な国家連合から連邦へと向かう方向性をもつとされるEU（欧州連合）の主権国家との関係を、制度論、行政管理論、政策過程論の観点から、SDGsの具体例を取り上げ、グローバル・ガバナンスの在り方を論議している。それでは、この性格の異なる国連とEUという2つの国際制度を比較対照することの意図や意義はどこにあるのだろうか。

　国連システムとEUシステムのガバナンスを中心に、国際行政の在り方を比較対照している理由は、国連が伝統的な政府間国際機構であるのに対し、EUが超国家的性格をもった特異な国際制度であり、同時に国内制度と公共政策の

形成・決定・実施・評価を通じて緊密に結び付いている独自の「混合政体」であり、国際機構、世界連邦政府、国際行政や国際公共政策の未来を考える上で大いに参考となると考えられるからである。つまり、国連では常任理事国と、非常任理事国の発言権・影響力の差が非常に大きいのに対し、EUでは加盟国が相互に発言権を維持し、EUの制度設計や政策過程に各国がそれぞれの分野で多様な方法で影響を及ぼし合うことができる点で大きな意味をもっている。また戦争・国際紛争、国内紛争を回避するという英知やアイデアを、国連やEUはその歴史的経緯と教訓から持ち合わせているのではないだろうか。

　主権国家の枠を超える国際協力体制としての歴史的・社会実験的な国際制度・国際行政機構が、国連やEUの特質である。したがって地球規模で起こっている諸問題について、国連とEUは主権国家のレベルを超えて国際協調を図る主体となり、これらがグローバル・イッシューの政策領域ごとに新たな国際条約（憲章・議定書・協定等）を制定し、その履行確保を通じてグローバル・ガバナンスに寄与しているのではないかと考えられる。国連やEUにおいても加盟国間での駆け引きや利害対立が当然起きてくるが、これらをどのように調整し、各国が歩み寄りながら問題解決へと向かうのか、そのガバナンスの在り方を研究していくことは、人類共通の課題である。これからの国際機構の制度設計や運用・管理・履行確保の在り方、人類のためのグローバル・ガバナンスの在り方を考える際に、国連とEUという形態や性格の異なる国際制度と主権国家の関係をモデルとして比較することで多くの示唆を得ることができるであろう。

　さらに近年、国際的に顕著になってきている自国第一主義や高まる反グローバリゼーションの動きや特に欧州諸国で見られるポピュリズム台頭の傾向に対して、国際行政は様々な課題を投げかけられている。これらに対し、国際行政学の立場からどのような政策提言ができるのであろうか。

　現代国際社会の動向を見ると、短期的利害にとらわれて近視眼的な国益、自国第一主義のみでは現在及び将来に起こりうる問題の解決ができないばかりか、さらに問題を悪化させるのではないかと懸念される。地球規模課題に対しては、国連やEUのように50年、100年といった長期的展望に立ち、地球社会、人類の共通利益、「国際公益」、「地球公共財」という人類的視点に立った

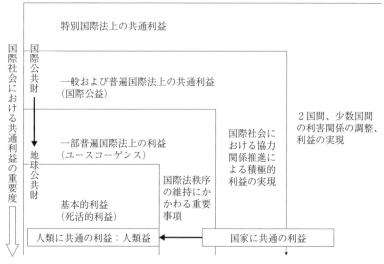

図表 1 - 1　国際公益・国際共通利益・人類益の概念図

(出典) 大谷良雄（1993）『共通利益概念と国際法』国際書院、10頁を参考に筆者作成

地球規模公共政策が不可欠であり、科学的知見や統計データに基づくシミュレーション、ゲーミングなどによる理論的な政策選択や環境、開発、人権、安全保障の相互関連性に着目した国際公共政策の包括性や持続可能性に配慮したポリシーミックスによる問題解決が必要になるといえる。

　今後の国際行政学の研究対象及び領域として、SARS 関連コロナウイルス（SARSr-COVID-19）などの国境を越える感染症対策などを含む医療保健・福祉分野の国際協力、国際社会保障、人権保障政策の在り方の検討が課題となり、またその解決には、多国籍企業、NGO、非営利ボランティア組織など民間機関、個人の有する資源の活用も含め、国際制度と国内制度の調整・政策連携協力の在り方を考察していく必要がある。その際、イラク問題で露呈した国連と主権国家の関係、あるいはユーロ危機やウクライナ危機、移民・難民危機といった複合的危機に見舞われた EU と加盟国との関係や協力の限界にも注目し、国際制度の公共性、公平性、民主性、効率性、経済性等を確保するための政策評価制度、国際行政に対する監督手法についても検討していきたい。

　国際行政機構の政策形成は、政策の内容に利害関係をもつ加盟国の影響力に

図表1-2 公益・公共を担う3つのセクター

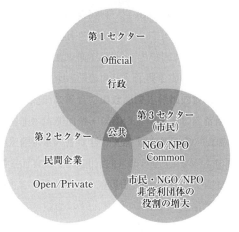

(出典) 齋藤純一 (2000)『公共性』岩波書店、山脇直司 (2004)
『公共哲学とは何か』筑摩書房を参考にして筆者作成

図表1-3 国際機構行政と国内行政の関係

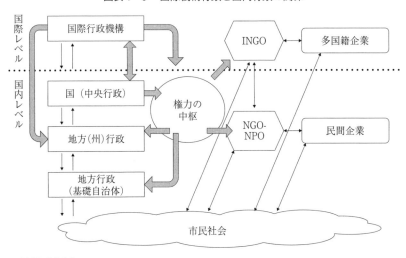

(出典) 筆者作成

より決定される傾向がある。当該の国際公共政策が専門的であればあるほど、国際行政官僚制や専門的エージェンシーの影響力が強まるため、履行確保のみならず、アカウンタビリティの確保も重要になってくる。逆に政治的要素が強い国際公共政策、加盟国の影響力が大きい政策ほど、国際行政の影響力は低下するといえる。

　国際行政の機能は、複数の国家間、もしくは人類全体に共通する諸問題について、主権国家レベルでは解決できないか、国境を越えて広域的に実施しなければその問題の有効かつ合理的な、あるいは本質的解決には繋がらない場合に要請される。世界の諸国家政府が抱える諸問題に対して、諸国家政府の行動や政策を、国境を越える共通の問題解決単位へと引き上げることによって、現在の妥当性を欠いた主権国家システムの限界を乗り越えられる可能性も期待できる。国際行政学の課題は、以上の諸点についての理論的かつ実証的研究とともに、国際機構における行政・公共政策研究にとって最善の分析枠組みはいかなるものか、グローバルな問題解決のために国民国家システムは、将来どのように変化しうるのか、国際行政機構がこれにどのような影響を及ぼしうるのか、など様々な問題解決の糸口や課題が挙げられる。

　国際行政学は、国際行政現象の解明に必要な理論と実証研究を蓄積し、その成果を活用することによって国際問題の解決、地球規模課題の解決に役立てることができる。このようにして国際行政学は、安定した国際秩序の形成に寄与し、人類の平和と福祉に貢献しうる実践的有効性をもつ学問となるであろう。

〔Further Reading〕
レナーテ・マインツ（片岡寛光監修／縣公一郎訳）（1986）『行政の機能と構造—ドイツ行政社会学』成文堂
福田耕治（1992）『EC 行政構造と政策過程』成文堂
福田耕治（1997（初版は1990））『現代行政と国際化—国際行政学への序説〔第 2 版〕』成文堂
福田耕治・真渕勝・縣公一郎編（2002）『行政の新展開』法律文化社
福田耕治（2003）『国際行政学—国際公益と国際公共政策』有斐閣
福田耕治（2012）『国際行政学〔新版〕—国際公益と国際公共政策』有斐閣
福田耕治編著（2016）『EU・欧州統合研究—— Brexit 以後の欧州ガバナンス〔改訂版〕』成文堂

グローバル・ガバナンス学会編、渡邊啓貴・福田耕治・首藤もと子責任編集（2018）
『グローバル・ガバナンス学Ⅱ―主体・地域・新領域』法律文化社

〔設問〕
1　国際行政の概念と機能について論じなさい。
2　国際行政学の研究対象は何か、いかなる研究方法が考えられるか、具体例を
　挙げて論じなさい。

【福田耕治】

第2章

国際行政の歴史と理論

[本章で学ぶこと]

　国際行政は、いかなるニーズが生じた結果、誕生し、発展してきたのであろうか。本章では、1800年代から現在に至るまでの国際行政の歴史を俯瞰したのち、行政理論の変遷と国際統治や国際行政に関する先行研究を学ぶ。国際行政の歴史を、①19世紀の国際行政の黎明期における「国際行政連合」の形成期（第1節）、②20世紀第1次世界大戦時の「戦時共同行政」から国際連盟事務局の創設、及び第2次世界大戦後の国際連合に至る国際行政の確立期（第2節）、③欧州統合・EC/EU統合の進展に伴う「超国家的国際行政」の出現と多次元（マルチレベル）行政ガバナンスの発展期（第3節）の3期に分けて跡付ける。本章では、国際行政の生成、発達の歴史を踏まえ、諸学説の論点整理を行い（第4節）、国際行政を捉え直す手掛かりとしたい。

第1節　国際行政の黎明期——「国際共通利益」の認識と国際行政連合の形成

　1648年ウエストファリア条約を根拠に、国際社会が誕生したとされる。欧州においては、戦争や戦争の脅威の結果として、諸国家間で軍事同盟や相互に利益を享受するための多くの2国間条約が締結されてきた。さらに国境を越える特定分野で行政ニーズが生じると、各国間で利益の共通性を認識するに至る。国際共通利益（国際公益）を有効に確保し、管理するために、国家の枠を超えた行政同盟、国際行政連合を創設する段階へと向かった。17世紀に公海における自由航行の原則に関する国際条約が締結されて以降、英国で始まった産業革

命が欧州各国へ影響を与え、国家間で貿易が増大するにつれ、19世紀から20世紀初頭の時期に、多くの国際規範、国際条約が締結された。交通、通信、貿易、公衆衛生、風紀、犯罪防止などの分野で国家間、または諸国家・民間団体間で、一定の目的をもつ条約、協定が多数締結され、国境を越える規制行政が展開されるようになった。国際社会の多様なニーズに対処する目的から、技術的な機能分野別に国際行政団体が出現し、発展していった。

　国家行政であるか、国際行政であるかを問わず、一般に行政活動は、社会的ニーズの発生とそれへの対応のために出現する。

　19世紀の国家及び公共機関による国際行政の萌芽は、1804年ライン河航行国際委員会設置が端緒となった。1815年ウィーン会議最終議定書は、史上初の多国間条約であり、沿岸国のみならず内陸国も含めたライン河航行中央委員会の設立を規定している。1816年発足したこの国際河川を共同管理する史上初の国際制度は、その事務局を1831年フランスのストラスブールに置いた。その後、1839年シエルト河、1856年ダニューブ河欧州委員会が設立された。これらの国際河川委員会の任務は、航行の自由確保と河川行政を統一的に監督し、沿岸国は通行料や課徴金の徴収により、国際河川の維持管理を行うことにあった。その後、産業革命の影響もあり、人や物の越境移動が増え、電気通信、郵便、交通・運輸や度量衡、感染症予防、科学技術などの特定の技術的な分野で共通の規則や企画・基準の国際的調整の必要性が強く認識されるようになった。

　こうして19世紀後半には、非政治的分野、技術的、専門行政事項の分野において国際社会の機能的な組織化が始まった。1865年万国電信連合（Universal Telegraphic Union：UTU）が設立された。1874年スイスのベルンで国際郵便会議が開催され、22カ国の欧州諸国間で1875年一般郵便連合（Union générale des postes）が設立され、1878年万国郵便連合（Universal Postal Union）へと発展した。これらは「国際行政連合（International Administrative Unions）」と総称される。国際行政連合は、①各加盟国の代表から成る全権委員会議、②各国国内行政を調整・処理する管理理事会、③関係事項の情報収集と伝搬、資料作成、国内行政の調整の補佐などを担う常設国際事務局で構成されていた。

第2節　20世紀前半・国家機能の変容と国際行政の確立期
——国際連盟から国際連合へ

　第1次世界大戦の教訓から、「国際政府」の必要性が認識され、その可能性が議論された。その結果、各国の経済的、社会福祉価値の実現こそが、国際平和にとって不可欠な要素となることが強く認識され、史上初の国際機構である国際連盟（League of Nations）と ILO の創設へと至った。この時期に国際事務局と国際人事行政の基礎が置かれた。

(1)　「戦時共同行政」から国際連盟・ILO の創設へ

　20世紀前半には、資本主義の発展に伴い、社会の同質性は崩壊し、都市部における失業者の増大や貧富の格差、公衆衛生上の問題などの社会問題が政治問題化していった。しかし国家政府では、問題の解決には至らず、国家間及び民間団体を含む越境的な国際協力が要請されるようになった。1914年から18年の第1次世界大戦は、19世紀的な欧州諸国間の勢力均衡レジームの破綻を明確化させ、平和な世界秩序を構築するための「国際政府」創設への期待を強めさせることになった。イギリスでは、フェビアン協会の委託を受けてウルフが、『国際政府論（*International Government*）』（1916年）を著し、国際政府による国際統治の可能性と国際行政の必要性について論じた。ウルフによれば、①国家または民間団体が協定により国際行政機関を創設するか、②国家または民間団体が、国境を越える行政に同一の規定や規格・基準を設定し、共同履行するという方法がとられてきた（Leonard S. Woolf, 1916：183）。「行政の国際化」という観点からは①、②とも同じ意義を持つとする。国際社会のニーズに応えるため、国家以外の民間団体が自発的に国際行政の発達に寄与する場合もあったが、国際行政秩序の形成にとっては主権国家が直接・間接にこれに関与する場合に、一層大きな影響力をもつと蝋山政道は指摘している（蝋山 1925：467-468）。

　第1次世界大戦時には、イギリス、フランス、イタリアが「国際軍需品委員会」をロンドンに共同で設置し、連合国の各国外務省が連携協力して船舶や食

糧などの軍需品・民需品などの共同購入・調整を行う「戦時共同行政」を経験した。アメリカも参戦した1917年にはさらにアメリカもこの「共同行政」組織に加わり、常設事務局も置かれた。これが、後に創設される「国際連盟」の事務局と理事会のモデルとして大きな示唆を与えたとされている。

　第1次世界大戦後の1919年世界最初の国際平和機構として「国際連盟」がパリ平和条約の第一編で創設された。これは、「ヴェルサイユ条約」の発効により、「国際連盟規約」を根拠に1920年発足した。連盟の原加盟国は、第1次世界大戦の戦勝国32カ国と中立国13カ国で構成され、1934年には59カ国となった。連盟の主要機関は、総会、理事会、及び事務局から組織された。永世中立国スイスのジュネーブに置かれた連盟の事務局には中立的な性格を持つ750名の国際公務員が任用された。ヴェルサイユ講和条約第13篇で創設された国際連盟事務局の設置にあたり、19世紀の国際行政連合の常設事務局の経験と第1次世界大戦期の戦時共同行政の経験が、国際行政事務局のモデルとして活かされたとされる。当時、海運執行委員会議長の職にあったあったアーサー・ソルター（Arthur Salter）は、その実務経験に基づいて国際行政の原理として、次の8条件を挙げている。すなわち、①国際共同事業に関し、各国政府による継続的な協力と履行を確保するため、各国政府の責任ある官僚に直接交渉にあたらせる。②この直接交渉は、外務省を通じてではなく、各省庁の閣僚会議や委員会の形式をとる。③各国の管轄権を有する閣僚に、専門事務官で構成される執行委員会を設置させ、事務を処理させる。④当該委員会の委員は、相互の信任を得て協力し合い、自国に対しては国際的見地から、委員会に対しては国家的見地から自己の影響力を行使する。⑤各委員は、自国における政策決定の前に、自国に対する忠誠心をもって委員会に対し忌憚なく意見を述べ、討議する。これを踏まえて各国政府における政策決定に影響を与えられる。⑥委員会の権能は、理事会において付与され、その執行は当該閣僚の指揮下にある事務官によって執行される。⑦この組織の下に各種の下部委員会を設置する場合、その実施は執行委員会の統一的な方針に従う。⑧国際会議の正統な職務は、討議により一般的方針を決定することではなく、準備された計画を承認し、既に成立している協定を裁可することにある、としている（蝋山 1928：287）。

　さらにヴェルサイユ条約の第13編では、国際労働機関（International Labour

Organization：ILO）を創設し、1920年国際連盟と同時に ILO も発足した。ILO の主要機関は、政府代表、労働者代表、使用者代表という独自の三者構成をとっている。その本部事務局はジュネーブに置かれ、国際労働基準を設定し、加盟国労働行政の国際的監視を行うことにある。

　国際連盟における国際行政は、その目的を世界平和のための建設的努力に関連するすべての行政活動である。連盟事務局の任務は、年一回開催される連盟理事会の総会に必要な専門的情報や意見を収集し、記録の保存と参加国への関係情報の提供・流布にあり、その行政を直接執行するのではなく、間接的に各国の行政を統制するための手段を講じることにある。国際連盟事務局は、第1に事務局内部の行政管理業務を担う。第2には、連盟の総会もしくは理事会によって設置された各種の常設もしくは臨時の諮問機関や技術的機関と連携して、多数国間で統一的に確保すべき行政事務の配分として設定される客観的義務・基準を、名宛国において履行確保させる「国際コントロール」を目的とする。

　1930年代半ばには国際連盟は機能不全に陥り、第2次世界大戦の勃発により崩壊した。しかし連盟の国際事務局の行政管理の方法は、戦後設立される国際連合の事務局へと受け継がれた。主権国家から独立した国際機構として国際連盟が設立され、その運営・管理のために国際公務員から成る国際事務局が形成された。国際機構において国際行政を担うのはその「事務局」であり、国際公務員である。国際機構の事務局に勤務する国際公務員（国際官僚）は、加盟国から一定の独立性を保ちつつ、その影響力を有するようになった。

(2)　国際連合システムと国際機能主義──国際行政機構の増設

　1942年アメリカのルーズヴェルト大統領は、「国際連合（United Nations）」という用語を用いて、第2次世界大戦後の世界秩序を構想しつつあった。ルーズヴェルトは、戦後の新しい国際秩序の在り方についてイギリスの政治学者ミトラニー（David Mitrany）に諮問した。ミトラニーは、世界平和のための国際秩序形成には、技術的、行政的、社会・経済的な管轄分野ごとに機能的に国境を越える組織化を進め、世界を国際組織の網の目で覆うことにより、漸進的に各国国民を統合していき、究極目標である世界平和に至ることができると考え

た。ミトラニーは、国際社会の組織化を通じて国際協力を推進する「国際機能主義（international functionalism）」が世界平和のために不可欠であると説き、これを1943発表した論文で「実働平和システム（a working peace system）」と名付けた。彼は、20世紀後半の国家は職能国家、行政国家、福祉国家となり、国家の対外関係に関する行政処理は、問題の専門化、高度化、複雑化に伴い、外務省が独占的に担う時代から専門省庁による分掌体制へと変わりつつある現実を見逃さなかった。こうした変化をもたらしたニューディール行政の時期におけるアメリカ行政機関の設置やルーズヴェルトのニューディール政策に触発され、ミトラニーは自らの国際機能主義アプローチの着想を得たことを認めている。この機能主義の考え方は、後の国際連合システムの形成や欧州統合の推進に大きな影響を与えることになった。1943年ルーズヴェルトの要請により、食料・農業会議を招集する計画が開始され、国連食糧農業機関（FAO）の設立（1945年）へと至った。1944年ブレトンウッズで開催された連合国通貨・財政会議は、国際復興開発銀行（IBRD）や国際通貨基金（IMF）などの世界銀行グループ創設（1945年）へと繋がった。

　1944年アメリカ、イギリス、中国、ソ連の4大国は、「一般国際機構の設立のためのダンバートン・オークス提案」として作成された国連憲章の原案に合意した。これを踏まえ、1945年4月サンフランシスコで新しい国際機構の創設を行うために「国際機構に関する連合国会議」を開催した。この会議は2カ月にわたる作業の末、1945年6月111カ条で構成される国際連合憲章を全会一致で採択した。「国際連合」という名称は、同年4月に死去したルーズヴェルト大統領への敬意を示すものであったとされる。こうして1945年10月24日51の連合国を原加盟国として国際連合が誕生した。その主要機関は、総会、安全保障理事会、経済社会理事会、信託統治理事会、国際司法裁判所及び事務局である（国連憲章、第7条）。国連事務局（United Nations Secretariat）は、各国の利害から中立的な立場で国連の諸機関が決定した活動計画や政策を実施する国際行政機関であり、国連事務総長がこの事務局を統括する。本部はニューヨークに置かれ、ジュネーブ事務局（UNOG）、ウィーン事務局（UNOV）、ナイロビ事務局（UNON）を各地域の中核とし、世界各地に事務所が設置されている。これらのうち国連ウィーン事務局（UNOV）は薬物乱用取締まり、犯罪防止、刑事司

法、宇宙空間の平和利用、国際商取引法に関する活動の本部となっている。事務局は、事務総長と事務総長が任命する世界各地の国連事務所に勤務するすべての国籍を代表する職員（国際公務員）で構成される（国連憲章）。事務総長は国連職員である国際公務員の補佐を受ける。

　国連事務局の行政組織の詳細は、本書第3章を参照されたい。国連事務局の任務は、国連機関が決定した計画や政策を実施することにあるが、そのための多岐にわたる日常業務があり、国連の他の主要機関を支援するための事務的サービスを提供する。事務総長は、安全保障理事会の勧告に基づいて総会が5年の任期で任命する。再選も可能である。国連ナイロビ事務所（UNON）（www.unon.org）は環境と人間居住に関する活動の中心である。

　国連事務局が行う任務は、国連自身が取り上げる問題やその活動と同様に広範かつ多岐にわたる。それは平和維持活動の管理、国際紛争の調停、人道援助計画、経済的社会的動向の調査、人権や持続可能な開発に関する調査など多様である。事務局職員はまた、国連活動についての情報を世界の報道機関、各国政府、非政府組織（NGO）、調査研究・学術ネットワーク、そして一般市民に提供する。世界的な重要性をもつ問題に関する国際会議を開催し、各国の代表が行う演説や会議文書を国連公用語へ通訳、翻訳する。また、情報交換の場を設け、科学技術のあらゆる領域における国際協力を可能にし、文化・経済・社会活動を推進する。これらの職員及び事務総長は、国際公務員としてその活動に伴う責任は国連に対してのみ負うものとされている。

第3節　欧州統合の歴史とEUの超国家的国際行政の出現

　第2次世界大戦後、地域限定的組織ではあるが、伝統的な政府間国際機構の概念では捉えられない新たな超国家的な国際行為主体が出現するに至った。フランスのシューマン外相は、熱烈な平和主義者であり、欧州統合論者であったジャン・モネの提言を受けて1950年シューマンプランを発表し、100年以上にわたり独仏間で戦争原因となってきたアルザス・ロレーヌ地域の国境付近にある石炭・鉄鋼石の地下資源管理を超国家的国際機関のテクノクラートに委ねることにした。これよって独仏間の戦争原因を永久にとり除き、石炭・鉄鋼資源

を戦後の経済復興のために共同利用するという画期的な「不戦共同体」設立の提案であった。当時の西ドイツはこの提案を受け入れて国際社会の一員として復帰し、さらにイタリア、オランダ、ベルギー、ルクセンブルグもこれに賛同して6カ国で1952年欧州石炭・鉄鋼共同体（European Coal and Steal Community：ECSC）を創設した。ECSCを特徴付けたのは、超国家的（supra-national）な性格を有する「最高機関（High Authority）」と呼ばれる行政執行機関（現在の欧州委員会の起源）の設置であった。フランス政府は当初、この最高機関の事務局職員は、各加盟国から派遣される国家公務員を充てることを提案した。しかしオランダ政府は、自国の国内法が国家公務員と国際公務員の兼任を認めていないことを理由にフランス案に強硬に反対した。その結果、ECSC専属の国際公務員から成る超国家的性格の強い国際事務局を設置することになった。

　さらに1957年欧州経済共同体（European Economic Community：EEC）、及び欧州原子力共同体（European Atomic Energy Community：EAEC）がECSC原加盟国の6カ国で設立され、これら2つの共同体の行政府としてEEC委員会、EAEC委員会がそれぞれ設置された。その後、これら3共同体の行政執行機関は1967年7月に併合され、単一の欧州委員会（European Commission）となり、3共同体で共有される共通の行政執行府となり、国際事務局も設置された。また立法機関として3共同体にそれぞれ設置されたECSC特別理事会、EEC理事会、EAEC理事会も、同様に3共同体に共有される単一の「EC閣僚理事会（Council of Ministers of the European Communities）として同年統合され、この立法機関にも国際公務員で構成される事務局が設置された。これ以後、ECSC、EEC、EAEC 3共同体の総称として欧州共同体（European Communities：ECs）と呼ばれるようになった。

　1985年「欧州委員会」の委員長に就任したフランス出身のジャック・ドロールは、7年後の1992年末までにECSC、EEC、EAEC 3共同体の仕組みを、「EU：European Union（欧州連合）」という新たな政治経済システムに組み替え、「域内市場の完成（Completing the Internal Market）」を目指す旨を、通称『域内市場統合白書』と呼ばれる欧州委員会の報告書において高らかに宣言した。この報告書では、域内経済統合に関する施策について具体的にロードマップ・スケジュールを示し、市場統合を成功させるために、経済統合政策と同時

にEUレベルの社会政策・社会保障政策を強化することの重要性も指摘した。欧州地域は、「主権国家システム」ができてから300年後、そして1793年フランス憲法の下で「国民国家システム」ができてから200年後にあたる1992年末を期限に域内市場を完成させ、1993年からEUを発足させる計画を世界に公表した。この「域内市場」は、概念的には「共同市場」とほぼ同義語であるが、新たに「域内市場」という言葉を造語して新しいEUシステムを特徴付けた。これはグローバリゼーションを欧州域内で実現させ、人・モノ・資本・サービスという4つの要素を、国境を越えて自由移動する空間としてのEU（統合ヨーロッパ）を作ることを目的として、1993年11月1日からEUが発足した。

　欧州統合の目標の第1は、政治的には有史以来戦争が続いてきた欧州大陸を平和な大陸にするという政治的目的があり、第2には、世界市場においてアメリカ、日本に対峙できる国際競争力を強め、高度な経済成長を達成するという経済的目的があった。このためには、EUは域内市場において経済統合を進める必要があり、同時に社会政策と社会保障政策もEUレベルでバランスよく実施しないと欧州統合はうまくいかないであろうと考えた。EU加盟国間にはB. アマーブル（Bruno Amable）がその著『五つの資本主義（*Les systémes d'innovation à l'ere de la globalization*, Economics, 1977)』（藤原書店、2005年）で指摘するように多様な資本主義体制がある。北欧・西欧・南欧・地中海で経済力、社会・経済構造に大きな違いがあり、そのまま自由競争すれば、必然的に加盟国間および社会階層間で貧富の格差が拡大する。これを防ぐために、国境を超える「連帯」による社会的公正を確保できるような仕組みが不可欠となる。さらに欧州レベルの社会政策、あるいは社会保障政策を実施することで、所得の再分配や加盟国間調整を行い、格差を是正していかねばならないとドロール委員長は提言した。この観点に立って1989年には「欧州社会憲章」が採択され、2000年には「欧州基本権憲章」が採択された。2009年12月発効した「リスボン条約」の発効と同時に、この「欧州基本権憲章」にも法的効力を与えることとなり、その結果、EU基本条約である「リスボン条約」の中にも、また「欧州基本権憲章」の中にも「連帯」（Solidarity）という文言が法的根拠として明文化された。

　しかしながら、現実にはアメリカ流のグローバル化とネオ・リベラリズム

（新自由主義）経済思潮に基づく政策や諸改革が実施され、OECD 諸国において
も順次具体化されていった。欧州諸国の中ではイギリスのサッチャー政権下で
最初にこの新自由主義路線が進められた。域内統合プロセス内の枠組みとして
埋め込まれた新自由主義的諸政策は、その後の欧州統合行方を決定付けたとも
いわれる。域内市場統合は、本来はグローバル化に上手く対応し、これを利用
しながら欧州が経済発展をするための一つの手段と考えられたが、現実の政
治・経済・社会への影響はあまりにも大きくかつ深刻な社会問題を惹起したの
であった。EU 統合が新自由主義的改革を重ねる中で、経済政策が重視され、
社会政策は従属的な存在となっていった。これは、企業や資本家にとっての経
済的自由を拡大する政策であり、そのための規制改革を行い、株主や経営者を
優遇する株主至上主義の経済運営を行うものであった。

　ドイツでは、戦後1960年代以降の経済成長期にガスト・アルバイター（客人
労働者）いう形で、トルコの移民労働力を大量に低賃金労働者として導入し
た。フランス、イギリス、その他の国々でも同様に移民労働力を導入していっ
た。

　2004年 5 月から中東欧諸国へと EU が拡大した結果、EU 加盟国は28カ国ま
で拡大した。中東欧諸国からの移民という形で労働力が西欧諸国へ流れ込ん
だ。労働市場の「柔軟化」を進め、正規労働者を減らして非正規労働者へと置
き換えていく政策がとられた。富裕層や企業の法人税を軽減する一方で、その
税収減少分を中間層以下の一般庶民の VAT（付加価値税）負担増で補う方式の
税制改革が進められた。衰退産業から、新興の成長力ある産業へと労働力を移
動させるために柔軟性を高める政策がとられた。つまり固定費となる正規社員
を減らして、流動費として景気の変動に応じて解雇が容易な任期付きの非正規
社員を増やす「労働の柔軟化」改革が進められた。その結果、大部分の EU 諸
国のジニ係数は上昇し、イギリスや南欧諸国で特に格差が拡大していった。
PIIGS 諸国（ポルトガル・アイルランド・イタリア・ギリシャ・スペイン）では不動
産バブルが崩壊後、国際競争力が弱い為、失業者の増大を招いた。リーマン・
ショックの影響から2009年以降のユーロ危機に繋がり、経済・財政危機・欧州
債務危機といった流れに繋がり、他方では国内的にも国際的にも中間層以下の
貧困化と社会経済的格差の拡大が加速し、ウクライナ危機、テロの増加、移

民・難民危機、イギリスのEU離脱（Brexit）危機といったEU複合危機の一因となった。　さらに中東・北アフリカ・アフガニスタン等からの難民流入も2013〜2014年頃から始まり、メルケル独首相がシリア難民をすべて受け入れると表明した2015年の夏以降、EU統合の屋台骨を揺るがしかねない「難民危機」が起こり、政治問題となっていった。EU域内においては、人の自由移動政策を促進する政策を長年にわたり実施してきたが、EUとして移民・難民を支援するための加盟国のコストを誰が負担し、どうするのかという問題が浮上してきた。移民・難民の家族も含め社会保障、教育、生活支援、労働者の職業訓練等の費用負担を迫られ、多くの欧州各国では移民・難民の受け入れを拒否し、自国中心主義や排外主義、反EU統合を訴えるポピュリスト政党が躍進し、選挙のたびに極右政党への支持が高まる原因ともなってきた。

　欧州諸国では、移民1世はもとより2世・3世になっても移民は社会的に受け入れられず社会的排除（social exclusion）の状態に置かれている。移民は、社会的な交流の場に出るための資金力も無く、医療・社会保障等の社会保護の恩恵にも浴せられず、教育の機会からも排除され、結果として希望する職業に就くことができず、低賃金労働や非正規雇用に就くか、失業の結果、貧困の状態に置かれ続けるという構図がある。「多文化共生」という理念も大量の移民・難民が流入し、受入国国民との間で社会的軋轢が続く中で、受入国国民としてはこれ以上の負担分担は受け入れ難いという感情が高まっていった。他方、受入国社会に絶望した多くの移民労働者2世の若者がパリやブリュッセルで起きた自爆テロの犯人であった。ホームグロウン・テロリストとなる若者も、結局、経済格差の拡大、社会的排除が背景にあり、それが社会的亀裂を引き起こす原因となり、不満の蓄積という土壌にテロの温床があることが次第に顕在化してきた。

　2016年イギリスのEU離脱の是非を問う国民投票で、中産階級では48％が残留を望み、34％が離脱を望んだ。これに対して労働者階級、低賃金層の人々は残留派が26％、離脱派が47％であった。年齢別では、若年層（21〜34歳）では69％が残留を望み、55歳以上の中高年層や年金生活者層に離脱派が多いという傾向を示した。こうして2020年1月末イギリスは、EUから離脱した。以上のように、数々の深刻な矛盾を抱えて苦しんでいるEU内部では、今後どのよう

に進んでいくべきかについて、様々な改革の模索が続けられている。

第4節　行政学、国際行政の理論──学説史・先行研究

(1)　行政学と国際行政研究の変遷

　ドイツ、フランス、アメリカ、及び日本の行政学と国際行政研究の変遷については、章末の図表を参照し、全体像を俯瞰されたい。

　行政研究の歴史は、30年戦争（1617～48年）の講和条約であるウエストファリア条約（1648年）を経て、主権国家から成る国家間関係の体系が誕生して以降に、ドイツ絶対主義国家やフランス絶対王政国家の官僚制の形成を背景にして始まった。ドイツでは、絶対君主の国家統治のために、君主の名において君主に代わって統治を行う国家統治に必要な専門知識をもつ職業的官僚集団が必要となり、官僚を養成するための学問として「官房学（Kameralwissenschaft）」が生まれた。学説史上17世紀のゼッケンドルフ（V. L. Seckendorf）『ドイツ君主国家論』（1659年）に代表される前期官房学と18世紀のユスティ（J. H. G. Justi）『警察学原理』（1875年）や19世紀ベルグ『警察法ハンドブック』（1799～1804年）に代表される後期官房学に大別される。これらを基礎にして19世紀ローレンツ・フォン・シュタイン（Lorenz von Stein）は、国家と社会との関係を明らかにし、ドイツ官房学を集大成し、批判を加えて、『行政学』（1884年）を著した。シュタインは、警察概念を「憲政（Verfassung）」と「行政（Verwaltung）」に分け、両者の相互補完関係を明らかにした。憲政は、国家意思の形成・決定の機能であり、行政は決定された国家意思を実施する、政策執行の機能であるとした。

　フランスにおける行政研究の萌芽期もドイツと同様に、ナポレオン・ボナパルトによる1799年憲法制定以後、中央集権化が進められる過程で「行政学（la science administrative）」が誕生した。その起源は、19世紀初頭ジャン・ボナン（Charles Jean Bonnin）が著した『行政の諸原理』（1812年）にあるとされる。ボナンの行政学は、「統治」と「行政」の概念を分けて捉えた。統治は行政の指導原理であり、行政は公共問題の管理手段となり、両者が密接かつ不可分な関係にあると論じた。ボナンは、自著をアメリカのトーマス・ジェファソンに献

本しており、W. ウイルソン（Woodrow Wilson）に始まるアメリカ行政学の形成にも大きな影響を与えたと推測される。

　W. ウイルソンがアメリカ政治学会の『季刊・政治学』に寄稿した「行政の研究（The study of Public Administration）」（1887年）という論文がアメリカ行政学の起源とされている。W. ウイルソンは、国家統治において「政治」と「行政」が峻別されるべきであり、政治が行政の任務を設定し、運営を担うのが行政の機能であると論じる「政治・行政二分論（Politics Administration dichotomy）」を提起したことで知られている。しかし、O.W. マーチンは、アメリカ行政学会の学会誌『行政評論』（1987年）に、「既視感—アメリカ行政学のフランス的祖先」と題する論文を寄稿し、W. ウイルソンの主張した政治・行政二分論は、既に独仏でシュタインやボナンによって前世期に論じられていた学説であり、「アメリカ固有の発明品」と見做す通説自体が疑わしいと断じている。

　国際行政の概念や諸学説については、19世紀後半にシュタインが「国際行政法に関する若干の考察」（1882年）と題する論文において、国際行政連合のような機能的な国際的団体が発達しつつある状況に鑑みて、国際行政秩序を規律する「国際行政法」概念の生成を認識していた。またイエリネック（George Jelineck）もその著『一般国家学』（1900年）において、行政と裁判に関する条約は18世紀までに講和条約の構成要素となり、19世紀後半には諸国家間で利益の連帯性を認識し、国家間で相互に寄与を交換し合う条約、あるいは永続的共通性をもつ国家的利益を維持するため、行政同盟、行政連合を設定し、特定分野ごとに「国際行政団体」がすでに組織化される段階に至っている、と論じた。

　これらの先行研究から、「国際行政（International Public Administration：IPA）」研究の萌芽期は19世紀後半であると推定される。20世紀に入るとカザンスキ（P. de Kazanski）『国際行政の理論（Théorié de l'administration international）』（1902年）、ジッタ（J. Jitta）『国際法の革新（Die Neugestaltung des internationalen Rechts）』（1919年）、1930年代には「国際法上の行政法」（völkerrechtliches Verwaltungsrecht）または「国際行政法（droit international administratif）」と呼ばれる概念が構成され、K. ノイマイヤー（Karl Neumeyer）の『国際行政法（Internationales Verwalungsrecht, Bd. 4）』（1936年）や近年のティーチェ（Tietje）『国際行政法』（Internationalisiertes Verwalungshandeln）』（2001年）などの国際行政法研究へと繋がって

いった。

　国家行政に加えて国際行政という現象が問題となったのは必ずしも最近のことではない。蠟山は、行政活動が社会的ニーズの高まりによって生じると捉え、それは国内行政であるか国際行政であるかを問わないと主張する。それゆえ国際行政は、主権国家内の行政だけでは、人々の社会的必要性が充足できなくなって発生すると考えうる。そうであるとすれば、人、モノ、サービス、資本が国境を越えて移動する度合いが増し、国際的な相互依存関係が強まっている現代社会においては、国際行政の活動範囲は、ますます拡大せざるを得ないことになる。主権国家が自国の国内行政を補うために「国際機構の行政」を要請し、国際行政と国内行政との相互補完関係を考えざるを得ない状況に至っている。

　国際行政の研究は、わが国においてのみならず、諸外国においても未発達の状況にあった。辻清明は、わが国で国際行政学が発展を見なかった理由として、1930年代以後の日本の軍事的な政治状況から他国との国際協調を前提とする国際行政研究は困難であったし、第2次世界大戦後もアメリカの行政学の膨大な研究業績の摂取に努力を傾けざるを得ず、国際行政学を樹立する余裕がなかったと指摘する。また、諸外国でも国際行政学が未成熟である理由として辻は次の3点を挙げている。第1に、「従来の行政学が対象としてきた行政は、主として国家単位ないしこれに係わる地方自治体や公企業体単位の活動に限定されてきた」し、三権分立の原理が適用されていないという意味において「国家行政の場合ほど明確な国際行政の制度的領域は存在していないと考えられてきた。第2に、「国際行政に及ぼす権力的要因は、国内行政に較べて、はるかに強力でありかつ多様だから」国内行政に適用される諸原理が必ずしも妥当するとはいえず、国際行政学は一般行政学の範疇に収まり切れない性質を有する。第3に、シモンズ（R. Symonds）らが指摘するように、国際連盟創設により国際行政の概念が出現したこと自体が歴史的に新しい現象であることも未発達の原因の一つとしている。

　国際行政の研究は、グローバル化時代の要請となってきているにもかかわらず、シーデントップ（Shiedentop）が指摘するように、比較行政学の若干の研究を除けば、現在までその研究対象の大部分が、国民国家の行政体系に分析の

焦点が当てられてきた。そのため国際行政学は、一般の行政学に比べ、著しく未発達な状況にあった。しかし近年、国際的相互依存関係が深まるのに伴い、政府間国際機構（IGO）、非政府間国際機構（INGO）、地方自治体、多国籍企業、個人などの国境を越える多様な主体の活動増大と相俟って、各国の国内行政は国際化し、「行政のグローバル化」への対応が不可欠になってきた。

　国際行政研究の方法として、まず先行研究の渉猟が不可欠となる。国際行政に関する文献をすべて枚挙するために、ドイツのミュンヘン大学及びシュパイヤー大学院のエッカード（Steffen Eckhard）とエゲブ（Jorn Egeb）の共同研究「国際官僚主義とその政策形成への影響—経験的証拠の再検討」（2017年）と題する論稿が参考となる。世界最大規模の World Cat 目録（世界中の図書館蔵書国際行政に関連するモノグラフ）及びトムソン・ロイターの Web of Science（WoS）を用いて、国際査読誌に掲載された関連学術文献等のデータベースを基に分析を行った同研究では、国際官僚制に関する出版物目録に26冊の著書、及び57の学術雑誌論文が抽出され、第 2 次世界大戦後の40年間で22件の刊行物にすぎなかったが、グローバル化が進んだ2005年以降の10年間で国際行政に関する文献はほぼ 3 倍になったとされる。またエッカード（Steffen Eckhard）とエゲ（Jörn Ege）の「国際官僚制とその政策形成への影響—実証的研究」（2017年）に拠れば、1965年から2005年までの著作は、22件にすぎなかったが、2005年から2014年の間に約 3 倍に増加したことが示されている。1965年から2014年に発表された図書、論文の先行研究を分析すると、①国際機構の意思決定に関係する機構構造の設計（institutional design）に関する研究が30件、②国際機構とその加盟国との関係に関する政策形成（policy formation）に関する研究が17件、③国際機構の政策実施（policy implementation）に関する研究29件と、研究の焦点が 3 分類されている。

　国際行政に関する多くの先行研究では、国際機構の行政官僚制が機構の政策形成に与える影響を研究対象としているものが少なくない。先行研究では、国際機構の行政官僚制が政策形成の初期段階でより大きな影響力をもつこと、国際公共政策の専門性が高いほど国際行政官僚の影響力が強く、政治的要素が強いほど加盟国政府の影響力が大きいなどの知見を明らかにしている。

　国際機構における行政官僚制の影響力に焦点を当てた先行研究では、加盟国

が国際事務局に権限を委任した結果であるとする研究もある。国際機構の官僚制では、国内行政を担う国家官僚制とは異なり、国際行政官僚が所属する国際機構の所与の目的を達成しようとする傾向が強く、国際行政の実務を担う国際官僚の積極性の評価は、国際公務員人事と関係していることが先行研究において指摘されている。しかし国際機構の政策決定への国際官僚制の影響に関する従来の研究においては明確な基準を設定していなかった。国際機構の政策形成では、政策の内容と関係する加盟国の影響力により決定される傾向にある。当該の政策が専門的であればあるほど、国際行政官僚制の影響力が強まる。逆に国際公共政策に政治的要素が強く、加盟国の影響力が大きいほど、国際行政の影響力は低下する。国際機構の特徴として、国際機構は影響力をもつ加盟国に配慮した政策形成を行う傾向があるとする先行研究も存在している。国際機構の行政活動が、国民国家の国内行政に及ぼす影響力が増大してきている現在、国際機構自体の行政のみならず、これと国内行政との関係、国際共通政策と国内政策との関係をも分析の対象に包摂する必要があることを示唆している。

　そこで、国際行政の研究対象は、①国際機構の政治的意思決定者（執政機関）が国際機構の事務局（国際行政官僚制）に与える影響、②国際機構の政策形成に影響を与える国際行政の構造的要素（多国籍人事や財務、専門分野の管轄等）、③国際機構の政策過程に影響を与える加盟国行政の諸要素を含む国際公共政策の政策過程（政策形成・決定・実施等の各段階）全体、国際行政と国内行政の制度的・政策的諸関係の分析に3分類できるであろう。

(2)　国際行政研究と欧州統合理論

　国際行政研究は、欧州統合理論の文脈では、ハース（Ernst B. Haas）らの「新機能主義」（neo-functionalism）あるいは「超国家主義」（Supra-nationalism）的アプローチがよく知られている。ハースは、ミトラニーの機能主義の考え方を踏襲しつつも、国家主権の制約を通じて経済分野での国家間協力は、政治・外交分野での協力関係へと波及効果をもって発展するという理論仮説を提起した。ハースは、ECSCを事例研究の対象とした著書『欧州の統一』（1958年）において、欧州委員会などのEU諸機関がリーダシップをとって統合を進めていくと捉え、欧州レベルで実施される公共政策の機能的協力や国際共同管理に焦

点を当てた。彼は、「統合とは、様々に異なる国民的立場にある政治的アクターが、その忠誠心や期待、政治行動を、既存の国家の管轄権を越えて新しい制度的中枢へと移行させる過程」として捉えた。ハースの新機能主義の独自性は、①自動的スピルオーバー（波及）仮説、②政治化仮説、③外部化仮説にあるとされ、超国家的性格をもつアクターの自律性を強調する点に特徴がある。このアプローチは、欧州連邦を目指して ECSC における機能的統合に着目した。この理論仮説は、1950年代から60年代末の欧州統合進展の現実を予測したように見え、EEC 共通農業政策から、共通漁業政策、共通通商政策へと、他の公共政策分野へと政策的統合が機能的に波及するにつれ、多くの研究者の注目を集めた。しかし EEC がド・ゴールの挑戦を受けた「65年危機」を経て、スタンレイ・ホフマンは、現実主義の立場から、地域統合は社会的・経済的分野などの「低次元の政治」（low politics）分野では進むが、外交、軍事・安全保障のような、国家主権の中核にかかわる「高次元の政治」（high politics）分野では統合は起こらないと主張して、新機能主義を批判した。地域統合はあくまで加盟国家主導で進められると考える「政府間主義」（intergovermentalism）の立場である。政府間主義においては、欧州統合の目的は各加盟国政府の利害の維持・拡大にあると考え、加盟国の利得が統合を推進する上で決定的な役割を果たすと捉える。欧州統合の現実が新機能主義仮説と合致しなくなると、その信憑性は急速に低下していった。石油危機以降、統合の停滞が深刻化する中で、ハースは1975年の「地域統合理論の衰退」と題する論稿を発表し、自らの理論仮説の限界と問題点を認め、新機能主義アプローチは理論的に破綻したと見做された。

　しかし1985年ドロール欧州委員会によって「域内市場統合計画」が発表されると、再び欧州統合は活性化していった。1987年7月発効の単一欧州議定書では、欧州理事会を EC の公式機関として取り込み、またローマ条約には規定がなかった環境政策や外交政策協力も枠内に入れられた。さらに1993年11月発効した EU（マーストリヒト）条約では、超国家性を特徴とする第1の柱である共同体諸政策に加えて、第2の柱の共通外交安全保障政策及び、第3の柱の警察・司法・内務政策の政府間協力が加わった。こうした統合の進展を背景に、1990年代以降、国際政治経済学（IPS）的アプローチを経て、統合理論は、新

制度論的アプローチへと発展していった。新制度論（あるいは新制度主義）では、行動科学的政治理論が軽視してきた「制度」をさらに広く捉え、政治行動や公共政策、政治的慣行をも含めた広義の「制度」が、EU 統合という現実の構築に及ぼす影響に注目した。新制度主義は、①合理的選択論的制度主義、②歴史的制度主義、そして③社会学的制度主義の 3 つのアプローチに分類される。

　①合理的選択論的制度主義アプローチ、モラブシック（Moravcsik）のリベラル政府間主義アプローチでは、EU は、合理的選択を行う、フランス、ドイツ、イギリスなどの国家間交渉から生まれた国際制度であり、EU 独自の影響力によって欧州統合が推進されてきたのではないとする。つまり、EU の発展は、ⓐ政府間主義、ⓑ最小共通項に関する交渉、ⓒ主権国家の保護という、政府間制度主義の 3 つの側面から生じたものであると主張する。EU は、国家の自律性を弱めるものではなく、むしろ加盟国を強化するものであると捉え、加盟国の国内利益集団との関連で外交政策の目標が設定されると見做し、欧州統合を政府間交渉と結び付けて捉える。しかしこの政府間主義的アプローチでは、欧州統合が国内の社会的諸集団からの圧力に対抗し、国家の自律性を高める手段であると主張する一方で、他方では国内諸集団が国家の選好を決定するという主張が明らかに矛盾している。EU の超国家的性格、EU 理事会における特定多数決制度やパッケージ・ディール（各国の多様な政治的利益と経済的利益をすり合わせ妥協に導く一括取引）方式などの存在、あるいは EU 理事会の下部機関である常駐代表委員会や各種作業部会での国益の調整や妥協が、国家間交渉の基礎となる諸条件を準備し、現実を規定している側面を看過しており、単なる二国間の政府間交渉とは本質的に異なっている、と批判される。欧州統合の進展における時間の経過が、加盟国の国益概念を変化させ、その他の社会的諸集団の利益概念をも変容させるという現実を看過しており、このアプローチは時間の流れや歴史に対する認識が欠如していると批判されている。

　これらの批判を乗り越えようとしたのが、②「歴史的制度主義」と呼ばれるポール・ピアソンのアプローチである。ピアソンは、比較公共政策論、経済政策、社会政策、福祉国家論などを専門とし、EU 諸機関に過度の自律性は認めないが、加盟国政府の自律性が変容する事実に着目して、「制度とアクターと

の関係性」を明らかにし、欧州統合のメカニズムを解明しようと試みた。歴史的制度主義アプローチでは、ⓐ集団理論及び構造機能主義を応用し、制度とアクターとの相互関係を広い観点から概念化し、ⓑ制度の運営・発展と結び付いたパワーの非対称性に注目し、ⓒ「経路依存」(path- dependence) と「予期しない帰結」(unintended consequence) を強調し、時間の経過と、制度及びこの制度を取り巻く環境の変化に配慮し、ⓓ信念やアイデアなど認識論的要因にも焦点を当てた。欧州統合の政治過程で現れる質的な変容は、加盟国が自国の主権を「プール」する範囲を徐々に拡大し、制度を発展させてきたとする。しかし、現実には加盟国の選好と、EU の行動との間にはギャップがあり、そのギャップの生成と固定化を分析する。その際、制度や政策の変容はアクターの位置に影響すると考える。なぜなら、アクターの行動には時間的制約があるとともに、政治的選好の変容に伴う制約があるため、政策決定と結果に乖離が生じ、制度設計者の思惑を超えて、「予期しない帰結」へ至るとする。リスボン条約のような大枠となる EU 基本条約の設計、改正の場合には、アクターとなる加盟国の政府間会議 (Intergovernmental Conference：IGC) ＝「大規模な交渉」(grand bargain) が持たれ、それらの合い間に、EU 諸機関、欧州委員会、EU 理事会、欧州議会が中心となる日常的な政策決定があり、次の政府間会議が開催されるまでの期間に、既存の条約の枠内で定められた方向性を強化する諸決定を積み重ねる、と捉えている。

　さらに認識論的立場を強化したのが、③社会構築主義アプローチである。このアプローチでは、多様なアクター間の「間主観的・相互主観的」(intersubjective) な相互作用の過程において、個々のアクターの利益とアイデンティティの内容が変化し、新たな協力のための秩序形成や制度設計が促されると考える。ヨルゲンセン (Kund Erick Jorgensen) とウイナー (Antje Wiener) によれば、欧州統合過程は、過去の多くの事例からも明らかなように、欧州共同体、EU 諸機構の存在が、欧州諸国家の統治システム、その構成単位の広域自治体や地方自治体等に変化を促すような影響を与えると考える。社会構築主義では、欧州統合は、経済的利益、環境保護、社会保障サービスの供給、治安維持や、安全保障上の利益など多様な誘因によって社会的に構築されると考える。関係アクターが「共通利益」を認識し、共通の合意のもとで自発的に、共同行

動をとることが有効であると認識した場合、そこに社会的・文化的な規範の調整や国境を越える法的規範と公共政策の形成に向かうと捉えている。ある特定の政策領域につき EU の公共政策が加盟国の国内公共政策にどれだけの影響を与えているのか否か、という理論的関心は、最近では、国内政治・行政の「欧州化」(Europeanization)」論と結びついてきた。トップダウンの欧州化は、「共同体の機関から加盟国の機関へ法的な裁量権を移行すること」を指し、各加盟国レベルにおける政策実施過程で自律的な規範設定能力が共同体から加盟国へと戻ることを意味する。ボトム・アップの欧州化は、加盟国の行政構造が EU の行政制度に移植される場合をいう。両者とも、国内政策が従来では考えられなかった形で欧州レベルの EU 国際公共政策と関わりをもち、相互作用を繰り返している事実を前提とする。その意味で、トップダウンとボトム・アップの双方の欧州化の議論は、どちらの傾向をより重視するかという問題に過ぎないともいえる。それゆえ、分析の対象とすべき EU 行政ガバナンスは、サブナショナル・アクターを媒介した共通利益（普遍性）と各地域の個別利益との相克、両者の橋渡しがいかになされるかを検討する。またカポラソ（James Caporaso）のように、各加盟国の政治・行政制度、国内政策が EU の超国家的な制度構築や政策に影響を及ぼす現実を「欧州化」という視点から捉え、EU の政策が加盟国政府との政策調整を経て実現され、これが国家の変容を促していると考えることもできる。

(3) EU のマルチレベル・超国家的国際行政ガバナンス

　欧州統合研究で観察される多元的な行政ガバナンスの在り方、複数のアクターの個別的利害はどのように調整されるのか。この点を分析する枠組みとして、近年、コッホ（Kohler-Koch）やヤハテンフック（Jachtenfucjhs）らによって提起された「マルチレベル・ガバナンス」(multi-level governance：MLG) と呼ばれる、多層（EU・加盟国中央政府・広域自治体政府・地方政府間）の行政主体で構成される第 1 セクター、非政府アクターとしては多国籍企業等の第 2 セクター、及び市民社会（NGO/NPO、非営利団体、個人）の第 3 セクターを含む包摂的なアプローチが注目され、多次元（マルチレベル）のガバナンス形態と結び付けて EU の超国家的国際行政の独自性や特質が議論される。これは従来の

政府間主義と、機能主義・超国家主義との理論的対立からは距離をとっており、加盟国政府あるいは EU のような超国家的機関のいずれかの優位性を主張するものではない。マルチレベル・ガバナンス論は何らかの中心的な権威を想定せず、アクター間の協力の在り方を重視し、アクター間の関係は競争的であるよりは相互依存的であるとする。またこのアプローチでは、複数のアクター間の縦・横の相互作用の中で総体としての欧州ガバナンス構築がいかになされるか、という点にも焦点が当てられる。

　そこでマルチレベルに展開される超国家的国際行政ガバナンスの視点からは、地域政策や構造政策に参加するということは加盟国の中央政府や地域・地方政府などのアクターにとっていかなる意味をもつのか。行政機関が特定の目的を達成する機関であるとすれば、その目的の性質が行政活動の制度的枠組みにも反映されているはずである。そこで、これらの政策に参加する複数のアクターを一つの制度的な枠組み（scheme）に封じ込め、協調性をもたせるような、関係を規律する何らかのルールや何らかのガバナンスが存在すると考えられる。すなわち、マルチレベル・ガバナンス論が分析の対象とするアクターの複数性のみならず、その秩序関係を律するルールが何であり、EU の制度や政策はどのように構築されてきたのであろうか。

　EU におけるガバナンスは、EU によるトップダウンのハードローに基づく国際制度と EU の戦略的な政策の下に行う経済性や効率性を重視したガバナンスのみならず、補完性原則と比例性原則に則り、環境、人権や社会政策的価値をも反映させ、加盟国・地域的アイデンティティにも配慮するソフトローによるガバナンスをも取り入れる形で展開されてきた。加盟国によって異なる多様な統治構造の存在は、多様な行為主体のネットワーク化された相互作用によって展開され、さらに外側からは容易に観察し得ないインフォーマルな部分も少なくないため、新たな欧州ガバナンスの理論的枠組みを模索する試みもなされるようになってきている。（欧州ガバナンスについては、第4章を参照されたい。）

〔Further Reading〕
蠟山政道（1925）『政治学の任務と対象』巌松堂
蠟山政道（1928）『国際政治と国際行政』巌松堂書店

山本草二（1983）「国際行政法」雄川一郎・塩野宏・園部逸夫編『現代行政法体系
　　第1巻』有斐閣

福田耕治（1990）『現代行政と国際化―国際行政学への序説』成文堂

山本草二（1997）『国際法〔新版〕』有斐閣

城山英明（1997）『国際行政の構造』東京大学出版会

福田耕治（2003）『国際行政学―国際公益と国際公共政策』有斐閣

森田章夫（2000）『国際コントロールの理論と実行』東京大学出版会

福田耕治（2012）『国際行政学―国際公益と国際公共政策〔新版〕』有斐閣

城山英明（2013）『国際行政論』有斐閣

Knill, Christoph & Michael W. Bauer（2017）, *Governance by International Public Administration*, Routledge.

〔設問〕

1　国際行政連合から、国際連盟、国際連合、EU における国際行政の発生とそ
　の後の発展の歴史について論じなさい。

2　EU のマルチレベル・ガバナンスの特質と欧州委員会事務局の役割について
　述べなさい。

【福田耕治】

図表2-1　年表

年代	国際情勢・欧州統合	ドイツ・フランス・アメリカ・日本	アメリカの国内情勢
		1812　ボナン『行政の諸原理』フランス 1882　シュタイン『国際行政法に関する考察』 1884　シュタイン『行政学』ドイツ	1863　南北戦争 　　　猟官制による政治腐敗 　　　経済発展、産業社会化、工業化 　　　福祉国家化 1883　ペンドルトン法 　　　(革新主義思想) 　　　(プラグマティズム 道徳主義、科学主義) 　　　公務員制度改革の機運高まる
		1887　Woodrow Wilson『行政の研究』アメリカ 　　　行政学の起源の1つ 　　　現実の動態的な政治を認識 　　　政治行政二分論 　　　比較研究 1900　Frank J. Goodnow『政治と行政』 1900　カエリネック『一般国家学』国際行政を認識 1902　ナザンスキー『国際行政の理論』 　　　"行政の技術的能率を追求" 1916　ウルフ『国際政府論』イギリス 1917　セル『現代国家の統治』 1923　セル『国際法のエッセイ』 《能率派》	1888　J.ブライス『アメリカン・コモンウェルス』 　　　(実証主義的方法論) 　　　(科学的管理法) 　　　経営大規模化、資本の集中 1906　ニューヨーク市政調査会 行政調査活動 　　　(古典的組織論) 経営者と労働者の対立 1911　F.W.テイラー『科学的管理の諸原理』 　　　テイラーシステム "唯一最善の方法" 〈第1次世界大戦〉 戦時行政 1917.4 アメリカ参戦 行政権の拡大 　　　(自由裁量領域の拡大) 1919　ヴェルサイユ条約調印
	1914　第1次世界大戦『戦時共同行政』 1919　ヴェルサイユ条約調印 　　　(ヴェルサイユ体制) 　　　・国際連盟とILOの発足・国際公務員制度	1926　Leonard D. White『行政学研究入門』 1927　ウィロビー『行政の諸原理』 1928　蝋山政道『国際政治と国際行政』 　　　厳松堂書店	1929　ウォール街株価大暴落、 　　　世界恐慌、 1933　Roosevelt ニューディール 　　　政策
1930	1933　ヒトラー内閣、ドイツ国際連盟脱退 　　　(枢軸国と連合国の対立深まる) 1939.9〜 第二次世界大戦 1936.7〜39 スペインの内乱	《正統派行政学》 行政管理理論の確立 1937　Brownlow委員会『行政科学論集』 　　　ギューリック『組織の理論に関する覚書』 　　　『科学、価値及び行政学』 　　　＊エルトン・メイヨー『産業文明の人間問題』 　　　人間関係論も登場 　　　"政治行政二分論への疑問"	〈第2次世界大戦〉 　　　ラスキ『民主政治の危機』
1940	1939〜　第2次世界大戦 1945.2　ヤルタ会談 1945.7　ポツダム宣言 1945.10　国際連合発足 1948.4　ヨーロッパ経済協力機構(OEEC)	《政治行政融合論》への転換 戦後アメリカ行政学の方向性	1945.8　第2次世界大戦終結

年	国際的事象	行政学理論
1950	1949.4　北大西洋条約機構成立（冷戦の時代へ） 1950.6　朝鮮戦争 1952　欧州石炭鉄鋼共同体（ECSC）成立 1955.4　ワルシャワ条約機構成立（平和共存への歩みより）	行政責任論（足立忠夫、Gilbert 行政統制論） 内在的責任論 外在的責任論 ファイナー・フリードリッヒ論争 1940　C.J.Friedrich「公共政策と公共政策の特質」 1941　H.Finer「現代民主政府における行政責任」 正統派批判
1960	1958.3　欧州経済共同体（EEC） 　　　　欧州原子力共同体（EURATOM） 1962.10　キューバ危機 1963.8　米英ソ、部分的核実験停止条約調印 1964.3　国連貿易開発会議	1946　サイモン「行政の諺」 1947　ロバート・ダール「行政の科学—三つの問題」 1948　ワルドー「行政国家—アメリカ行政学の政治論理的研究」 能率主義の否定、価値中立性の問題を提示
1970	1965.2～73　ヴェトナム戦争 1967.7　ヨーロッパ共同体（EC）発足 1971.8　ドルショック　変動為替相場制へ移行 1973.1　ヴェートナム和平協定調印 1973.1　拡大EU発足	"アプローチの多様化…「同一性の危機」" 1972　ジョルダン編『国際行政』オックスフォード大学出版部 社会学的アプローチ　政治過程論的行政学 生物学的・生態学的アプローチ　環境論的行政学 イデオロギー的アプローチ　行動論的行政学 社会心理学的アプローチ　組織分析アプローチ 歴史的アプローチ　政策分析アプローチ 比較研究アプローチ
1980	1989.12　米ソ首脳会談（マルタ会談） 1989　グローバリゼーション始まる	1982　レーガン政権・新自由主義的改革 1982　H.G.Frederickson『新しい行政学』 古典的官僚制モデル 新官僚制モデル インスティテューショナル・モデル 人間関係モデル 公共選択モデル
1990	1991.12　ソビエト連邦解体 EU加盟国体制へ 　1993.1　EU市場統合（人・物の移動自由化） 　1993.11　マーストリヒト条約、EU発足 　1995.1　EU15カ国体制に	1990　福田耕治「現代行政と国際行政の構造」東京大学出版会への序説 1997　福田耕治『国際行政学』有斐閣 2003　福田耕治『国際行政学』新版　有斐閣 2012　福田耕治『国際行政論』有斐閣
2000	1997.6　アムステルダム条約 　2002.1　ユーロが12カ国で流通開始	2013　城山英明『国際行政論』有斐閣
2019	"リスボン条約"	2017　クリストフ・バウケ編『国際行政によるガバナンス』Routledge
2020	EU27加盟国体制へ（英国脱退）	2020　福田耕治・坂根徹『国際行政の新展開』法律文化社

第 **II** 部

国際行政の制度と組織

第 **3** 章

国連システムの制度と組織

〔本章で学ぶこと〕
　国連システム（United Nations System）とは、国連本体・補助機関・専門機関・関連機関などから成る世界最大の国際機関の集合体であり、本章では国連システム諸機関という表現も用いる。国連システム諸機関は、様々な分野でグローバル・ガバナンスの推進に重要な役割を果たしている。各国際機関の中には、事務局（Secretariat）と呼ばれる行政機能を担う組織が置かれており、加盟国の会議体である総会や理事会などの補佐も実施している。国連システムは分権的であるが、各事務局の行政のトップレベル及びハイレベルでも機関間連携を確保する仕組みがある。本章では、このような国連システムの制度と組織などについて学んでいく。

第1節　国連システムの概要

　日本では、国際連合＝国連（United Nations：UN）はよく知られているが、国連システムについては、関係する専門家・実務家や国際行政・国際機構などの関連科目を受講した学生などを除き、一般にはあまり知られていない。しかし国連システムは、様々な分野でグローバル・ガバナンスの推進に極めて重要な役割を果たしている。国連システムとは、国連本体・補助機関・専門機関・関連機関などから成る世界最大の国際機関の集合体であり、その具体的な構成は次の図表3−1の通りである。システムの名称は国連であるが、国連は上方ではなく左方に位置付けられている。これは単にレイアウトの問題ではなく、国連とそれ以外の機関、特に、専門機関や関連機関との間の本章第4節で述べる

ような関係性を反映したもので、機関間調整という課題にも関係する。

　グローバル・ガバナンスの担い手としての国連システムについては、次のような長所と短所が指摘されている。先ず長所については、①唯一の世界的権威としての正当性付与機能、②全世界を活動範囲とする普遍性、③国連システムがもつ中立性、専門性及び国際性、④加盟国やNGO、地域的国際機構、多国籍企業などの他の担い手の活動を調整する機能、⑤各地に展開している活動拠点を通じての情報ネットワークが挙げられる。次に短所については、①決議に拘束力がないこと（但し、安保理の決定には拘束力があるが、拒否権という別の障害がある）、②活動に必要な資金や人などが常に不足気味、③ときに決定の遅れやあいまいな内容の決議からくる非効率や政治性の問題などが挙げられる（横田 2006）。

　次に、国連システムとNGO、地域的国際機構、多国籍企業などの他のグローバル・ガバナンスのアクターとの関係について確認していこう。国連事務局（を含む国連システム諸機関の事務局）に期待されているのは、国家のみならず非国家アクターであるNGO・企業（及び地域的国際機構など）とのパートナーシップの構築と発展である。非国家アクターの台頭と、それらの間のパートナーシップの構築を可能にしたより根源的な条件（背景要因）としては、冷戦の終結によって（一時期）軍事・政治的役割が相対的に低くなり、経済・社会分野での問題が優先課題となってきたことが挙げられる。実際に冷戦後のアナン事務総長の時代から、企業やNGOとの連携は強化されてきた。例えば国連は民間セクターとの連携として、ビジネス界が民主化や人権そして環境保護や汚職対策を行動規範とするように、グローバル・コンパクト（Global Compact）を提唱し、協力関係を強めてきた。また、（従来の国連憲章第71条に基づく経済社会理事会での協議資格を有するNGOとの連携などだけでなく）世界銀行グループや人道・開発援助機関では、草の根団体をはじめNGOの参加の拡大がみられる。国連と地域組織との協力は、1994年に両者の協議会が開催され、協力分野と方法についての協議が実施されるようになった（内田 2002）。

　そして、地域的国際機構との連携については、例えば、日本の近隣地域で確固としたプレゼンスを示すようになってきている東南アジア諸国連合（ASEAN）と国連との関係の変化を見ると、冷戦中の関係の希薄な時期（1967～1976

図表 3 - 1　国連システムの機構図

（出典）国連広報センターウェブサイト

国連グローバル・コミュニケーション局発行 19-00073 July 2019（日本語作成 国連広報センター 2019年8月）

■ 調査及び研修所

国連軍縮研究所（UNIDIR）
国連訓練調査研究所（UNITAR）
国連システム・スタッフ・カレッジ（UNSSC）
国連大学（UNU）

■ その他の国連機関

国際貿易センター（ITC）[UN/WTO]
国連貿易開発会議（UNCTAD）[1,8]
国連難民高等弁務官事務所（UNHCR）[1]
国連プロジェクトサービス機関（UNOPS）[1]
国連パレスチナ難民救済事業機関
（UNRWA）[1]
ジェンダー平等と女性のエンパワーメントの
ための国連機関（UN-Women）[1]

■ 関連機関

包括的核実験禁止条約
機関準備委員会
（CTBTO-PrepCom）
国際原子力機関（IAEA）[1,3]
国際刑事裁判所（ICC）
国際移住機関（IOM）[1]
国際海底機構（ISA）
国際海洋法裁判所（ITLOS）
化学兵器禁止機関（OPCW）[3]
世界貿易機関（WTO）[1,4]

平和維持活動・政治ミッション
制裁委員会（アドホック）
常設委員会及びアドホック組織

平和構築委員会

持続可能な開発に関する
ハイレベル政治フォーラム
（**HLPF**）

■ その他の機関

開発政策委員会
行政専門家委員会
非政府組織委員会
先住民問題に関する常設フォーラム
国連エイズ合同計画（UNAIDS）
地理学的名称に関する
国連専門家グループ（UNGEGN）
グローバル地理空間情報管理に
関する専門家委員会（UNGGIM）

調査及び研修所

国連地域犯罪司法研究所（UNICRI）
国連社会開発研究所（UNRISD）

国際防災機関（UNDRR）
国連薬物犯罪事務所（UNODC）[1]
国連ジュネーブ事務所（UNOG）
後発開発途上国、内陸開発途上国、
小島嶼国開発途上国担当
上級代表事務所（UN-OHRLLS）
国連ナイロビ事務所（UNON）
国連パートナーシップ事務所
（UNOP）[2]
国連ウィーン事務所（UNOV）

■ 専門機関[1,5]

国連食糧農業機関（FAO）
国際民間航空機関（ICAO）
国際農業開発基金（IFAD）
国際労働機関（ILO）
国際通貨基金（IMF）
国際海事機関（IMO）
国際電気通信連合（ITU）
国連教育科学文化機関（UNESCO）
国連工業開発機関（UNIDO）

世界観光機関（UNWTO）
万国郵便連合（UPU）
世界保健機関（WHO）
世界知的所有権機関（WIPO）
世界気象機関（WMO）
世界銀行グループ
（World Bank Group）[7]
・国際復興開発銀行（IBRD）
・国際開発協会（IDA）
・国際金融公社（IFC）

備　考

1　国連システム事務局調整委員会（CEB）の全メンバー。

2　国連パートナーシップ事務所（UNOP）は国連財団とのフォーカルポイント。

3　国際原子力機関（IAEA）と化学兵器禁止機関（OPCW）は安全保障理事会および総会に報告する。

4　世界貿易機関（WTO）には総会に対する報告義務はないが、金融および開発問題などについて、総会および経済社会理事会に対して、アドホックに報告を行う。

5　専門機関は自治機関。その活動の調整は、政府間レベルでは経済社会理事会を通じて、事務局レベルではCEBを通じて行われる。

6　信託統治理事会は、最後の国連信託統治領パラオが1994年10月1日に独立したことに伴い、1994年11月1日以降活動を停止している。

7　国際投資紛争解決センター（ICSID）と多国間投資保証機関（MIGA）は専門機関ではないが、憲章の57条と63条に従い、世界銀行グループの一部である。

8　これらの機関の事務局は、国連事務局の一部である。

9　事務局を構成するその他の部局として、倫理事務所、国連オンブズマン、調停事務所、司法行政事務所などがある。

10　経済社会理事会の補助機関の包括的リストについてはwww./un.org/ecosocを参照

この組織図は国連システムの機能的な組織関係を反映しており、広報を目的として作成された資料です。
国連システムのすべての機関を網羅するものではありません。

年）とASEANにとって域外多国間外交の開始と舞台としての国連の時期（1970年代後半～1980年代）を経て、冷戦後、ASEANが組織面・機能面でも大きく発展したことも受けて、国連関係の国際会議による規範の啓発がASEANにも影響を及ぼした時期（1990年代）、政策対話パートナーとしての国連の時期（2000年代）、様々なプログラムの伴走者としての国連の時期（2010年代）と、ASEANにとっての国連の存在は向上しており、関係もより密接になってきている。このプログラムについては、具体的には例えば、ASEAN安全保障共同体（APSC）・ASEAN経済共同体（AEC）・ASEAN社会文化共同体（ASCC）の各々の発展像を示す「青写真 2025」（Blueprint 2025）と、第7章で扱い本書の副題にも含まれている「国連持続可能な開発目標（SDGs）」については、かなりの収斂が見られるという。そのため、国連及び国連システム諸機関とASEANにとって、「青写真 2025」と国連SDGsの推進は、相互に関連し有益であり、国連はASEANの「青写真 2025」に向けた伴走者になったとも評されている。また、国連とASEANとの組織的連携も進んでおり、2014年11月の第6回ASEAN国連サミットで、国連連絡事務所を設置することが決まり、ジャカルタの国連開発計画（UNDP）オフィス内に国連ASEAN連絡事務室が設置され、国連事務局のスタッフが常駐するようになった（首藤 2018）。このような国連と地域機構の連携強化は、冷戦後、様々な機関と様々な形態や分野で見られるようになってきている。

　では次節以降では、国連システム諸機関について国際行政の見地から、先ず国連本体の主要機構を事務局も含めて確認した後、補助機関、専門機関・関連機関の順に、機関間・事務局間の連携面を含めて検討していく。

第2節　国際連合

　国連の主要機関は、図表3-1の左側に記されているように、総会、安全保障理事会（安保理）、経済社会理事会（経社理）、事務局、国際司法裁判所、信託統治理事会から成る。そして、国連憲章で各々章を設けて規定されている。これを日本と対比すると、日本国憲法で、日本の主要な統治機構である国会、内閣、司法（裁判所）について各々章を設けて規定されている（国会が第4章、内

閣が第5章、司法が第6章）ようなものである。

　総会（General Assembly）は、国連憲章の第4章で規定されている。ここでは先ず、総会が全国連加盟国から構成されること（第9条）や、国連憲章や同憲章が定める組織が担う問題を幅広く扱えること、また、（安保理で扱われている事案で安保理から要請がない場合を除き）安保理や加盟国に勧告をすることができるとされている（第10条）。総会での意思決定については、総会の各メンバーは1票を有する（いわゆる1国1票）（第18条1項）としており、第18条2項に定められた重要問題を除き、出席・投票した国の過半数により議決される（第18条3項）。また、手続面については、通常年次会期と必要な場合に開かれる特別会期の規定（第20条）や、総会手続規則と総会議長（第21条）、補助機関の設置（第22条）などが規定されている。これらのうち、通常年次会期の開始は9月になっているため、その時期になると日本の首相が国連総会で演説したことなどが報道される。また、総会議長は、会期ごとの選出とされており、毎年別の国籍の新しい議長が選出されていることもあり、国連総会議長が国連の政治で強い権力・権限を有しているということはない。

　安全保障理事会（Security Council）は、国連憲章の第5章で規定されている。ここでは先ず、安保理は15の加盟国で構成され、そのうち、中国・フランス・ソ連・イギリス・アメリカの5カ国が常任理事国（permanent members）と記載されている。なおこれはアルファベット順であり、また、ソ連はその崩壊後に国連憲章が改正されていないためであり、実際にはロシアである。他方、非常任理事国（non-permanent member）の10カ国は、総会による選挙で選出されるとしている。その際、国際の平和と安全の維持やその他の機構の目的への国連加盟国の貢献を第一に、また、衡平な地理的配分にも、特に妥当な考慮を払うこととされている（第23条1項）。実際、非常任理事国の選出は、各地域グループ内から立候補し、選挙戦は同一グループ内から立候補した国との争いとなっているため、各グループ間の議席配分や（加盟国の増加がある中で）10カ国という非常任理事国数が少な過ぎるのではないのか、という点についての議論はあるものの、地理的配分を非常任理事国の選出に反映させる、ということ自体は実現できている。他方で、衡平な地理的配分以上に第1に考慮すべき、とされている、国際の平和と安全の維持やその他の機構の目的への国連加

盟国の貢献、については、衡平な地理的配分のような制度的な担保はなされていない。貢献（contribution）を測る客観的で唯一の測定指標がないため難しいことは事実であるが、安保理の非常任理事国選出プロセスの中にこの点を反映しやすくするための取組みは、国連憲章上も重要といえる。なお非常任理事国は、２年の任期で（連続しての）再任が認められていない（第23条２項）。このような構成による安保理に対して、加盟国は、国際の平和と安全の維持のために主要な責任を負わせる（第24条１項）とされており、かつ、加盟国は、安保理の決定を国連憲章により受諾し遂行することに同意するともされている（第25条）。つまり、国連憲章上、安保理の決議は全国連加盟国により遵守されなければならないが、本書の安全保障の章で扱う安保理の経済制裁については、全国連加盟国により誠実に遵守されているわけではない状況にあり、国連憲章に照らしても大きな問題である。安保理については、手続の規定（第28~32条）もあるが、以下では、安保理に特徴的な意思決定の投票（voting）について説明する。これは第27条に規定されており、各理事国が１票、ということは総会と変わらない。総会と異なるのは、先ず、過半数よりもハードルが高いことであり、15の理事国のうち９カ国以上の賛成投票により成立する。次に、手続事項を除き常任理事国の１カ国でも反対があれば成立しないことである。この点が、常任理事国が安保理で有する絶大な権限であり、いわゆる拒否権として知られてきたものの憲章上の根拠である。

　経済社会理事会（ECOSOC）は、国連憲章の第10章で規定されている。先ずその構成は、54の国連加盟国（第61条１項）により、３年の任期で18の理事国が選出され、（連続しての）再任も可能とされている（第61条２項）。このように、同じ国連の理事会でも、安保理とは様々な相違がある。この経社理は、非常に幅広い分野を所掌していることも特徴であり、国際経済・社会・文化・教育・保健・関連事項（第62条１項）、すべての人々の人権と基本的自由（第62条２項）が明記されている。この経社理は、国連と専門機関との関係という意味でも重要な役割を有しており、この点は、次の第３節で取り扱う。経社理については、手続の規定（第68~72条）もあるが、以下では、安保理と同じく意思決定の投票（voting）について説明する。これは経社理では第67条に規定されており、各理事国が１票であり、出席・投票した国の過半数により議決されると

ある。つまり、国連総会と基本的に同じ方式（但し国連総会のような重要事項の例外はなし）となっている。

なお信託統治理事会（Trusteeship Council）は国連憲章の第13章で規定されているが、図表3-1の右下の備考6にあるように、最後の国連信託統治領パラオが1994年10月1日に独立したことに伴い、1994年11月1日以降活動を停止している。

国連本体のこれらの4つの主要機関の組織はすべて、加盟国の代表から成る政治的な機関であることから、敢えて日本の国政と対比すると、国民の代表から成る国会及びその国会内の委員会に近いものといえる。そのため、これは現在の欧州議会がEU市民によって直接選挙された代表により構成されているのとは異なり、世界の人民（peoples）が国連の代表を直接選挙して選んでいるわけではなく、世界議会のようなものでは全くない。他方で、これらの組織が出す決議（resolution）は、次に取上げる国連の事務局（Secretariat）を拘束するため、国連本体の内部的には立法的な組織であるともいえる。

国際行政の見地からは、これらの総会・安保理・経社理の活動が、国連事務局により行政的・事務的に支えられていることを指摘しておく必要がある。具体的には、図表3-1の左下に国連事務局の各部局及び各事務所が記載されているが、総会・会議管理局（DGACM）は、文書や通訳をはじめ会議開催の様々な事務手続の遂行や支援を行う。また、その他の各部局も総会・安保理・経社理で関連する事項について支援を行っており、例えば、安保理については政治・平和構築局（DPPA）や平和活動局（DPO）が、経社理については経済社会局（DESA）などが挙げられる。

国際司法裁判所（ICJ）は、国連憲章の第14章で規定されている。国連の全加盟国は国際司法裁判所規程（the Statute of the ICJ）の締約国となる（第93条1項）ともされている。さらに、国連憲章の文言上は国連の全加盟国は当事国となったどのような事件でも国際司法裁判所の決定（判決）に従うこととされており（第94条1項）、従わない場合は、従わせるために安保理に対応を求めることもできるとされている（第94条2項）。実際、国際司法裁判所が国家間の紛争の司法的な解決を実現した例も様々あり、紛争の平和的な解決をもたらす意味で、国際社会の平和にも一定の貢献をしてきたといえる。しかし、この国際司

法裁判所規程は、加盟国に国際司法裁判所の管轄権受け入れを義務付けている
わけではなく、当事国が国際司法裁判所で審理されることに同意しなければ、
国際司法裁判所の管轄権が及ばないという限界がある。そのため、例えば日本
が周辺諸国との間に抱える領土・領海等の問題も、実際には国際司法裁判所で
の審理と判決による司法的な解決は実現できていない。なお国際司法裁判所の
役割としては、このように国家間紛争の解決だけでなく、総会や安保理及び
（総会の許可のある）国連のその他の機関や専門機関からの求めに応じた勧告的
意見（advisory opinion）の発出もある（第96条）。

　最後に、事務局（Secretariat）である。これは国連憲章の第15章に5つの条
文で規定されている。先ず事務局の構成について、安保理の勧告により総会が
任命する事務総長（Secretary-General）と、国連が必要とする職員から成るとさ
れている（第97条）。本書刊行時の第9代事務総長は、ポルトガル首相や国連難
民高等弁務官などを歴任したアントニオ・グテーレス氏である。第15章には事
務総長についての規定が多く、事務総長は国連の最高行政責任者（the chief ad-
ministrative officer of the Organization）であり（第97条）、総会・安保理・経社理
等の会議で事務総長として行動し、それらの組織から委ねられる役割を果た
し、総会に毎年国連の活動報告を行い（第98条）、国際の平和と安全の維持に対
する脅威となる問題に安保理の注意を喚起できる（第99条）、とされている。ま
た、事務総長と職員が外部からの指揮命令を求め逆に受けることの禁止や、利
益相反的行為の禁止（国連に対してのみ責任を負うことに相反するような行動の抑
制）、逆に、国連加盟国側にそのような事務総長と職員への不当な関与の抑制
（第100条）を規定している。最後に、職員については、雇用・勤務条件や職員
規則についての規定とともに、本節でこれまで見てきた政治的機関との関係も
盛り込まれている。具体的には、経社理・信託統治理事会・必要に応じて国連
のその他の組織に、適切な職員を常任で配属し、それらの職員は、事務局の一
部を構成する、とされている（第101条2項）。日本の国会では、国会職員は国
家行政機関の職員とは別に独自に採用されているが、国連では、政治的機関の
行政機能を国連事務局が直接的に人的にも支えていることになる。この点は、
日本ではむしろ、国会ではなく、地方公共団体の議会事務局との類似性が確認
できる。また、国連事務局は図表3-1の左下にある各部局及び各事務所だけ

でなく、図表3-1の上部左寄りにある国連環境計画（UNEP）・国連人間居住計画（UN-HABITAT）・国連貿易開発会議（UNCTAD）、また図表3-1の中部左寄りにある各地域委員会の事務局も国連事務局の一部とされており、組織的な広がりをもっている。さらに、地理的な広がりとしては、国連の主要機関は国連事務局の本部を含めて（前身の常設国際司法裁判所の関係で）ハーグにある国際司法裁判所以外はすべてニューヨークにあるが、国連事務局に関しては、ニューヨーク以外にも、国連ジュネーブ事務所（UNOG）・国連ナイロビ事務所（UNON）・国連ウィーン事務所（UNOV）という3つの主要な事務所をはじめとして他地域に立地する事務所もある。このうち、国連ジュネーブ事務所は、前身の国際連盟の敷地・建物を継承しているものとして、歴史的にも特筆される。また、事務局の中でも、例えば、人権高等弁務官事務所（OHCHR）や国連防災機関（UNDRR）はジュネーブに本部があるなど、ジュネーブは国連・国連事務局にとって、ニューヨークに次いで重要な立地となっている。国連の組織改革に関しては、日本の国家行政組織と比べて上位レベルまで比較的頻繁になされていることが特徴といえる。例えば図表3-1の機構図はその半年前に発行されたものと比較しても、開発調整室（DCO）・テロ対策室（OCT）が新たに掲載され、国連国際防災戦略事務所（UNISDR）が上記のUNDRRに改称されたことが分かる。これを、国際情勢の変化に応じた事務局の組織変革と理解することもできるが、実際には、時々の事務総長がどのような機能や政策を重視するかや、国連内外の政治情勢などもしばしば関係している。

第3節　補助機関

　国連システムで、国連本体の次に取り上げるのは、補助機関（subsidiary organs）である。この補助機関については、国連憲章の第7条に、必要と見られる補助機関を憲章に従い設置できるとされており、総会については第22条で、総会がその機能を果たしていくために必要と認識される補助機関を設置できるとされている。また、安保理についても第29条で、安保理がその機能を果たしていくために必要と認識される補助機関を設置できるとされている。

　このような補助機関には様々なものがあり、先ず総会の関係では、図表

3-1の上部にある補助機関（subsidiary organs）、計画と基金（funds and pro-grammes）、調査及び研修所（research and training）、その他の国連機関（other entities）がある。このうち、計画と基金、調査及び研修所、その他の国連機関は、総会の補助機関でありかつ経社理とも関係がある。また、国連総会と経社理とに関係する組織としては、持続可能な開発に関するハイレベル政治フォーラム（HLPF）もある。次に、安保理の補助機関には、図表3-1の中段やや上方にある委員会・組織等があり、それに加えて、平和構築委員会（Peacebuild-ing Commission）も、安保理と総会に関係する組織として置かれている。さらに、経社理の補助機関としては、図表3-1の中段にある、機能委員会（func-tional commissions）、地域委員会（Regional Commissions）、その他機関（other bodies）、調査及び研修所（research and training）がある。このように、国連の主要機関の補助機関はその種類も数もかなり多く、図表3-1の概ね半分程度はこれらの補助機関が占めている。

　これらの補助機関の多くは、設立機関の活動を補助するもので、その地位は設立機関、ひいては国際機構そのものと一体化しており、対外的には国際機構の組織の一部に吸収されており、固有の地位が認められることはない。しかし、一部の補助機関では、設立基本文書（決議）においてその独自の地位が認められ、固有の事務局を持ち、一定の対外行為を法的に行う、自律的機関（au-tonomous organs）と呼ぶべきものがある。このような自律的補助機関は、国連総会の補助機関の場合に圧倒的に多い（横田 2001）。このような自律性の程度に留まらず、事務局の存在や規模の面などからも、様々な補助機関のうち、国連総会の補助機関は国際行政上も重要性が特に高いといえる。具体的には、図表3-1の上部にある補助機関の中では、計画と基金の国連開発計画（UNDP）・国連資本開発基金（UNCDF）・国連ボランティア計画（UNV）・国連環境計画（UNEP）・国連人口基金（UNFPA）・国連人間居住計画（UN-HABI-TAT）・国連児童基金（UNICEF）・国連世界食糧計画（WFP）や、その他の国連機関にある国連難民高等弁務官事務所（UNHCR）・国連プロジェクトサービス機関（UNOPS）・国連パレスチナ難民救済事業機関（UNRWA）・ジェンダー平等と女性のエンパワーメントのための国連機関（UN-Women）・国連貿易開発会議（UNCTAD）が挙げられる。また、調査及び研修所の中では、日本（東京

都の表参道）に本部がある国連システムの機関であり日本政府が積極的に支援してきた国連大学（UNU）が挙げられる。安保理の補助機関の中には、本書の第10章第2節で見る一部の平和維持活動（PKO）ミッションのように規模の大きなものがある。なお、これらと比べて小規模なものが多い経社理の補助機関の中では、国連エイズ合同計画（UNAIDS）や地域委員会などがその活動や規模の面などで注目される。

　自律性が高い補助機関は、独自の事務局と職員を擁するだけでなく、独自の意思決定をする執行理事会をもち、加盟国から直接多くの財政資金を確保し活動しているため、国連の主要機関の補助機関であり報告義務などがあるとはいえ、実際には、かなりの程度独自に活動しているといえる。この点は、国連総会の補助機関である計画と基金や多くのその他の国連機関が典型例といえる。他方、それらの補助機関の事務局と国連本体の事務局とのトップレベルでの連携を確保する手段としては、先ず、これらの事務局のトップである事務局長（UNDPの場合は総裁）の指名を国連事務総長が行っていることが指摘できる。当然ながら、この任命プロセスには国連総会や当該補助機関の執行理事会も関係するが、指名を国連事務総長が行っていることは、事務局間のトップレベルの連携確保を容易にする。また就任後は、事務総長を議長とするシニア管理グループ（Senior Management Group）のメンバーとして、国連本体の事務局の各部及び事務所のトップなどとともに、政策・計画・情報の共有や意思疎通がなされていくことになる。さらに、図表3-1の上部にある、すべての計画と基金や、国際貿易センター（ITC）を除く総会のその他の国連機関は、次の専門機関等で説明する国連システム事務局調整委員会（CEB）のメンバーとなっており、その中でも、国連事務局・国連事務総長や専門機関との連携や意思疎通が行われている。

第4節　専門機関等

　国連システムで最後に取り上げるのは、専門機関（Specialized Agencies）と関連機関（Related Organizations）である。専門機関については、国連憲章の第57条で、政府間協定で設置され広範な国際的責任を有する経済・社会・文化・

教育・保健・関係分野の専門機関は、第63条に基づき国連と連携関係をもたなければならない、として、そのような関係を国連ともつ国際機関を、専門機関と呼ぶ、としている。また、国連は、専門機関の政策や活動を調整するため勧告（recommendation）をする（第58条）ともある。そして、これらを実施する責任は、総会と経社理にある（第60条）として、経社理が、連携関係の条件を規定する協定を結ぶことができるとされ、この連携協定は総会の承認を得る必要があるとされている（第63条1項）。その上で、経社理は、国連の専門機関の活動の調整も可能として、専門機関との協議や専門機関への勧告、総会や国連加盟国への勧告をその手段として挙げている（第63条2項）。加えて経社理は、専門機関から定期的な報告を受けることが可能として、それを確保するための手段も規定されている（第64条）。

　国連と専門機関の間の法的関係を直接規律する法文書である各連携協定の条文に従えば、ILO や UNESCO 等と国連の間のように、上記の国連憲章の規定に沿って、（国際連盟の「指揮下」ほどではないが）国連の一定の優位を認めるものもある。この場合、勧告については、「付託義務」及び「報告義務」まで承認し、国連に対し国連憲章の規定以上の優位の立場を認めている。他方で、IMF や世銀等と国連の間は、国連憲章の規定とは異なる対等・独立の関係であり、国連の優位は認められていない。このことは、国連が専門機関の活動調整の機能を果たす上で、法的に大きな問題を投げかけるもの、との指摘もなされた（横田 2001）。

　このような専門機関は、図表3-1の右側中段に掲載されている。この専門機関のリストを、図表3-1の上段にある、第3節で見た総会の補助機関、特に、その中では比較的自律性があり規模も大きい計画と基金や、総会のその他の国連機関、と比較してみると、次のことが明瞭である。つまり、専門機関では「国際（International）」や「世界（World）」という名称の機関が殆どである。例外は、15ある専門機関のうち4つであり、国連食糧農業機関（FAO）・国連教育科学文化機関（UNESCO）・国連工業開発機関（UNIDO）の3つは訳語に「国連」とあり、うち2つには「UN」とあるが、後の1つは、万国郵便連合（UPU）であり、やはり、国連ではなく、世界（及び国際）に近い意味合いである。なお世界観光機関（UNWTO）は、図表3-1の日本語では世界だけで

あるが、英語では世界貿易機関（WTO）と区別するためもあり、「UN」が付記されている。これに対して、総会の補助機関である計画と基金では6つすべてが国連「(UN)」という名称（但し、英語ではWFPにUNは付かない）であり、6つある総会のその他の国連機関でも、国際貿易センター（ITC）だけが例外であるにすぎない。

　このような呼称の違いは、単なる偶然や形式的なものではなく、歴史的な経緯が反映されたそれ自体に意味と理由があるものである。つまり、専門機関の多くは第2章で説明された国際行政連合を前身としたものであり、国連よりも前に発足し、設立の経緯から国連「(UN)」とは別個だったものが多いことが、専門機関の多くで国連「(UN)」が機関名に含まれていないことに繋がっている。

　また、図表3-1の右上にある関連機関（Related Organizations）も同様であり、8つのうち国連「(UN)」の記載は全くなく、「国際（International）」が5つ確認できる。これらの関連機関は、国際行政連合を前身とせず、戦後に発足したものであるが、国連との関係は、連携協定を締結している専門機関よりもむしろ制度的・法的には一層希薄であるといえる。

　これらの専門機関・関連機関は、このような設立の経緯からも、そもそも第3節で見たような国連と補助機関との関係に比べると、国連との関係が薄い上に、事務局のトップレベルの人的な繋がりの面でも、国連との関係が薄いといえる。具体的には、計画と基金などの補助機関では国連事務総長が事務局長を指名するが、専門機関・関連機関の事務局長は、国連事務総長による事務局長の指名ではなく、各機関の加盟国により各機関の理事会や総会等を通して実質的にも決定される（例えば、世界保健機関（WHO）の事務局長は、WHOの執行理事会での理事国による選挙を経てWHOの総会で承認される）。そのため、事務局のトップレベルでの定期的な接触を維持することは、特に、国連本部が事務総長も含めてニューヨークにあり、専門機関・関連機関の多くがジュネーブやウィーンなどヨーロッパの複数の都市に分散しており、地理的にも離れていることからも、国連システム諸機関、特に、国連と専門機関・関連機関との有機的な相互関係の保持を実現し、システム全体としてグローバルな諸課題に対応していくためにも極めて重要な課題である。

この点、国連システムでは、事務局のトップ及びハイレベルの機関間調整メカニズムとして行政調整委員会（ACC）があった。この歴史は古く、既に国連発足の翌年、1946年に経社理の決議により設立された。その主な目的は、国連と専門機関間の協定の完全で効果的な実施を確保するために、事務総長のリーダーシップの下にすべての適切な措置をとることであった。その後、1977年や1985年の総会決議を通して、国連システム諸機関のより広い調整組織としての役割が明確に付与されていった。このACCは、春にジュネーブ・秋にニューヨークで行われる年2回の事務局長会議の下に、幾つかの委員会を有する形態であり、それらの委員会を通して、国連システム諸機関のトップ及びハイレベルで機能別の調整が図られてきた。もっとも、このようなACCに対しては、全体的な国連主導・優位な運営や構成に対しては専門機関側から懐疑や不満を抱かれる向きもあった。このACCは、2001年から国連システム事務局調整委員会（CEB）となり、組織の簡素化と機動的でアドホックな課題の設定と取組み、情報技術の活用や、専門機関も含めた参加主体のオーナーシップの充実（懐疑や不満の払拭）、専門家のネットワークの強化、非公式でよりビジネスライクな手法の導入などが図られ、現在に至る（坂根 2004）。現在では、図表3-1の備考1にある通り、すべての専門機関と3つの関連機関も参加し、同じくメンバーの国連本体や計画と基金及び総会のその他の国連機関（ITCは除く）との間の連携・調整が実現している。

　日本の国家行政では、長年縦割り行政の問題が指摘され、その克服に向けて内閣機能や首相のリーダーシップの強化、内閣官房の機能強化や内閣府の設置など、様々な取組みがなされてきた。一方、国連システムは、そもそも国連とは設立の経緯が異なり、国連事務総長には事務局のトップの任命権もなく財政・組織的にも独立している専門機関や関連機関を抱える、極めて分権的な制度・組織構造の中で、「国連システムのガバナンス」は困難を伴う。そのような中で、CEBは、調整であり、例えば統一的な意思決定を行う日本の国家行政における閣議などとはそもそも性質が異なる。いわば、閣議や大臣が存在しない中での従来の事務次官会議（現在の次官連絡会議）的な性質のものと見ることも可能であろうが、日本の国家行政とは前提条件が大きく異なる状況下での、現実的なトップレベル及びハイレベルの機関間調整の行政組織的取組みと

して、CEB 及びその下部組織には今後もその機能強化が期待される。

〔Further Reading〕
横田洋三（2001）『国際機構の法構造』国際書院
内田孟男（2002）「序論―グローバル・ガバナンスにおける国連事務局の役割と課題」
　　日本国際連合学会編『グローバルアクターとしての国連事務局』（国連研究第 3
　　号）国際書院、9 -24頁
坂根徹（2004）「学界展望〈行政学〉Kamil Idris and Michael Bartolo, *A Better Unit-
　　ed Nations for the New Millennium: the United Nations System: How It Is Now
　　and How It Should Be in the Future*」『国家学会雑誌』117巻 7 - 8 号、153-158頁
横田洋三（2006）「問題提起」NIRA・横田洋三・久保文明・大芝亮編『グローバル・
　　ガバナンス―「新たな脅威」と国連・アメリカ』日本経済評論社、220-232頁
首藤もと子（2018）「ASEAN と国連―補完的関係の進展と地域ガバナンスの課題」
　　グローバル・ガバナンス学会編、渡邊啓貴・福田耕治・首藤もと子責任編集『グ
　　ローバル・ガバナンス学Ⅱ―主体・地域・新領域』法律文化社、132-152頁

〔設問〕
1　国連システムとは何か、またその特質や課題について論じなさい。
2　国連システム諸機関の間の連携確保について、どのような行政組織的取組が
　　なされてきたのかについて説明しなさい。

【坂根　徹】

第 4 章

欧州ガバナンスと EU システムの制度と組織

〔本章で学ぶこと〕

　越境的ガバナンスやデモクラシーの問題をどのように捉えたらよいのであろうか。本章では、欧州統合を支える「欧州ガバナンス（European Governance）」の制度的構造の特質を理解し、EU 諸機関システムと政策過程について学ぶ。特に EU 行政―欧州委員会事務局と加盟国行政の制度的な連携・協力関係について考える。本章では、EU の超国家的国際行政と加盟国・地域・地方政府の行政相互間における多次元（マルチレベル）行政ネットワーク・システムの構造と機能を明らかにしてみたい。

第1節　欧州ガバナンス：新しい欧州政体の構造
　　　　―― EU システムと加盟国統治機構の混成システム

(1)　欧州ガバナンスの構造とその類型

　欧州統合は、EU システムだけでは進められない。国際制度としての EU 諸機関と、国内制度としての加盟国統治機構が一つのマシンの如く一体化して連携・協働するハイブリッド（混成）システムとなった時にはじめて有効に機能する。この新しい混成システムを、欧州委員会のプロディ委員長は「欧州ガバナンス」と名付け、政治学者は「欧州政体（Euro Polity）」と呼ぶ。2001年欧州委員会の『欧州ガバナンス白書』（COM（2001）428 final）によれば、欧州ガバナンスの形態を、①共同体方式（枠組み指令方式）、②EU と加盟国による共同規制方式、③開放型政策調整方式（Open Method of Co-ordination：OMC）、④

ネットワーク牽引方式、⑤規制エージェンシー方式と5分類している。①は、EU規則（Regulation）を根拠に、拘束力の強いハードローによるトップ・ダウン方式の統治形態、②は、EU指令（Directive）によるEUと加盟国による共同統治方式、③は、各加盟国の裁量権やその他アクターの自発性を尊重する法的拘束力はないソフトロー方式で、各加盟国からのボトム・アップによって政策調整を図るガバナンス形態である。④の方式は、①～③を併用し、EUと加盟国の行政機関との関係（ファースト・セクター）、民間企業等（セカンド・セクター）、NGO等の市民社会（サード・セクター）のネットワークによるマルチレベル（多次元）・ガバナンスの形態である。⑤は、後述（第3節）するように、高度の自律性、独立性、透明性、専門性をもつ専門家で組織される特定政策部門別エージェンシーによる統治であり、政策決定権と規制執行権を付与された委託機関によるガバナンスの形態である。

　なお、ガバナンスという用語は人口に膾炙されるようになって久しいが、その機能は、①規範を設定する機能、②目的の実施をモニタリングする機能、③規範から外れた場合に、逸脱を是正する機能、という3つの機能から構成される。

⑵　EUシステムの機構──諸機関

　EUは伝統的な国際機構とは異なる特色ある諸機関（institutions）を設置している。現行EU（リスボン）条約（第13条の機関に関する規定）の下で、EUの主要機関として、欧州理事会（European Council）、EU理事会（Council of the European Union）、欧州議会（European Parliament）、欧州委員会（European Commission）、EU司法裁判所（Court of Justice of the European Union）、欧州中央銀行（European Central Bank：ECB）、欧州会計検査院（European Court of Auditors）が挙げられる。これらの機関のうち、EU政策決定（立法過程・予算決定過程）に参画できるのは、欧州委員会、EU理事会、及び欧州議会の3機関のみである。EU司法裁判所は、下級審として一般裁判所（General Court）がある。

　欧州中央銀行は、ユーロを監督し、ユーロ参加国の金融政策を担当する中核である。これら主要機関以外に諮問機関や補助機関も置かれている。経営者と労働者その他の代表で構成される経済社会評議会、地域・地方政府の代表で構

成される地域評議会がある。これらは諮問機関としてEUの政策決定過程で意見を表明する。これら以外に、EU行政を監視し、欧州委員会による過誤行政の有無について調査する行政監察権限を有する欧州オンブズマン、加盟国間の警察協力を支援・統括する欧州刑事・警察機構（ユーロポール）、加盟国間の検察協力を支援・統括する欧州検察庁（ユーロジャスト）、EU外交・安全保障政策上級代表を補佐・支援するEUの外務省にあたる欧州対外行動庁、欧州の防衛装備品の規格標準化と防衛能力向上を図る欧州防衛庁などが置かれている。

　以下においてEU政策決定にかかわる主要機関について具体的に見てみよう。

　①欧州理事会　　欧州理事会は、EU統合に必要な刺激を与え、政治的レベルにおいてEUの方針や優先順位についての最高意思決定機関として機能するEU首脳会議（サミット）である。欧州理事会は、加盟国の国家元首または政府首脳と欧州理事会常任議長及び欧州委員会委員長により構成され、リスボン条約の下では、外交・安全保障政策EU上級代表もその活動に参加する。この機関は、臨時会合を開催することもあるが、通常は半年に2回、年4回、6月と12月には定例会合を行う（EU条約第15条1～3項）。欧州理事会には、2年半の任期（一度だけ再任可で5年間）の常任議長が置かれる。この機関の意思決定は、EU理事会から付託を受けた案件については全会一致によるが、通常はコンセンサス方式で決定し、その結論は「議長総括」として公表する。

　欧州委員会の委員長選考では、欧州理事会は、欧州議会選挙の結果を考慮して、欧州議会との適切な協議の後、特定多数決によって欧州委員会の委員長候補を決定し、欧州議会に提案する（EU条約第17条7項）。欧州理事会の構成員は各国外相により補佐され、総務・外相理事会が、欧州理事会の事務的準備や支援を行う（EU理事会手続規則第2条2項）。2019年11月以降の常任議長には、シャルル・ミシェル（前ベルギー首相）が選出されている。

　②EU理事会とその事務局　　EU理事会（「閣僚理事会」とも呼ばれる）は、加盟国の閣僚で構成され、EU政策決定の中枢となり、立法府の一つである。この機関は、加盟国政府の代表機関として各国の国益を表出し、欧州議会と共同で立法権、予算権限を行使し、条約に定める範囲内の政策決定を行う。外務理事会、財務理事会、内務理事会、雇用・社会政策・保健衛生・消費者保護理事

会、競争理事会、運輸・テレコム・エネルギー理事会、農業理事会、環境理事会、教育・青少年・文化理事会などがある。外務理事会は、複数の政策が絡む場合に総務理事会としても機能するが、通常は欧州理事会が定める戦略的指針に基づき、EUの対外的行動を具体化し、一貫性を確保する。議長国は6カ月交替（国名のアルファベット順＋逆アルファベット順）の輪番制となっている（EU条約第4条）。

EU理事会は条約に特段の定めがない限り特定多数決により議決を行う。この特定多数決には、15カ国以上の加盟国、かつEU総人口の65％以上を占める加盟国を含み、かつ少なくとも理事会構成員の55％以上の賛成が必要とされる。法案の可決阻止には、少なくとも45％以上の理事会構成員を含むことを条件とし、この条件が満たせない場合、特定多数が得られたものとされる（EU条約第16条4項、運営条約第238条）。

EU理事会には、ブリュッセルに常設事務局（シャルル・マーニュ・ビル）が行政機構として設置されている。事務総局長、事務次長の下に官房と法務部のスタッフ組織と、人事管理総局（A総局）、農業・漁業総局（B総局）、域内市場・競争・産業・研究・エネルギー・運輸総局（C総局）、対外経済関係・政治・軍事総局（E総局）、報道・広報・儀典総局（F総局）、経済・社会問題総局（G総局）、司法・内務問題総局（H総局）、環境・消費者保護・健康・食品・教育文化等総局（I総局）の政策官庁が設置され、恒久職員だけでも3000名を超えるEUの国際公務員（欧州官僚）が在職している。

③欧州議会とその事務局　欧州議会は、EU諸国民の民意を直接反映する唯一の機関である。その前身は、ECSCの共同総会（Common Assembly）であり、条約上は「総会」（Assembly）とされていたが、1958年の決議により「欧州議会」（European Parliament）と自称するようになった。しかし、発足当初は諮問機関にすぎなかったため、自ら議会と呼ばれるに相応しい権限拡大の努力を続け、単一欧州議定書の下で1987年7月以降ようやく「欧州議会」が公式の名称となった。欧州議会の議員は、1979年以来、欧州市民から5年ごとの直接選挙で選出され、2019年6月直接選挙制度施行40周年を迎えた。欧州議会の議員は、自由かつ秘密投票により選出される。加盟国選挙区から政党別に選出され、欧州議会内に国境を超えた欧州政党（政治グループ）を組織して活動する。

2019年5月の欧州議会選挙の結果は、第1党の欧州人民党（EPP・中道右派）が182議席（24.2％）、第2党の社会民主進歩同盟（S&D・中道左派）が154議席（20.5％）となり、親EU勢力として40年間にわたり欧州統合を牽引してきた。しかし欧州議会内の2大政党の合わせた議席数が初めて総議席数の過半数を割る結果となった。マクロン大統領の与党である共和国前進などが属するリベラル派の欧州再生（リニュー・ヨーロッパ）が108議席（14.38％）に、また緑の党・欧州自由同盟（Greens/EFA）も74議席（9.85％）へと議席を伸ばし、親EU政党勢力全体としては依然として7割近くの議席（513議席・約69％）を占めている。（European Parliament（2019）2019 European election results から作成。https://election-results.eu/ 2017年7月10日閲覧）

　一方、各国の極右政党が所属するアイデンティティ・デモクラシー（ID）が73議席（9.72％）、欧州保守改革グループ（ECR）が62議席（8.26％）に再編され、欧州統一左派・北欧緑左派（GUE/NGL）が41議席（5.4％）など、欧州懐疑派政党が総議席数の23.3％を獲得した。英国ではファラージ率いるブレグジット党が29議席（31.69％）を獲得して第1党となり、政権与党の保守党は第5党となった。フランスではルペン率いる国民連合（RN）が、イタリアでは同盟（旧北部同盟）が、またポーランドの「法と正義」などの極右政党、欧州懐疑派政党がそれぞれ各国で第1党となった。各政党は、独自の事務局を持ち、各加盟国の国内政党とも連繋しつつ活動している。（https://www.waseda.jp/fpse/winpec/assets/uploads/2014/05/COM-10-004_12lessons_JP_V04_web.pdf 2017年7月10日閲覧）

　2019年7月、欧州議会の新議長には、マリア・サソーリ（イタリア）が選出された。欧州議会の常設事務局には、恒久職員が5500名以上、臨時職員が1000名以上在職し、合計すれば6500名以上のEU専属の国際公務員が欧州議会事務局に勤務している。

　④欧州委員会とその事務局　　欧州委員会（European Commission）は、超国家的な観点に立って共同体の一般的な利益を追求する行政府であり、EU統合の担い手として欧州公共圏の形成においても大きな役割を演じている。欧州委員会は、EUの共通利益のために独立して行動することが義務付けられているため、いかなる加盟国政府や特定の団体等の意向にも左右されることがあっては

ならない。欧州委員会は「基本条約の守護者」として、EU理事会と欧州議会で採択された規則や指令が加盟国で適切に実施されているかどうかを監視する。適正に法執行されていなければ、違反国（違反者）をEU司法裁判所に提訴し、EU法の順守を求めることができる。リスボン条約発効以降、狭義には、欧州委員会は各国1名ずつの委員で構成される「合議体（collegiate body）」を指している。この合議体に欧州委員会事務局をも含め、広義に欧州委員会として捉えられる場合が多い。1名の委員長とEU外務・安全保障政策上級代表（副委員長のうち1名）を含む2名の副委員長、これらを含め委員の総数は各加盟国1名ずつである。法案の発議を行い、共同体業務の執行機関としての役割を演じる。現在の欧州委員会は、ECSCの最高機関（High Authority）、EEC委員会、EAEC委員会が1967年7月1日発効の機関併合条約により、3共同体に単一の「欧州委員会」となった。各委員の任期は5年で、その任命には各加盟国の合意と欧州議会の承認が必要である。欧州委員会の委員は、その独立性に疑いのない人物の中から、一般的な能力、及び欧州への貢献度を考慮して、5年の任期で選出される。2019年12月以降は、ウルズラ・フォン・デア・ライエン新委員長（前ドイツ国防相）が就任している。新副委員長のEU外務・安全保障政策上級代表には、ボレル・フォンテジェス（前スペイン外相）が選出された。欧州委員会は欧州議会に対して説明責任を負い、欧州議会が不信任動議を可決した場合には総辞職しなければならない。

　ブリュッセルに本部がある欧州委員会の常設事務局は、2万5000名以上の恒久職と500名程度の任期職から成る国際官僚機構であり、図表4-1のように事務総局に加えて30以上の総局（Directrate General：DG）、その他の部局で構成される行政組織である。

　EUの行政機関としての欧州委員会事務局は、共通農業政策（Common Agricultural Policy：CAP）をはじめ、多くの政策分野に関するEU法令を根拠とする政策を実施する任務がある。欧州委員会は、競争、海外途上国援助、地域開発などのEU諸政策を運営する広範な権限を有し、これらの政策の予算も管理する。欧州委員会には行政事務を担当する行政組織、部局の大部分がブリュッセルかルクセンブルクに置かれている。このほか、欧州委員会の下で特定の業務を遂行する規制エージェンシーなどの実施機関も幾つか設けられている。諸

図表 4-1　欧州委員会事務局─行政機構図

```
                        ┌──────────┐
                        │ 欧州委員会 │
                        └──────────┘
```

政策部門	対外関係部門	対内サービス部門	総合サービス部門
農業・農村開発総局 競争総局 経済・金融総局 教育・文化総局 雇用・社会問題・機会均等総局 運輸・エネルギー総局 企業・産業総局 環境総局 漁業・海事総局 保健・消費者保護総局 情報社会・メディア総局 域内市場・サービス総局 共同研究センター 司法・自由・安全総局 地域政策総局 研究総局 税制・関税同盟総局	欧州援助協力局 開発総局 拡大総局 対外関係総局 人道援助総局 通商総局	予算総局 欧州政策諮問部（BEPA） 内部監査総局 通訳総局 翻訳総局 法務総局 情報通信総局 人事・総務総局 インフラ・ロジスティックス局	統計局（ユーロスタット） 欧州不正対策局（OLAF） 出版局 広報総局 事務総局

（出典）European Commission, Directorates-General and Services の EU 公式ウェブサイトから筆者作成

機関の大半は、ブリュッセルとルクセンブルクに置かれている。これら以外に、日本、アメリカ、中国など世界中の影響力のある第三国の首都にも常駐EU 代表部の拠点が設置されている。

第2節　EU システム──諸機関と政策決定（立法）過程

　EU には、国家でいえば上院にあたる EU 理事会と下院にあたる欧州議会という2つの立法機関がある。EU の立法過程は、これら2つの立法機関で協議して意思決定がなされる仕組みである。民主主義の観点から考えると、欧州議会は欧州市民を単位とする民主主義を制度化した機関であり、EU 理事会は国家を単位とする民主主義を制度化した機関であるといえる。欧州ガバナンスは、国民国家を正統性の根拠とすると同時に、欧州市民も正統性の根拠としている。政策決定過程をみると、EU 法案を欧州委員会が政策形成するときには、各国の関係高官をブリュッセルに招集して、欧州委員会事務局の EU 職員

図表 4 - 2　EU と加盟国との間の政策管轄権

EU の排他的権限	EU ／加盟国の共有権限	各加盟国の権限(支援権限)
関税同盟	公衆衛生政策	人の健康維持・増進政策
競争政策	社会政策	社会保障・年金政策
ユーロ圏金融政策	運輸・欧州横断ネットワーク政策	文化・スポーツ政策
海洋生物資源保護政策	農業・漁業政策	観光政策
共通通商政策	環境保護政策	教育・職業訓練・青年政策
国際協定締結	エネルギー政策	行政協力政策
	消費者保護政策	産業政策
	「自由・安全・司法の領域」政策	失業対策・治安政策
	経済・社会的結束政策	
	移民・難民政策	
	イノベーション政策・技術開発研究政策・宇宙政策	
	開発協力・人道支援政策	
	単一市場政策—物理的障壁・技術的障壁・税障壁の除去	

3 類型の枠外に置かれている諸政策

共通外交・安全保障・防衛政策 (CESP/ESDP) 経済政策・雇用政策の調整 研究・技術開発・宇宙政策 開発協力・人道援助

(出典) 福田耕治 (2011)「リスボン条約に至る機構改革と民主的正統性」『リスボン条約と EU の課題』日本EU 学会年報第31号、50頁、パスカル・フォンテーヌ・駐日欧州連合代表部訳 (2013)『EU を知るための12章』駐日欧州連合代表部、38頁、押村高・小久保康之編著 (2012)『EU・西欧』ミネルヴァ書房、27頁から筆者作成

(国際公務員) が議長となって法案の原案をつくる。リスボン条約の下では、欧州議会と加盟国国会の代表者で構成される欧州問題委員会会議（COSAC）が、EU の立法過程を監視する。EU と加盟国との立法権配分は、図表 4 - 2 を参照されたい。リスボン条約では、図表 4 - 2 に示すように、① EU の排他的権限領域、② EU と加盟国の共有権限領域、③加盟国の権限領域（EU は支援権限のみ）に政策管轄権を 3 つの範疇に明確に分類した。さらに、EU 共通外交・安全保障政策などの諸政策をこれらの政策とは別扱いとしている。

　EU の政策決定（立法）過程は、一般的には、行政府である欧州委員会が法

図表 4-3　EU の政策決定過程「通常決定手続」

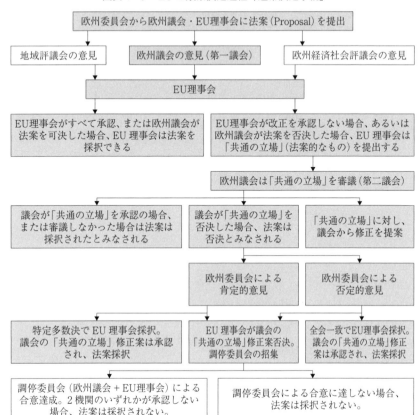

（出典）駐日欧州委員会代表部・シルビア・コフラー（2006）『EU 資料利用ガイド』16-18頁（一部修正）

案を EU 理事会と欧州議会に提案し、諮問機関である欧州経済社会評議会や地域評議会の意見を踏まえ、EU 理事会と欧州議会における法案の審議・修正を経て、両立法機関の合意により、EU 制定法（規則・指令・決定）が採択される手続となっている。しかし法案決定過程への欧州議会の関与の程度の違いによって、具体的には通常立法手続、特別立法手続、承諾手続という以下の3通りの政策決定手続に分けられる。

　①「通常決定手続」は、EU 理事会と欧州議会という2つの立法機関の妥協

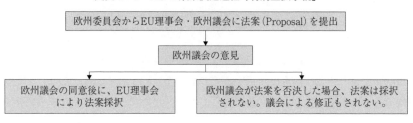

図表4-4　EU の政策決定過程「特別立法手続」

欧州委員会からEU理事会・欧州議会に法案（Proposal）を提出

欧州議会の意見

欧州議会の同意後に、EU理事会により法案採択

欧州議会が法案を否決した場合、法案は採択されない。議会による修正もされない。

（出典）図表4-3と同じ

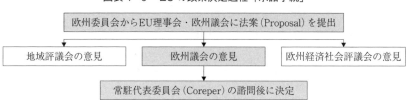

図表4-5　EU の政策決定過程「承諾手続」

欧州委員会からEU理事会・欧州議会に法案（Proposal）を提出

地域評議会の意見

欧州議会の意見

欧州経済社会評議会の意見

常駐代表委員会（Coreper）の諮問後に決定

（出典）図表4-3と同じ

と協力による共同決定方式である。この政策決定プロセスは図のように長く、最も時間を要する、しかしこの政策決定方式が、大部分（8～9割を占める）のEU 政策分野に適用される。EU 理事会は特定多数決、欧州議会は絶対多数決により決定する。

　②「特別立法手続」は、かつては諮問手続と呼ばれていたが、欧州議会の関与が諮問のみにとどまり、欧州議会の関与が少ない決定手続である。これは欧州対外行動庁（EEAS）の創設、条約改正、旅券、滞在許可など、加盟国の主権にかかわる重要事項の政策決定に限定して適用される。EU 理事会は、欧州議会に諮問はするがその意向に拘束されることなく最終決定権を行使できる。

　③「承諾手続」は、欧州議会の意向を最も強く反映させる決定手続であり、法案は欧州議会が賛同しない限り採択できず、欧州議会に拒否権を認める決定手続でもある。これは、基本条約の改正のための政府間会議招集、基本条約の締結もしくは加盟国の EU 離脱を承認する場合など限定的に適用される。

第3節 EU行政と政策実施過程——EU国際行政と加盟国行政との媒介制度

　EU行政の執行、政策実施の方法は、①欧州委員会やEU理事会などのEU諸機関を通じてEUが直接執行する「直接行政」と、②間接的に加盟国行政機関を通じた政策実施、各国行政機関により拘束力をもって執行される「間接行政」に大別できる。前者①の「直接行政」タイプは、さらに欧州委員会などのEU行政機関が、各国の法人や自然人に対して直接執行する競争政策などの場合と、EU行政機関によって加盟国に対し直接執行され、加盟国内の法人や個人が国内行政機関の措置を通じて間接的に影響を受ける場合とに区別される。

　②の「間接行政」タイプも、EUの関税規則や共同市場規則のように、加盟国の行政機関を通じて、間接的に国内の法人や個人に対して執行される場合と、EU指令に基づいて各加盟国で法制定や行政規則の決定を経て、国内行政機関によって間接的に執行される場合とに分けられる。

　このように類型化できるEU行政を執行するプロセスでは、EU国際行政と加盟国の国内行政を結び付け、連携・協働させるための媒介制度が不可欠となる。65年に及ぶ欧州統合過程においてEUとその加盟国との関係では、①常駐代表委員会（COREPER）、作業部会、②コミトロジー、③エージェンシー、という3形態の国際行政と国内行政の媒介制度が形成されている。

(1) EU理事会と常駐代表委員会（Ⅰ・Ⅱ）、作業部会

　EU理事会を補佐する補助機関として「常駐代表委員会（Committee of the Permanent Representatives：COREPER Ⅰ・Ⅱ）」があり、その下部機関として分野別の「作業部会（Working Group）」が設置されている。これらの補助機関は、1962年閣僚理事会の業務を補佐し、負担を軽減させるために設置された。EU本部のあるベルギーには、ベルギーを除くすべてのEU加盟国が、自国のEU関係省庁の国家公務員を派遣し、30〜60名程度の高官で組織される各国常駐代表部（EUに対する各加盟国の大使館）をブリュッセルに設置している。各国常駐代表部には、常駐代表、常駐代表代理という資格で各国外務省から大使と公使（国家公務員）が任命される。EU理事会の準備過程において常駐代表委員会に

は、加盟国政府のブリュッセル常駐代表部の長（大使）から成る COREPER Ⅱ
と常駐代表代理（公使）から成る COREPER Ⅰ があり、前者は、対外関係、開
発援助、エネルギー政策、機構問題や政治的重要度の高い少数の案件を扱う。
後者は、域内市場、関税同盟、法制の接近、予算、法令に関する日常業務案件
について加盟国間の政治経済的利害のディール、国益の調整を行っている。
COREPER Ⅰ・Ⅱ には、さらにその業務を分担・補佐させ、専門的事項を調
査・検討させる目的から多くの作業部会が設置されている。EU 側から見れば、
COREPER Ⅰ、COREPER Ⅱ や作業部会は、EU 理事会の事前準備と協議事項
の集約する支援機関であるが、加盟国側から見れば、各国の国益の表出・調
整・妥協・利害の相殺を行う仕組みであり、自国の国益を舞台裏で表出し、EU
法案形成や政策実施で自国の利害を担保するための制度である。常駐代表委員
会レベルで合意が得られた「A 項目」案件は、行政管理的・技術的性格の案
件が多く理事会では審議せずに法案が採択される。EU 理事会では、常駐代表
委員会で合意に至らなかった政治的案件である「B 項目」法案を中心に審議が
行われ、政治的妥協に至れば採択される。国際行政学の観点から見れば、常駐
代表委員会は、各加盟国政府、EU 理事会、及び欧州委員会との間に立って調
整を行い、EU 政策過程に各国行政を巻き込み、EU 国際行政と加盟各国の国内
行政を連携・協力させる EU 理事会レベルの「蝶番的制度」であるといえる。

(2) 政策形成段階の管理評議会とコミトロジー

　欧州委員会レベルにおいては、政策形成段階で「管理評議会」、政策実施段
階では「コミトロジー」と呼ばれる小委員会（Committee, Comité）や作業部会
を通じて、EU 行政と加盟国行政とを連携化する媒介制度がある。これは、欧
州委員会が、立法府である EU 理事会や欧州議会から授権された実施権限を行
使する場合に、欧州委員会が施行細則、実施法令を定め、加盟国に対してコン
トロールが行われる手続である。すなわち「欧州議会と理事会は、通常立法手
続に従って決定を行い、規則により、加盟国が欧州委員会の実施権限の行使を
コントロールする方式に関する一般的ルールと原則を前もって定める（EU 運
営条約第291条）」。
　欧州委員会事務局では、政策形成段階で、関係総局の職員（EU 国際公務員）

が投票権のない議長となり、各国の関係省庁高官を招集し、小委員会や作業部会を組織し、EU法案の形成準備にあたらせている。この管理評議会手続は、共通農業政策（Common Agricultural Policy：CAP）を実施するため、1960年代に、牛肉、豚肉、鶏肉、小麦、ヒマワリの種などの畜産品、農産品ごとに小委員会や作業部会を設置したことに始まる。産品ごとの農業市場を運営するため、農業総局職員（EU国際公務員）と加盟国農務省高官（国家公務員）が協議を行い、諮問的役割を担う管理評議会がEU法案の形成にかかわった。

1968年EEC条約が定めた期限より2年前倒しで6加盟国の「関税同盟」が完成した。これに伴って、農業政策以外の政策分野へと管理評議会手続が拡大されていった。モノの域内自由移動のために、非関税障壁の撤廃が要請され、アンチダンピング評議会や原産地評議会などの諮問的性格をもつ小委員会が矢継ぎ早に設置されていき、管理評議会はその後250以上に増大した。

EU政策実施過程では、EU制定法として採択された規則、指令、決定の法令実施のために、欧州委員会が委任立法により技術的性格をもつ施行細則を第2次的立法により策定し、補足・修正する。1969年7月獣医学常設評議会が設置された際、従来の管理評議会の諮問的性格を越えて、同評議会に拒否権が付与された。その結果、理事会が獣医学評議会の原案を特定多数決で否決しない限り、廃案にすることはできなくなった。1999年の理事会決定（1999/468/EC）以降、管理評議会手続は、諮問手続、管理手続、規制手続の3つに分けられ、コミトロジー手続と呼ばれるようになった。欧州委員会事務局側からすれば、各国の事情に通じた加盟国官僚の支援が得られることはEU法案を形成する上で大いに役立つ。他方、加盟国政府・行政の側から見れば、自国の利害をEU実施法案の形成に反映させる機会となり、共同体立法への監督・統制権を確保する手段として捉えられた。

さらに2006年の理事会決定（Council Decision2006/512/EC）以後、域内市場において各国の規制を調和化させる措置が必要となり、管理評議会手続のうち、特に規制手続が強化され、欧州議会の権限強化の観点から、委任法行為である、委任規則、委任指令、委任決定の採択の場合には、欧州議会とEU理事会の監視・統制を受ける審査付規制手続の下で委任立法を行うことになった。

2011年の新コミトロジー規則（Regulation（2011）182、OJ L 55/13）を根拠

に、欧州委員会の執行権行使には、実施法行為である、実施規則、実施指令、実施決定の採択において加盟国による統制を受ける（EU 運営条約第290条）。通常立法手続で採択された法令について、具体的な施行細則の決定権は加盟国の監視の下で欧州委員会に委任される。欧州委員会は、EU 法実施において一律の条件を確保するため実施法令を定めるが、コミトロジー手続を適用することによって加盟国は自国のコントロール権を確保できるため、拡大適用されていった。しかし、獣医学常設評議会が BSE の拡大を防げなかったことから、次第にコミトロジーの限界が指摘されるようになり、その改革が課題とされた。

(3)　欧州委員会とエージェンシーによる政策過程──直接行政執行

　EU ガバナンス改革の過程では、イギリスの NPM（New Public Management）の影響を受け、「省庁から執行部門を切り離し、執行部門を独立した機関として組織運営をさせようとする手法」（Rhodes 1997 : 95）である「エージェンシー化」改革が行われた。エージェンシーとは、特定の技術的・専門的・科学的な任務や、調整的・監査・行政管理的任務、執行的任務などを遂行するために、通常の省庁等の行政組織の外側に独立専門組織として、統治的機能の一部を担う代理行為のために設置される機関をいう。2000年以降、「BSE 危機」の教訓から、EU 加盟国官僚と EU 官僚が協働して EU の政策実施のための施行細則を密室で決定する「コミトロジー方式」を縮減し、これを「エージェンシー」で置き替える改革が検討され、新エージェンシーの設置に至った。エージェンシーの導入には、政治的意図と行政管理的意図の両面がある。つまり政治的側面では、欧州委員会は政策発議者としての機能に重点を移し、党派的政治から一定の距離を置くことでその中立性や客観性を担保できる利点がある。エージェンシー化は、欧州委員会の行政サービスに対する市民の信頼を取り戻し、その正統性を回復する一つの方法と見做された。他方で、エージェンシー化は、政策実施の目的と手段の関係を明確化し、戦略的に政策を策定し、実施・評価においても合理化、能率化を促進することができる。

　欧州委員会はこのような観点から特定部門の規制を行う執行権限をもつ「規制エージェンシー（Regulatory Agency）」の設置を行った。欧州ガバナンス白書では、規制エージェンシーの特徴として、①厳密に規定された特定領域にお

図表 4 - 6　EU のエージェンシー一覧

名　　　称	略　　称	本部所在地国名	役割・機能タイプ	設置年
（1）EC〈第1の柱〉				
欧州職業訓練開発センター	Cedefop	ベルリン（ドイツ）	欧州社会的対話	1975
欧州生活・労働条件安全基金	EUROFOND	ダブリン（アイルランド）	欧州社会的対話	1975
欧州環境庁	EEA	コペンハーゲン（デンマーク）	監視・情報機能	1990
欧州訓練基金	ETF	トリノ（イタリア）	専門知識提供	1990
欧州薬物・薬物依存監視センター	EMCDDA	リスボン（ポルトガル）	監視・情報機能	1993
欧州医薬品（評価）庁	EMEA→EMA	カナリウォーフ（イギリス）	域内市場規制	1993
域内市場調整局	OHIM	アリカンテ（スペイン）	域内市場規制	1993
欧州労働安全保健庁	EU-OSHA	ビルバオ（スペイン）	欧州社会的対話	1994
共同体植物品種多様性局	CPVO	アンジェ（フランス）	域内市場規制	1994
欧州諸機関翻訳センター	CdT	ルクセンブルク	専門知識提供	1994
欧州人種主義外国人排斥監視センター	EUMC	ウイーン（オーストリア）	監視・情報機能	1997
欧州再開発機構	EAR	テッサロニキ（ギリシャ）	専門知識提供	2000
欧州食品安全庁	EFSA	パルマ（イタリア）	域内市場規制	2002
欧州海事安全庁	EMSA	リスボン（ポルトガル）	域内市場規制	2002
欧州航空安全庁	EASA	ブリュッセル（ベルギー）	域内市場規制	2002
欧州ネットワーク・情報安全庁	ENISA	ヘラクリオン（ギリシャ）	域内市場規制	2004
欧州疾病予防・コントロールセンター	ECDC	ソラーナ（スウェーデン）	監視・情報機能	2005
知的能力支援執行機構	IEEA	ブリュッセル（ベルギー）	執行機能	2006
（2）CFSP〈第2の柱〉				
欧州安全保障研究所	ISS	パリ（フランス）	専門知識提供	2002
EU サテライトセンター	EUSC	トレホン・デ・アルドス（スペイン）	監視・情報機能	2002
欧州防衛庁	EDA	ブリュッセル（ベルギー）	調整・専門知識	2004
（3）JHA〈第3の柱〉				
欧州刑事警察機構	Europol	ハーグ（オランダ）	監視・情報機能	1992
欧州検察庁	Eurojust	ハーグ（オランダ）	監視・情報機能	2002
欧州警察学校	CEPOL	ハンプシャー（イギリス）	教育・研修機能	2000

（出典）福田耕治（2006）「EU におけるアカウンタビリティ─NPM による欧州ガバナンス改革とエージェンシーを事例として」『早稲田政治経済學雑誌』第364号、17頁。EU エージェンシーのウェブサイトから筆者作成

いて政策決定権が付与され、②高度の自律性を確保し、独立性、透明性、専門性を保持し、経済性を向上させる。しかし、③全般的な規制方法を決定することは許されず、あくまで特殊な専門性が要求され、④多様な利害が錯綜する分野では決定権は認められず、政治的な裁量権や経済的評価を行うことも許されず、欧州委員会の厳格な監督・統制を受ける。また、⑤他のEU諸機関や加盟国との間の権限の均衡関係も崩してはならない、という厳しい制約がエージェンシーには課せられている。

　EUエージェンシーの先駆をなす第1世代のエージェンシーは、1975年設立の欧州職業訓練開発センター（CREDEFOP）及び欧州生活・労働条件改善基金（EUROFOUND）等である。権限委任や権限の地理的分散、科学的知識の反映等も考慮した第2世代の新エージェンシーとしては、「欧州環境庁」（EEA, 1990年）や「欧州薬物・薬物依存監視センター」（EMCDDA, 1993年）、「欧州医薬品（評価）庁」（EMEA, 1993年, EMA, 2004年）、「欧州労働安全保険庁」（EU-OSHA, 1994年）等が挙げられる。EUにおけるエージェンシーの活用は、専門性の高いEU政策決定を合理化・客観化・能率化し、政治的介入や利益集団の加圧活動を排除し、その決定過程を透明化させる利点がある。しかし、アカウンタビリティのラインがEU機構内のみならず、外部にまで拡張する。G. マヨーネ（G. Majone）が指摘するように、極めて専門性の高いEMEAやEFSAなどのエージェンシーの長には最終決定権がないため、責任がとれないといった問題の解決が今後の課題となろう。

〔Further Reading〕
福田耕治（1992）『EC行政構造と政策過程』成文堂
福田耕治（2006）「EUにおけるアカウンタビリティ」『早稲田政治経済學雑誌』第364号
福田耕治（2012）『国際行政学〔新版〕』有斐閣
庄司克宏（2015）『はじめてのEU法』有斐閣
中村民雄（2015）『EUとは何か』信山社
福田耕治編著（2016）『EUの連帯とリスクガバナンス』成文堂
福田耕治編著（2016）『EU・欧州統合研究—Brexit以後の欧州ガバナンス〔改訂版〕』成文堂
Rodes, R. A. W. (1997), *Understanding Governance*, Open University Press.

西山慶司（2003）「政府部内における『エージェンシー化』と統制の制度設計」『公共政策研究』第3号、日本公共政策学会、106頁

〔設問〕
1　欧州ガバナンスとは何か、またその特質について論じなさい。
2　EU政策実施過程におけるEU行政と加盟国行政の関係について論じなさい。

【福田耕治】

第 **III** 部

国際行政資源の調達と管理

第 **5** 章

国連システムにおける国際行政資源の調達と管理

［本章で学ぶこと］

　行政が活動を行い、組織を維持していくために、各種の行政資源の確保と活用は不可欠である。この章では、各種の行政資源として、権限、財政資源（資金）、人的資源（人材・国際公務員等）、物資・サービス、情報資源を取り上げる。国際行政でも国内行政と同様に、行政はマンデート（任務）を付与され、これを行政活動として遂行する。また、資金を用いて他の行政資源を確保することで、行政の活動と組織の維持が可能となる。具体的には、確保した資金を人件費や物資・サービスの調達費の支払いに充て、雇用された職員により様々な統計情報や行政文書などの情報資源が作成されていく。この章では特に、国連システムにおけるこのような各種資源の調達と管理について、国内行政と比べてどのような特徴があるのかにも留意しながら学んでいく。

第1節　権　　限

　国連システム諸機関は、加盟国により設立された国際機関であるため、その行政的機能を担う各機関の事務局は、理事会や総会などの加盟国の会議体を通して加盟国により付与された権限により職務を遂行する。例えば国連本体の事務局については、本書の第3章で見た国連憲章の第15章が規定しており、その第98条には、事務総長は総会・安保理・経社理等から委ねられる役割・機能を果たし、総会に毎年国連の活動報告を行うとある。これは一般的・概括的な表現であるが、具体的には、総会・安保理・経社理等の決議（resolution）を通し

て、事務局にマンデート（mandates）＝任務が付与される。事務局は、この与えられたマンデートに沿って活動するのであって、マンデートにより当該行政活動についての権限が与えられるともいえる。逆に、マンデートを付与されないことや限定的なマンデートのみが付与されることにより、行政活動に制約・制限がかけられることにもなる。

　例えば、国連による代表的かつ特徴的な行政活動である平和維持活動（PKO）では、個々のPKOミッションについて、派遣が安保理で決定され、事務総長に派遣と現地での活動のマンデートが与えられる。事務総長は、これを根拠として、事務総長特別代表を長とするPKOミッションを組織し現地に派遣する。また派遣後も、PKOミッションの派遣期限までに派遣の延長が決議されることにより、派遣と活動が継続するのであって、派遣の延長が決議されなければ、存在根拠を失い、たとえ現地情勢が依然としてPKOミッションを必要としていても撤収しなければならない。これは、派遣・活動・延長・撤退という一連の流れについての安保理から事務総長及び国連事務局に与えられるマンデートについての説明であるが、実際にはPKOごとに派遣の有無だけでなく活動の内容や（軍事部隊・軍事監視要員・警察要員については）派遣の規模なども安保理決議により規定されているため、これらの決議が、安保理から事務総長を通して国連事務局に与えられる権限と見做すことができる。特に国連のPKOミッションでは、現地情勢が刻々と変化する中で効果的かつ十分に事態に対処し、現地の文民を保護することが求められるため、適時に適切な権限がマンデートとして付与されることが極めて重要である。

　以上述べたのは国連PKOについての例であるが、PKO以外の他の国連の様々な活動でも同様に基本的に加盟国側から総会・安保理・経社理及びそれらの補助機関を通して発出される決議に含まれるマンデートに基づき、国連事務局の国際行政活動が行われる。国連PKOの場合は、上記で説明したように、期限付きかつ活動内容や派遣の規模も含めたものであるが、様々な分野の様々なマンデートの中には、期限の定めがなく必要性がなくなってきているものなどもあるため、その見直しが、マンデート・レビュー（mandate review）として、日米などにより国連改革の一環として主張されたことがあった。しかし、様々な加盟国の思惑もあり、実質的なマンデートの体系的な見直しや統廃合の

実現には至らなかった。国内行政でも、様々な法律などを通して国会から国家行政機関に対して（また、様々な条例などを通して地方議会から地方公共団体の首長や執行機関に対して）いわば様々なマンデートが付与されており、その適時適切な見直しが重要なことは同様である。

第2節　財政資源

　国連システムを含む大部分の国際機関では、各国国内の行政機関とは異なり、税金を徴収する権限（徴税権）を有していない。国連システム諸機関は、多くの加盟国をもち、その国民の数の合計は膨大になるが、その分、国連システム諸機関の財政規模が大きく資金が潤沢であるかというと全くそうではない。2018-2019年の国連通常予算案に関する事務総長報告に盛り込まれている、2015年の国連システムの財政収入と支出分野の構造は、図表5-1の通りである。

図表5-1　国連システムの財政収入と支出分野の構造（百万米ドル・2015年）

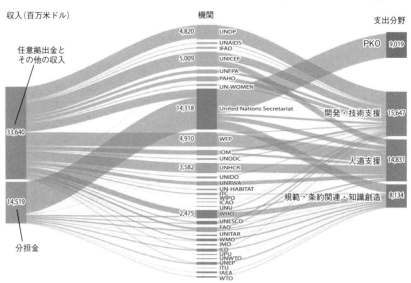

（出典）United Nations（2018）*Programme Budget for the Biennium 2018-2019 Foreword and Introduction*, UN Document, A/72/6（Introduction）, p. 5, Figure I.

この図を見ると、国連システムの財政収入について、任意拠出金等が336.4億ドル、分担金が145.2億ドルで、合計481.6億ドル程度であることが分かる。これには世界銀行グループと国際通貨基金（IMF）のデータが入っていないため、国連システム全体の収入規模を示したものではないが、日本を含む主要な先進国や中国などの主要な新興国の財政と比べるとその収入規模はかなり小さいといえる。また、国連システムの財政面での分権的性格が顕著であることも分かる。つまり、国連本体が加盟国等から資金をまとめて集め、それを国連システムの各機関に配分するのではなく、各機関が各々、加盟国等から資金を集めてそれを執行しているのである。さらに、国連システムでは、加盟国に支払いが義務付けられている分担金が、任意拠出金に比べてかなり少ないことも注目される。

　そして国連システムの財政支出分野についてみると、この図の右側からは、（国連本体の収入は143.2億ドルであるが）国連本体の収入の多くが平和維持活動（PKO）に費やされており、その規模は90.2億ドルに上っていることが分かる。ただ国連システム全体としては、開発・技術支援に156.5億ドル、人道支援に148.3億ドルと、開発・技術支援と人道支援の活動に最も多くの資金が費やされている。また、規範・条約関連・知識創造の分野も81.3億ドルに上っている。

　以下では、政府に徴税権がある国内行政とは異なり、特に課題や特徴があると見られる財政収入について、国連本体と国連システム諸機関の順に、財政貢献国の変遷や今後の課題を含めて検討していく。

　国連本体の財政収入については、任意拠出金に比べて分担金が多く、その点だけを見ると比較的財政収入は安定しているといえる。また国連憲章では、第17条で、国連総会が国連の予算を審議・承認する（第1項）とした上で、機構の経費は総会の割り当てに従い加盟国が負担する（第2項）と明記されており、総会の割り当てに基づいた分担金の支払いが加盟国の義務であることも明記されている。また、国連総会では、第5委員会が予算を審理する委員会として存在しているだけでなく、専門的見識を有する個人の資格として選出される委員により構成される行財政問題諮問委員会（ACABQ）が詳細な予算案のチェックを行う。さらに、各種計画関連予算は総会と経社理の合同の下部委員会である計画調整委員会（CPC）も審査を行うなど、事務局が提出する予算案

の審査体制も整っている。しかし、実際の国連財政では過去に、PKOに必要な支出が機構の経費であるかが争われた1960年代だけでなく、1980年代や冷戦後の1990年代などに財政危機が発生したことがある。このような過去の国連の財政危機は、財政貢献度が高く、かつ、政治的な発言力も強いアメリカ（1960年代はフランス・ソ連）など一部の安保理常任理事国による不払いなどにより、政治的にもたらされてきた（田所 1996）。近年でも、アメリカのトランプ政権が平和維持活動（PKO）予算の分担率上限の引き下げを主張して、国連への現状の財政負担の程度に難色を示し、一部不払いを表明した。また、様々な要因で分担金の支払いを遅延する国が増えたことにより、国連が現金不足に陥り、国連事務総長が加盟国に是正を求めるなどの問題が発生した。そして近年の国連財政については、長くアメリカに次ぐ第2位であった日本の分担金の支払い比率（分担率）が低下し、中国と順位が入れ替わったことなど変容が起こっている。

　国連システム全体の財政収入を見ると、分担金とは逆に任意拠出金は、国連開発計画（UNDP）や国連児童基金（UNICEF）などの開発・保健衛生機関、世界食糧計画（WFP）や国連難民高等弁務官事務所（UNHCR）などの人道支援機関、更に、世界保健機関（WHO）や世界気象機関（WMO）などの規範・条約関連・知識創造（normative/treaty-related/knowledge creation）の活動形態をとる機関など、幅広い国連システムの機関で主要な収入形態となっている。任意拠出金は、分担金と比べると財政収入が安定しない面はあるが、例えば、人道支援など、情勢の変化に応じて資金需要も大きく変動するような分野では、むしろ分担金よりも機動性・合理性があるともいえる。

　国連以外の国連システム諸機関に対する加盟国の財政貢献については、国連本体で述べたような変容が一定程度確認できる。つまり、日米欧等の先進国で主に構成される上位5位に入る主要財政貢献国（及び機関）の合計の比率（％）が、多くの機関の分担金や拠出金などの資金区分の中で減少傾向にある。その反面、中国が財政貢献の比率で上位5位以内に入る国連システムの諸機関が、国連本体以外にも、国際復興開発銀行（IBRD）・国連工業開発機関（UNIDO）・国連教育科学文化機関（UNESCO）・国際通貨基金（IMF）など、特に開発・技術支援機関を中心に出現するようになってきている。また、財政貢献の比率で

上位 5 位以内に入った年が確認できる国（及び機関）には、中国だけでなく、国連児童基金（UNICEF）での EU、国連パレスチナ難民救済事業機関（UNRWA）でのサウジアラビア、国連開発計画（UNDP）でのアルゼンチン、国連薬物・犯罪事務所（UNODC）でのパナマやコロンビアなど、様々な例があり、一部機関での主要な財政貢献主体の多角化も進んでいる。他方で、アメリカをはじめ先進国の財政貢献についての継続性も同時に確認できる。具体的には、国連や UNRWA など一部機関での支払いへの難色・不払いや UNESCO からの脱退などで物議を醸しているアメリカは、国連システム全体として見ると、依然として財政面で多大な貢献を続けている機関が多い。特にアメリカは、世界食糧計画（WFP）には 3 ～ 4 割台、国連難民高等弁務官事務所（UNHCR）には 3 割台など、国連本体への分担率と比べても手厚い財政拠出による支援を実施し、（トランプ政権は支払いに関しても厳しい態度をとる）UNRWA には 2 ～ 3 割台、UNICEF には 1 ～ 2 割台の支援を実施してきた。またアメリカだけでなく、日本やヨーロッパの主要国等の先進国も、依然としてかなりの数の機関で、主要な財政貢献国であり続けている。逆に、中国の財政面でのプレゼンスの増大は、国連システム諸機関全体としては、特に上述のような人道支援機関では依然として限定的である（坂根 2019）。

　なお WHO は、主な支出分野が人道支援ではなく規範・条約関連・知識創造であることが図表 5 - 1 から分かるが、この WHO は上記の 3 点すべてが当てはまる機関である。WHO の2018年のプログラム予算（2 カ年予算の 1 年目）への財政貢献主体を見ると、アメリカが約 4 億ドルと最大の財政貢献国であることが分かる。また、財政貢献主体の多様性も顕著であり、ビル＆メリンダ・ゲイツ財団が約2.4億ドルで第 2 位、ワクチンと予防接種のための世界同盟（GAVI）が約1.6億ドルで第 5 位、国連人道問題調整事務所（UNOCHA）が約1.3億ドルで第 6 位などとなっている。主要な先進国は、イギリスが約2.4億ドル弱で第 3 位、ドイツが約1.9億ドルで第 4 位、日本が約1.3億ドル弱で第 7 位など、上位の財政貢献国に入っている。他方で中国は、約0.4億ドル程度にすぎず、順位は16位であり、かつ、分担金が大部分を占める。つまり、中国は WHO に対して少なくとも新型コロナウイルス問題発生前の2018年は、アメリカの 1 割しか WHO に財政貢献をしていなかった。また、義務的に支払う必要

がある金額程度しか財政貢献を行っておらず、任意拠出金の支払いは非常に少なかった。新型コロナウイルス問題が世界の大問題となって以降は状況が異なるが、従前この点は、他の上位拠出国・主体との非常に顕著な相違であったといえる。

　国連システム諸機関の財政収入に関する今後の課題としては、先ず、財政貢献比率が低下傾向にある先進諸国からどのように資金を確保しつつ、中国をはじめ新興国からより多くの資金を任意拠出金も含めて確保していくかが挙げられる。次に、加盟国以外からの資金を如何により多く確保していくかも課題である。そして日本との関係では、中長期的にはこれまでの財政貢献の比率を今後も維持していくのは難しい中で、特に任意拠出金等についてどのように効果的な拠出を行っていくかが重要である（坂根 2019）。

　最後に、課題の2点目として挙げた、加盟国以外からの資金確保について、補足しておく。国連システムの財政収入の特徴としては、徴税権がないというデメリットだけでなく、加盟国以外からの資金を相当程度確保している機関も存在することが指摘できる。例えば、本書で国連システムと並ぶ主要な分析対象としたEUは、WFP、UNHCR、UNRWA、UNICEFなどの人道支援機関で5位以内の財政貢献主体として確認できる。また、例えばUNICEFには、日本からを含めて、政府拠出以外に、個人・企業・団体から各国内委員会を通して多くの寄付が寄せられている。さらにUNDPも、加盟国からだけでなく、EU、他の国連システムの機関、世界基金（世界エイズ・結核・マラリア対策基金）（GFATM）、地球環境ファシリティ（GEF）などからも多くの資金を得ている。加えて、世界銀行グループの国際復興開発銀行（IBRD）などは、債券の発行による市場からの借り入れにより事業資金の確保も行ってきた。このように財政収入の多角化、多様な収入形態により資金確保に努めることは、各加盟国政府の財政が厳しくなっている中で、国連システム諸機関にとって一層重要になってきているといえる（坂根 2016）。

第3節　人的資源

　国際行政の人的資源である人材、特に国連等の国際機関の職員である国際公

務員については、例えば辻が『公務員制の研究』の第4章を「国際公務員制」としてこれを扱うなど、日本の行政学でも国際公務員制に内在する論点と特色について以前から紹介がされている。この中で辻は、国際公務員の3つの論点として、地理的配分の原則、独立的立場、政治的・社会的中立を挙げている。第1の地理的配分の原則については、通常、専門職と管理職に適用されるもので、国連では国連憲章第101条第3項に、日本も含む各国の国家公務員法の規定に容易に見出せる能率・能力・誠実の原則だけでなく、職員をなるべく広い地理的基礎に基づいて採用することの重要性について妥当な考慮を払わなければならない、とある。辻は、この原則を、およそ国家公務員の任用基準には見られない国際公務員制の大きい特色として、上述の国連の場合は、憲章第1条の目的にある「差別なき国際協力」と「人民の同権」の理念を達成するために設けられたものである、としている。第2の独立的立場については、国連憲章第100条第1項で、事務総長及び職員は、その任務の遂行にあたって、いかなる政府からも、または、この機構外のいかなる他の当局からも指示を求め、または受けてはならない、などと規定され、同条第2項では、各国連加盟国政府にも国連職員の独立性を保証することを求めている。但し、これを現実に確保していくことは必ずしも容易ではないため、辻は、各職員の能力と倫理の育成に加えて、各加盟国側の立法を含めた必要な措置を提唱している。第3の政治的・社会的中立については、先ず国際公務員の政治活動の規制は、日米のような体系的な形では存在せず、個々の機関の事務局の長の裁量に委ねられるものの、国内行政と共通して適用される面が多い。他方で社会的中立については、国内行政での公務員の国民や住民との間の頻繁な接触を保持促進する努力とは異なるものとして、任地での国民・住民との間にある種の社会的距離を設定することが要求されているようである、としている。以上の3点以外にも、給与の適正配分、採用における能力基準、管理職と専門職との分類、恒久職と任期職との比率、客観的な勤務評定、昇進の方法と資格、国際公務員の身分保障、公務員組合の位置付けなど、多様な問題が、国際人事行政の分野だけでも山積していると指摘しており（辻 1991）、国内行政の公務員の特徴との異同の考察は有意義な論点といえる。

　ここで、上記の政治的中立性及び独立的立場に関係する最近の問題事例を取

り上げて検討してみよう。周知のようにアメリカを含めて世界各地で猛威を振るっている新型コロナウイルスへの WHO の対応に対しては、例えばトランプ大統領が2020年4月14日のホワイトハウスでの記者会見で、WHO は（中国がアメリカの財政貢献の1割にすぎないにもかかわらず）「中国中心」になっていると批判（この会見での同大統領の主張の概略は、WHO は、中国等からの渡航規制に反対し、緊急事態宣言の発出が遅れ、ウイルスのサンプル入手ができず、2019年12月の人・人感染を疑う信頼できる情報を含めて適時に透明性をもった情報の収集と共有を怠り、科学研究者・医師の失踪やウイルスの発生源の研究への規制に沈黙し、早期に医療専門家を派遣し現地で客観的に状況を評価し透明性の欠如を指摘することをせず、中国政府の対応を擁護し、その透明性を称賛した結果、世界の感染者数を約20倍にも増やす結果となったと見られる、というものである。）して、この問題の調査を行う間 WHO への資金拠出の停止を表明（ただその後一旦は、2020年5月18-19日の WHO 年次総会を前に中国と同規模に限った拠出も報じられたが、さらにその後同年5月29日のホワイトハウスでの記者会見では、WHO に中国は毎年約4000万ドルの支払いに対してアメリカは約4.5億ドルを支払っているが、中国は WHO を完全にコントロールしており、WHO にアメリカが求めた改革は実施されなかったなどとして、WHO との関係の打ち切りと WHO への資金を他の国際公衆衛生の需要に振り向けると表明したのに対し、WHO 事務局長は6月1日にアメリカとの「良好」な関係の継続に期待を表明）し、トランプ政権は同年7月6日に1年後の脱退を正式に通知した。また、例えばアメリカ連邦議会・議員からも WHO や同事務局長の責任追及や検証の動きがあるなど、様々な批判が出た。これに対して、当事者である当該事務局長は適切な対応であったとして辞任を否定した。確かに、資金面を含めて圧力をかけたタイミングとして果たしてこの時期が適切だったのかについては立場が分かれる。ただ、そのような批判に故あるという立場に立つ場合でも、WHO の事務局全体がそうであるのか、又は、当該事務局長など一部がそうであるのかは少なくとも本来的には同義ではない。また、仮に後者だけでなく前者にも問題があったという立場に立つ場合でも、その要因・原因は何であるかは、国際行政上、人的資源の政治的中立性及び独立的立場に関係する重要な論点といえる。WHO でも事務局長は事務局のトップとして WHO の行政に強い権限を有する。そのため、事務局長が政治的に中立的でないまたは独立的でない場合は、その影響

は当然に事務局全体に及びやすい。国際的に様々な批判を浴びる WHO の当該事務局長はエチオピア人だが、同国が貿易・投資・公的援助面を含めて中国と非常に親密な関係であることは周知の事実であり、当該事務局長は、同国の保健大臣や外務大臣を務めたという意味では政治家であり、保健や免疫の専門は有するが、これまでの歴代 WHO 事務局長の中で唯一医師ではない。さらに、当該事務局長に比べて現在は知名度が低くなっているが、そもそも、2007年の初めから2017年の前半まで 2 期10年半にわたり在任した WHO の前事務局長は、香港衛生署長や WHO 事務局長補などを務めた香港のマーガレット・チャンという中国が擁立した人物であった。この前事務局長の時代から、例えば WHO 総会への台湾のオブザーバー招待の可否などを巡って政治的な問題が起こっていた。なお、WHO の歴代事務局長には、1988年から 2 期10年にわたり中嶋宏氏というフランスとも関係の深い医師・科学者で WHO の西太平洋地域事務局事務局長も歴任した日本人が務めたこともあったが、2006年秋の WHO 執行理事会での上記の前事務局長の選出では、同じく WHO の西太平洋地域事務局事務局長を務めた尾身茂氏も立候補したが、上記の香港の候補に及ばなかった。また、その次の当該事務局長が当選した2017年春の選挙では、対抗馬は国連でエボラ出血熱への対応に尽力するなどしたイギリス人のデビッド・ナバロ氏であったが、WHO の事務局長はこれまでアフリカ出身者はいなかったことやイギリスの EU 離脱の影響もあり、大差で当該事務局長が当選した。

　上記の諸事実をどう解釈し評価するかは立場により分かれるところであろうが、いずれにしても、WHO に限らず国連システム諸機関の事務局長の選任は、各機関の事務局行政の政治的中立性及び独立的立場にとって極めて重要であり、如何に、事務局長本人のみならず事務局全体・事務局の構成員である職員全体の政治的中立性や独立性を確保しつつ、効果的・効率的な事務局の国際行政を推進できる専門性とリーダーシップを有する人物を選任できるかは、特に専門機関では、第 3 章第 4 節でも述べたように選任の決定権をもつ各専門機関の理事会や総会の加盟国側の問題である。またそれ故に、事務局職員である国際公務員の政治的中立性や独立性の確保に行政的に責任を持つ専門機関の事務局トップの事務局長が、各専門機関の加盟国の会議体により極めて政治的に選任されている中で、常に政治的中立性や独立性を十分に確保していくこと

が、事実上困難である場合もあることは当然ともいえる。事務局長及び職員の独立的立場については、上記の国連憲章第100条第1・2項に相当する規定が、WHO憲章にも事務局についての第7章の中で第37条により規定されており、また発足後長年国際保健衛生分野で国連システムの中核機関として活動してきたWHOが、従前から政治的中立性や独立性が問題視され続けていたわけでは全くない。逆にWHOは、国際保健衛生分野でその専門性と活動に従前は定評があり権威も有していた。事務局やその長及びその他職員の政治的中立性や独立性の確保は、時々の加盟国の会議体による政治的意思と加盟国側の政治力学（及びその結果として任に着いた事務局長）により如何に左右されやすいものかが、上記のWHOの最近の事例から窺い知ることができる。

　国際行政の公務員の特徴であり、同時に課題として、規模の問題もある。例えば2017年末の時点での国連本体の職員数は約3万4000人であり、IMFと世界銀行グループを除く国連システム諸機関全体でも約10万5000人程度である。そのうち、国際専門職員に限ると、国連が約1万1000人であり、IMFと世界銀行グループを除く国連システム諸機関全体でも3万6000人程度にすぎない。これは、様々な政策分野についてグローバルに多様な活動を展開する国連システムとしては、かなり少ないといえる。この点、日本は行政改革・公務員改革という政治的スローガンの下で公務員数の削減が進められ、また、国立大学の法人化や日本郵政公社の民営化等もなされた結果、諸外国に比べると人口当たりの公務員数が少ない状況であるといわれているが、それでも、50万人を超える国家公務員（うち国防関係が半数弱）と、270万人程度の地方公務員がいる。

　このような国連システムでの職員不足も踏まえて、国連システム諸機関では、特にフィールドで活動する機関を中心に、機関の現場での活動の一部を外部の人材・組織に委ねることが行われてきた。これは、次の節で説明するサービスの調達と見ることもできるが、同時に、外部人材・組織の確保・活用という見方もできる。また外部人材の活用については、例えば国連PKOでも軍事・警察要員は安全保障の第9章で見るように加盟国からの提供を受けている。さらに例えば国連ボランティアを通しても様々な国連システム内外の機関・分野で、外部人材が活躍している。加えて、コンサルタントも、日本の国内行政以上に多用されている。

最後に職階については、SG（事務総長）、DSG（副事務総長）、USG（事務次長）、ASG（事務次長補）、Dl（部長級）、D2（部次長級）、P5（課長級）、P4（1級職）、P3（2級職）、P2（準職員）、P1（補助職）、NO A〜E（現地採用専門職）、FS 1〜7（フィールドサービス職員）、GS 1〜7（一般）というように分かれている。このような職階が、世界銀行グループやIMFなどを除く多くの国連システム諸機関で共有されることにより、職員待遇の機関間の平均化が図られ、機関間の職員の流動性も確保しやすくなり、また、業務も進めやすくなる。そして、職階だけでなく、様々な勤務条件を統一するシステムである国連共通制度（UN Common System）により、人事交流を促進し、採用面での過度な競争を抑制することが目指されており、そのために国際人事委員会（ICSC）が、例えば国連総会に対して職員の給与勧告をするなど、日本の人事院と類似の活動も行っている。

第4節　物資・サービス

　国連システムでは、物資・サービスが国内行政以上に、重要な行政資源といえる。主な調達内容は、輸送、食糧、ワクチン・医薬品、車両、燃料、資機材、電子機器等であり、これらの物資・サービスは一見、目立たない地味なものであるが、フィールドでのオペレーションを任務として有する国連・WFP・UNICEF・UNHCR・UNDP・世界銀行などの主要な国連システム諸機関にとって、それらの機関のマンデート遂行・活動実施に不可欠なものとなっている。この点、それらの物資・サービスが十分調達できなかった状況を想起すると、その意義・重要性は明らかである。例えば、輸送サービス・車両・燃料等の調達不足は、PKOでは部隊展開のみならず駐屯自体にも支障をきたし、UNICEFでは医薬品・ワクチン等、WFPでは食糧、UNHCRではテントやシート等、世界銀行では資機材等、UNDPでは電子機器を含めた様々な物資の現場への供給に支障を生じさせる。その結果、目的達成はおろか、円滑な活動の維持さえも不可能になる。さらに、量的確保のみならず、質的確保も重要であり、輸送の安全性や、特に食糧や医薬品・ワクチンでは変質を防ぐことの重要性は非常に大きい。このような物資・サービスの調達は、活動範囲がグ

ローバルで過酷なフィールドを多く抱える国連システムの主要機関にとって、時にそのマネジメントには困難を伴う。

　また、物資・サービスの調達には、特に現場での支援活動を行う国際機関では多くの財政資金が費やされる傾向があるため、その調達の効率化はその機関の行財政の効率性確保に大きく寄与し、調達の不正防止は機関への信頼性の確保に必須なものでもある。そして企業は、上述のような物資・サービスの供給を通して、国際機関の活動実施に不可欠な役割を果たしているが、個々の企業の信頼性や履行能力等には十分な注意が必要であり、適切な主体の選定に加えて、癒着を防ぎつつ継続的な関係を維持していくことも重要である。この継続性については、一度の入札・取引以外に調達の態様として数年間の長期契約が用いられる場合があるなど、長期継続的な協力関係の構築は意義深いものといえる。そして、企業だけでなくNGOからのサービス供給も重要である。例えば、WFPでは受益者に近い輸送・配給作業、UNICEFでは輸送／配給面、UNDPではプロジェクトのサービスのみならず時にプロジェクト管理自体も、UNHCRでは物資配給・難民キャンプの設置・維持などのサービスを、NGOから調達している（坂根 2009）。

第5節　情報資源

　国連システムの行政では、情報は極めて重要である一方で膨大でもあり、その調達と管理は容易なものではない。情報には様々な形態があるが、例えば、統計情報が挙げられる。この点を本書の第7章で取り上げるSDGs（持続可能な開発目標）の統計について見てみよう。SDGsは、17の目標と169のターゲットから構成されているが、ここで問題となるのは、これらの多くの目標・ターゲットの統計情報を、どのように調達し、加工・管理するかである。SDGsは、その対象がグローバルなものであり、その進捗状況の把握は国連や国連システム諸機関だけでできるものでは決してなく、各国からの情報提供を含む協力が不可欠である。先進国でも統計を巡る問題が発生することがあるが、途上国の中には、統計分野を含めて行政が脆弱である国も多く、信頼できる確実な情報の調達自体に大きな困難を伴う。より質の高い統計情報・元データを世界

各国から収集するためには、特に統計行政が脆弱な途上国に対して、能力技術支援を強化することが必要である。また、収集したデータを適切に加工し統計データとして取りまとめ管理することも重要である。国連ではSDGsを含めた様々な統計をめぐる課題に対応しており、SDGsについては目標とターゲットについて具体的に測定するための指標が作成され、「持続可能な開発のための2030アジェンダの目標とターゲットのためのグローバル指標枠組み」が国連総会で採択された（A/RES/71/313）。また国連では、経社理の統計委員会（Statistical Commission）や地域委員会（regional commissions）、また、事務局の経済社会局統計課（Statistics Division of the DESA）などが、SDGsの関係を含めて多くの統計について様々な取組みを行ってきた。

　また、統計情報についての最近の重要な事例としては例えば、WHOによる本章第3節でも取上げた新型コロナウイルスに関する世界の感染状況の整理・公表が挙げられる。この点、WHOは毎日状況報告（situation repot）を発表しており、過去の報告も含めてWHOの以下のウェブサイト：https://www.who.int/emergencies/diseases/novel-coronavirus-2019/situation-reportsで確認することができる。この報告は、各国からの通報に基づくため、検査体制が脆弱であればある程、実態に近い数字による報告を遅滞なく行うことは技術的に困難であり、またそもそも、すべての国が正しく報告してきたのか自体についても問題が指摘されるなど、ここに掲載されている数字が必ずしも世界各国・地域の実際の感染状況を正確に示せているわけではない。また、この統計には、主権独立国家ではない世界の様々な地域も掲載されているが、台湾については少なくとも本書執筆時点の統計までその項目自体も存在しない（もっとも、台湾は新型コロナウイルスの封じ込めに成功しており、数的なインパクトは極めて軽微である）。このような限界はあるものの、国・地域別の累計と新規の感染者数や死者数及び感染経路区分などが一覧できる統計情報は、世界的な新型コロナウイルスの蔓延を踏まえると貴重であり、時期により新型コロナウイルスの主要な感染地域が大きく変動していることもよく把握できる。またこの統計情報には、現状では回復者数や各国の一定人口当たりの感染者数などの情報がないことも課題であるが、それでも、例えば日本の感染状況をより国際的に、相対的かつ客観的に理解するためにも有益と考えられる。

ここまで統計という形式での情報資源を見てきたが、他にも、文書という重要な情報資源の形態もある。国連システム諸機関の伝統的に主要な活動形態としては、会議や報告書の作成などがある。そのためには、文書に盛り込む情報の調達ももちろん必要であるが、文書の整理・管理が重要である。これは、日本を含めて各国の国内行政でも重要であるが、膨大な文書を扱う国連システム諸機関では特に重要であり、体系的な文書管理のための文書記号の整備と活用がなされてきたことが注目される。

　例えば、国連本体では主要な機関ごとに異なる識別番号が付されており、A/が総会、S/が安保理、E/が経社理、ST/が事務局を意味する。この4つについて各々具体的に例を挙げて見てみよう。先ず、例えばA/73/1は国連総会第73会期の第1号文書という意味であり、国連総会第73会期への国連事務総長による年次活動報告となっている。次に、例えばS/RES/2455（2019）は安保理の発足後第2455番目の決議（resolution）で、2019年に出されたものであることが分かる。この文書は、2019年2月7日に開催された第8458回の安保理会合で採択された、スーダンへの制裁に関する決議であるが、安保理の場合、会合と決議の数は、上記の国連総会と異なり年ごとでなく累積でカウントしていくため、数千にものぼっている。そして、例えばE/2019/1は経社理の2019年会期の第1号文書であり、同会期に討議される予定の暫定議題が盛り込まれている。さらに例えばST/IC/2019/10は国連事務局の文書であり、2019年から有効な専門職以上の職員とフィールドサービス職に適用される給与についての説明及び俸給表となっている。このような国連本体の区分以外にも、例えばDP/2019/12は、UNDPの2019年の第12号文書であることが分かる。この文書は、幾つかの国で実施している国別プログラムの期間延長について、UNDP・UNFPA・UNOPSの執行理事会に提出されたUNDP総裁の文書である。

　以上のような文書の発行機関別や年別等の分類に加えて、多くの文書には頁番号に加えてパラグラフ番号も記載されているため、文書情報の管理と整理・特定はより容易になっている。また国連では、各機関のウェブサイトに関連の文書が掲載されているだけでなく、文書を横断的に検索するシステムも整備されている。例えば国連公式文書システム（ODS）では、上記のような文書番号・キーワード・発行年月日など様々な方法で文書検索が可能となっている。

以上のような組織的・体系的な公式文書の管理・保存・整理・検索・活用等が可能なシステムは、日本の国内行政における公文書の管理と活用にも大いに参考になるものと考えられる。

〔Further Reading〕

辻清明（1991）『公務員制の研究』東京大学出版会

田所昌幸（1996）『国連財政─予算から見た国連の実像』有斐閣

坂根徹（2009）「国連システムにおける調達行政の意義と企業・NGO の役割」日本国際連合学会編『国連研究の課題と展望』（国連研究第10号）国際書院、143-162頁

坂根徹（2016）「国際機構の財政」横田洋三監修・滝澤美佐子・富田麻理・望月康恵・吉村祥子編『入門国際機構』法律文化社、51-67頁

坂根徹（2019）「国連システム諸機関の財政の変容─加盟国からの財政収入に焦点を当てた分析」日本国際連合学会編『変容する国際社会と国連』（国連研究第20号）国際書院、107-134頁

〔設問〕

1　国連システム諸機関における任意の行政資源について、その調達と管理の具体例を論評しなさい。

2　国連システム諸機関における行政資源について、国内行政と類似する点について論じなさい。

【坂根　徹】

第 **6** 章

EU システムにおける国際行政資源の調達と管理

［本章で学ぶこと］
　主権国家における国内行政であるか、国際機構における国際行政であるかにかか
わらず、行政機関の活動には幾つかの行政資源（法的資源、財政資源、人的資源、
施設やサービス、情報等）が不可欠である。本章では、EU システムの国際行政に
おける資源の調達と管理、執行の在り方を取り上げる。EU・欧州委員会は、EU
設立条約に規定された特定事項に関する立法権限を加盟国から授権し、調達した資
源を運用・管理する行政責任があり、他方で各加盟国はその主権の一部（施行細則
の制定権や政策実施など）を EU へ譲渡し、「主権の共有」と「共同行使」を行う
関係にある。本章では、EU システムにおける行政資源の調達と管理が、国内行政
と比べいかなる特徴があるのかを検討したい。

第1節　権限──法的資源の調達とアカウンタビリティ確保

　EU は、主権国家の集合体であることから、加盟国とその国民に対して政治
的、法的、財務的、行政管理的アカウンタビリティ（accountability）の確保が
要請される。EU は、EU 諸条約（ECSC, EEC, EAEC 各設立条約、EU 設立条約、
附属議定書等を含む）の「第1次的法源」と、EU 制定法、EU 司法裁判所の判
決に基づく判例法、法の一般原則等の「第2次的法源」を根拠として権限を得
て、EU 国際行政の活動を実施している。EU 条約に定める目標を達成するた
め、EU 諸機関が全体として実質的な権限、権能を各加盟国から付与されてい
る。また EU 行政の法的資源は、EU/EC 法のほかに、欧州評議会規則、欧州

図表6-1　アカウンタビリティの概念と行政の成果物

アカウンタビリティの概念	インプット	アウトプット	アウトカム	行政計画 プロジェクト
第1段階： 　合規性アカウンタビリティ	○			
第2段階： 　プロセスアカウンタビリティ	○			
第3段階： 　パーフォーマンスアカウンタビリティ		○	○	
第4段階： 　プログラムアカウンタビリティ			○	プログラム
第5段階： 　政策アカウンタビリティ			○	政策

（出典）蓮生（2012）37頁及び39頁から一部修正して作成

人権条約、欧州経済領域法、及び国連関連法などを EU 法と関係付けて法的資源として用いる場合もある。

　EU システムにおける国際行政と立法、司法との関係で立法政策や、欧州委員会の規制政策や基金、行政計画、措置などが、構成国や欧州市民との関係において、各国及び広域自治体、基礎自治体政府（ファーストセクター）及び、民間企業（セカンドセクター）や NGO/NPO、民間非営利組織、市民団体（サードセクター）との関係において、縦（垂直的）と横（水平的）の関係における説明責任の確保が要請される。各行為主体（EU 諸機関、加盟国政府、企業、団体、個人）に着目すれば、「誰が、誰のために、何について、どのような範囲や期限内でアカウンタビリティを果たすのか」を問うことになる。

　EU 国際行政におけるアカウンタビリティは、EU 行政に携わる国際公務員が、その職務及び行為に関して、有する権限と行使可能な行財政、情報等の資源を公正かつ適切に行使したことを説明する責任が求められる。狭義の政治的アカウンタビリティは、EU 理事会の構成員や欧州議会の議員が、EU の立法過程や予算決定過程でその権限の範囲内で行政資源を利用したことを説明する責任である。政策上のアカウンタビリティは、リスボン条約の下では政策領域ごとに①EU の排他的権限分野、②EU と加盟国の共有権限分野、③加盟国の権限分野に3分類され、それぞれの権限の範囲内で EU から提供される行政資源を正統かつ適切に行使したことを説明する責任を、加盟国とその地方政府の

行政機関等の行為主体も同様にアカウンタビリティ確保が求められる。

第2節　財政資源

　国際機構における財源の調達方法とその財源の使途、管理の在り方は、国際機構の機能と運営にとって決定的に重要な意味をもっている。いかなる政府間国際機構（IGO）も、自らの組織の維持、管理運営に必要な行政上の経費（職員の給与、施設・サービス等の購入費・維持費、会議費、通信費など）のみならず、加盟国に対して提供する何らかの共通サービス活動のために、特定の活動分野において政策実施のための充当財源が必要となる。そこでまず国際機構の財源調達の方法が問題となる。国際機構における財源の調達は、国家におけるそれとは異なる多くの複雑な問題がある。国家のような徴税権をもたない国際連合、OECD、GATT など既存の大部分の伝統的な政府間国際機構は、その財源の大部分を加盟国からの分担拠出金に依存している。加盟国分担金制度の下では、加盟国はその国際機構において自国の予算分担金と引き替えに、その拠出額に応じた発言力を獲得しようとする傾向がある。アメリカやイギリスのユネスコ脱退、アメリカのトランプ政権の WHO 脱退通告が物議を醸したように、多額の予算分担をする国の国益や要求が受け入れられず、無視または軽視される場合、その国際機構からの脱退も辞さないという行動をとりがちであり、その結果として当該国際機構の存立さえ危ぶまれる場合も少なくない。

　国際行政機関の予算責任を確保する観点から「予算過程（budget process）」もしくは「予算循環（budget cycle）」に焦点を当てる必要がある。国際機構の財務行政とは、国際機構の予算という側面に焦点を当て、その政治過程との関連で行政過程の現実を明らかにすることをいう。現在のところ EU など若干の国際機構のみが他の国際機構とは異質の、財源調達制度を有しているにすぎない。

(1)　加盟国分担拠出金制度と固有財源制度

　国際機構の運営に要する費用は、国連のように加盟国分担金によるか、EUのように国際機構自体の固有財源によるか、いずれかの方法により賄われる。

国際機構の運営に必要な経費を、加盟国からの分担拠出金に依存しないで、独自の財源調達制度をもつ若干の組織もある。欧州石炭・鉄鋼共同体（ECSC）と国際原子力機関（IAEA）は、これらの機関が提供する石炭・鉄鋼資源や核査察・監査サービス提供の代価として自ら収益を得ることができる仕組みがある。また国際復興開発銀行（IBRD）、国際通貨基金（IMF）も保有金の投資に伴う利子から自らの収益を得られる。

　EC固有財源制度が確立されるまで、EECとEAECの共同体発足当初は各加盟国の分担金で賄われていた。EEC条約第200条に定める分担比率は、原6加盟国の時代では西ドイツ、フランス、イタリアが各28％、ベルギー、オランダが7.9％、ルクセンブルクが0.2％であった。また欧州社会基金の費用に充当するための分担金は、西ドイツ、フランスが32％、イタリア20％、ベルギー8.8％、オランダ7％、ルクセンブルグ0.2％であった。これらの分担比率は、各加盟国の支払い能力と利害関係が反映されていた（福田 1992）。

　EUは、伝統的国際機構とは異なり、国際機構史上初の「固有財源」制度を確立している。EEC条約第201条、EAEC条約第172条は、将来これら分担金制度を廃止して共同体が固有財源によって賄われることを予定していた。そのため1970年4月（加盟国からの分担金を共同体固有財源に置き換える）閣僚理事会決定がなされた。この決定を受けて農業課徴金100％（第1次財源）、及び関税収入100％（第2次財源）を共同体の財源とし、さらに加盟国で徴収される間接税である付加価値税（VAT）の一部（評価基準1％以内、第3次財源）がEC固有財源となった。ECはこの固有財源を徴収するための手段を持ち合わせているわけではない。そのため加盟国の税務当局にこれを委ねざるを得ない。共同体はこれらの固有財源を徴収するための手数料として加盟国に対し、徴収額の10％を還付している。現実に加盟国の分担金が姿を消し、各加盟国に共通の付加価値税制度が導入され、共同体が完全な固有財源によって賄われるようになったのは1980年以降である。EUのVAT制度は、「商品やサービスが最終消費者の手に届くまでの過程で、加工・流通のそれぞれの段階で、前段階との価格差（付加された価値）に対して課税する方式」をいう。その後、EC財政危機を打開する観点から、VAT課税基準1％以内という条件を改め、1986年以降、1.4％に引き上げた。さらに1988年2月ブリュッセル欧州理事会での合意

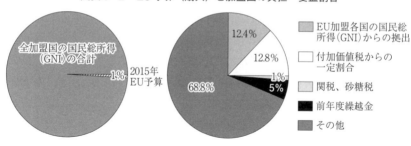

図表 6-2　EU 予算（歳入）と加盟国の負担・受益割合

12.4%　EU加盟各国の国民総所得(GNI)からの拠出

12.8%　付加価値税からの一定割合

1%　関税、砂糖税

5%　前年度繰越金

68.8%　その他

全加盟国の国民総所得(GNI)の合計　1%　2015年EU予算

（出典）欧州連合駐日代表部編 EU-MAG、2017年 1 月

により、VAT からの収入は、課税基準額の1.4％に確定し、追加した。さらに現在では加盟国の GNI に比例して不足分を各加盟国が総額の1.23％を上限とする負担金制度を追加することで、EU 財源の安定化と各加盟国間の負担均衡を図り、固有財源の枯渇に対処している。

(2)　EU の財政規模と予算歳出構造

　国際機構の予算歳出は、一般に国際機構がその任務を達成するための手段である「手段別分類」と、開発援助政策など各組織の「活動分野別分類」に分けられる。手段別による分類とは、会議費、設備費、人件費等の分類方法である。活動分野別の経費分類では、共通サービスの費用を異なる政策分野に分けることが困難な場合がある。例えば、法務、予算管理、公文書管理、施設、通信等の費用を、特定の活動分野に帰属させることが不可能な場合が多い。国連の行政調整委員会による組織の経費の活動分野別分類に関する報告において、全経費の約 8 割は、特定の活動分野に分類できたが、残りの約 2 割は全活動分野に共通のサービスであったと指摘されている。

　しかし EU の場合は、かつて総予算の約 3 分の 2 を農業政策に支出していたが、2020年には33.3％に縮減され、図表 6-3 に示すように地域政策、環境政策、社会政策など各種の政策分野別に支出されるように予算配分され、全活動分野共通に必要な国際公務員の人件費や施設・サービス等の行政管理経費は発足以来総予算のわずか 6 ％程度を占めるにすぎない。

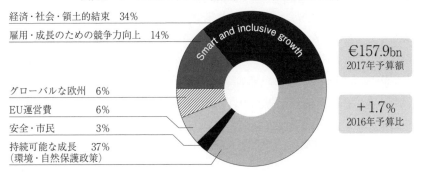

図表 6 - 3　EU2017年予算（歳出）内訳（見積もり予算）

経済・社会・領土的結束　34%

雇用・成長のための競争力向上　14%

Smart and inclusive growth

グローバルな欧州　6%

EU運営費　6%

安全・市民　　　　3%

持続可能な成長　37%
（環境・自然保護政策）

€157.9bn
2017年予算額

＋1.7%
2016年予算比

（出典）図表 6 - 2 と同じ

(3)　EU の予算過程と財務統制

　ウィロビーは、政府の財務行政、⑴収入と支出の見積り、⑵歳入・歳出法の決定、⑶会計、⑷監査、⑶報告であると述べ、予算の積極的な機能を強調した。これは国際機構の予算についてもあてはまり、主要な国際機構には、財政規則が詳細に規定されている。一般に国際機構においては、その事務局が予算案を起案し、総会または理事会がこれを確定する。EU では一般予算に基づいて欧州委員会事務局が予算案を編成し、予算を執行し、欧州議会（もしくは EU 理事会）がその執行を監督する。

　EU の予算過程は、①予算準備・編成過程、②予算決定過程、③予算執行過程、④決算審議・統制過程の 4 カ年間を 1 サイクルとする。なお、EU の 1 会計年度は、各加盟国と同様に 1 月 1 日から12月31日までの 1 年間である。

　①予算準備・編成過程（欧州委員会事務局）　　EU 予算編成は、欧州委員会事務局の予算局が全総局・部局から提出された予算概算要求に基づいて仮予算案を編成し、欧州委員会提案として会計年度前年の 9 月 1 日までに EU 理事会へ起案する。同時に欧州議会にも仮予算案を送付する。

　②予算決定過程（EU理事会及び欧州議会）　　欧州委員会の仮予算案についてEU 理事会の第 1 読会で審議し、修正を加えた後、欧州議会の第 1 読会へ送付する。欧州議会の第 1 読会では、EU 理事会によって修正された予算案を審議し、欧州議会の立場からこれを修正し、EU 理事会の第 2 読会へ送付する。

EU 理事会は、欧州議会による修正案を受け入れるか、再修正による予算案を、欧州議会の第2読会へ送る。欧州議会の第2読会ではこの予算案を EU 予算として採択するか、予算案全体を否決する。欧州議会が予算案を否決した場合には、欧州委員会へ差し戻され、仮予算案の再提案が行われる。

③**予算執行過程（欧州委員会・各加盟国行政機関）**　EU 予算として採択された場合には、予算書に則り、欧州委員会が予算執行を行い、各種の公共政策やプロジェクト等を実施する。

④**決算・政治的統制過程（欧州会計検査院・欧州議会）**　EU の場合には、欧州委員会の財務統制総局（DGXX）が内部統制を行っている。さらに極めて厳密な外部統制も制度化されている。すなわち欧州議会による政治的統制、外部監査を補助する機関として、欧州会計検査院が1975年に創設された。欧州会計検査院は、共同体財政規則に則り、「合法性」（legality）と「正規性」（regularity）に基づいて共同体の「財政的良心」として健全な会計の経理を確保することを任務とする。この欧州会計検査院は常勤の会計検査官で構成され、共同体のすべての財務管理を検査し、年次報告を欧州議会に対して行う。1会計年度の終了後、前年度に執行された予算について、欧州会計検査院は領収書と照らし合わせ、具体的政策、事業の実施状況を検査し、合法性や合規性、効率性、有効性などを評価し、欧州会計検査院報告として、欧州議会の決算委員会へ提出する。欧州議会では、欧州会計検査院報告書に基づいて2年前に執行された EU 予算の決算審議を行い、特段の問題がなければ、行政執行府としての欧州委員会の予算執行責任を解除する決議を行う。欧州委員会の予算執行に問題が提起されると、欧州議会内に特別監査委員会を設置し、事実関係を明確化する。欧州委員会の予算執行に問題があったことが確認された場合、欧州委員会の責任を追及し、サンテール欧州委員会のように総辞職に追い込まれたケースもあった。

　欧州議会は欧州会計検査院の報告を基に予算統制委員会において審議する。1977年以降（第2次予算条約第17条の発効により）、欧州議会は単独で欧州委員会の予算執行責任を解除できるようになった。予算執行の適正を確保するために欧州委員会による予算執行に問題がないかどうかを行政府の外側からチェックする。欧州議会はこのようにして EU 予算に対する連続的な予算統制を確保し

ているのである。

第3節　人的資源

　国際機構における人的資源の確保には、加盟国の国家公務員や地方公務員を当該国際機構に任期付き国際公務員（非常勤職員）として出向させる場合と、機構独自の専任国際公務員を任用する場合の2種類があり、それらの割合は機構により異なるが大部分の国際機構で両タイプを併用している。国際公務員とは、一般に国際機構と雇用閉係にあり、当該国際機構の公務に従事する職員をいう。したがって競争試験によって任命されたもの（資格任用）と競争試験によらず政治的に任用されたものの区別は問題にならない。狭義の国際公務員は、国際機構と恒久的な雇用関係にある常勤の職員のことをいうが、広義にはこれに非常勤の臨時職員をも含める場合も少なくない。国際公務員が、国際機構史上最初に出現したのは前述のように1920年の国際連盟、ILO の設立を待たなければならなかった。現存する国際機構の中で恒久職員の割合が最も高いのは、EU 職員である。EU の国際公務員は、国内公務員と同様の機能をもつ反面、各国の利害を超えて、欧州的見地に立った公平な国際的責任が求められる。そこで、多国民から構成される多国籍人事（multinational staffing）が原則として行われている。しかし、この原則から生じる問題も少なくない。すなわち、国際公務員の独立性、言語問題、当該国際機構に対する忠誠をめぐる問題、国際公務員の地理的配分をめぐる問題、国際行政責任確保の問題などである。

　EU の場合、常勤職員が約2万名、非常勤職員を含めると約2万6000名の国際公務員を擁している。EU 職員の約3分の1は、翻訳、通訳の業務にあたる言語職員である。A1（総局長）、A2（局長）、A3（部長）、A4〜 A5（主要行政官）、A6〜 A7（行政官）、A8（行政官補佐）に分類される。A8は最下級職で、通常6カ月間の試用期間の職員のための等級である。EU 職員は、A 類以外に執行的、行政 . 監督任務につき、高等学校程度の教育が必要とされるB 類、事務的・技能的任務にあたり、中等教育が必要とされるC 類、清掃、公用車運転、印刷等に肉体的労働、雑役を担当する初等教育を必要とするD 類があ

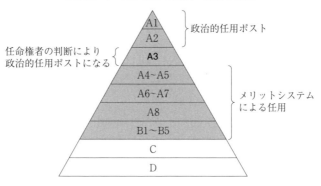

図表6-4　EU職員の職類・等級の構造

（出典）福田（1992）索引の9頁及び European Commission（2013）REGULATION （EU, EURATOM）No. 1023/2013 OF THE EUROPEAN PARLIAMENT AND OF THE COUNCIL of 22 October 2013から筆者作成

る。なお、通訳・翻訳者の言語職は、A類の3～8等級に相当する（L/A3～LA/8）。

　EU職員規程第20条においてもその職員の募集・採用に関して「最高水準の能力及び誠実を備え」ていることを要請し、同時にまた「共同体加盟諸国民の中からできる限り広い地理的基礎に基づいて」職員を募集し、採用しなければならないという基本原則を定めている。さらにEU職員規程第27条では、「いかなる官職もいずれの特定の加盟国国民のために留保してはならない」と規定している。国際連合憲章及びEU職員規程に共通して見られる地域的代表制（regional representation）もしくは地理的配分（geographical distribution）の原則は、国内公務員の任用基準には見られず、国際公務員特有の基準である。

　EU職員の場合は競争手続によるいわゆるメリット・システムが適用されるA4以下の等級と、任命権者が認めればその採用選考にあたって競争試験手続き以外の手続、すなわち政治的任命が認められるA1～A3職に分けられている。政治的任命官職の存在は、国家レベルでも各省庁の高級官職に一般に認められるものであり、EU職員規程にも見られる。それは特にフランス公務員法の影響を受けたためであるとされる。国際公務員の独立性を確保するために、任地国の国税からの免除や裁判管轄権からの免除などの国際公務員としての任務を独立して遂行するのに必要な「特権と免除」が与えられる。EUの場合に

は「EC の特権と免除に関する一般議定書」などがその法的根拠となっている。EU 職員の特権と免除については「もっぱら共同体の利益のために付与される」（職員規程第24条）ものであり、A1〜 A4等級の職員には外交官と同様の通行証が交付される。さらに職務上の必要があれば、任命権者が加盟国の領域外に勤務する職員のために同様の通行証を交付することができる。

第4節　物資・サービス

　EU システムにおける国際行政資源のうち、物資・サービスとして調達されるものには、国際会議場等の輸送用の車両、燃料、ICT 関連の電子機器等や、電子翻訳・通訳のための AI 機器・ロボット・情報セキュリティ・サービスのシステム等、国際行政活動実施にとって不可欠な物資・サービスの調達と運営を含む行政管理業務も少なくない。さらに EU の活動範囲が広がり、EU 域内のみならず、域外でもグローバルにオペレーションが展開されるため、例えば欧州人道援助局（ECHO）で必要となる難民救援用テントや食糧、ワクチン等の医薬品や医療機器、輸送用車両、燃料、ESDP（欧州安全保障防衛政策）におけるペータースブルグ任務・危機管理（PKO）活動を展開するための軍用機、軍事輸送用航空機・車両等、あるいはシェンゲン空間を警備・保護するための海上警備用レーダー・船舶等、フィールドでのオペレーションやマンデート任務遂行上不可欠な物資やサービスも広範囲にわたる。これらの活動のために要請される物資・サービスの調達・運営・管理における効率性、経済性の確保と EU 国際公務員による調達に関連する不正防止、特定の国益に偏ることのない地理的配分原則、EU 諸機関の機構的利益を念頭に置いた政治的・社会的中立性、独立性の確保が欧州委員会事務局にとって重要な任務となる。

第5節　情報資源

　EU 行政システムでは、EU 法の執行、EU 国際公共政策の政策実施のために EU 諸機関のみならず、各加盟国行政機関との関係おいても EU 行政情報ネットワークを垂直的かつ水平的に多次元行政ガバナンスの手段として構築し

図表 6-5　EU 公式文書（EU 行政情報源）一覧

EU公式 Web サイト下記 "Europa" を通じて入手できる
EUR-Lex　Legislative procedures
N-Lex　Legislative Observatory
Official Journal of the European Union（EU官報）
1999年まではマイクロフィッシュ版、1998年より CD-ROM、1998年以降は EUR-Lexで公開
OJL シリーズ（Legislation）規則、指令、決定の法令が全文掲載される官報
OJC シリーズ（Information and Notices）EU内の広範な情報誌官報
・欧州委員会の作成文書：COM Documents
Eurobarometer：世論調査分析結果資料
Eurostat：欧州委員会統計局の統計資料
General Report on the Activities of the European Union（GEN.REP.EU：年報：EUの年次活動報告書）
Bulletin of the European Union（Bull.EU：月報）EU各機構の月例活動報告年10回刊行
EU公式資料検索サイト：Official website of the European Union

（出典）EU ウェブサイトを基に筆者作成

ている。EU 公式資料は、図表 6-5 に示すように、EU の公式ホームページで全世界に向けて公開している。各加盟国や EU 域内で活動する世界中の企業、団体等から各種の政策関連の行政情報を日常的に収集・調達し、整理・分析の後、各加盟国の行政機関へ情報提供している。このような情報資源の交換システムは、食品、動植物、医薬品等の健康や安全、競争政策に係る企業の合併規制や環境保全や漁業資源の管理にかかわる規制など多くの EU 政策分野で活用されている。

　またシェンゲン情報システムは、移民・難民の越境移動と国境管理のための情報交換に利用され、ユーロポール情報システムは、国境を越えるテロリズムや犯罪の防止、犯罪に係る被疑者や盗品等の捜索のために活用される。

　2018年 5 月には、EU 一般データ保護規則（General Data Protection Regulation: GDPR）の運用を開始した。GDPR は、「個人データ」の「処理」と、EEA 域外の第三国にこれらを「移転」するために満たすべき法的要件を定めている。

　EU 域内の個人データを扱う EU 域内外のすべての企業等に適用される同規則は、世界的にも影響が大きいため、その運用が注目されている。現代社会に

図表6－6　GDPR による情報規制

概　念	説　明	例
個人データ	識別された、または識別され得る自然人（「データ主体」）に関するすべての情報	・自然人の氏名 ・識別番号 ・所在地データ ・メールアドレス ・オンライン識別子（IP アドレス、クッキー識別子） ・身体的、生理学的、遺伝子的、精神的、経済的、文化的、社会的固有性に関する要因
処　理	自動的な手段であるか否かに関わらず、個人データ、または個人データの集合に対して行われる、あらゆる単一の作業、または一連の作業	・クレジットカード情報の保存 ・メールアドレスの収集 ・顧客の連絡先詳細の変更 ・顧客の氏名の開示 ・上司の従業員業務評価の閲覧 ・データ主体のオンライン識別子の削除 ・全従業員の氏名や社内での職務、事業所の住所、写真を含むリストの作成
移　転	GDPR に定義なし。EEA 域外の第三国の第三者に対して個人データを閲覧可能にするためのあらゆる行為	・個人データを含んだ電子形式の文書を電子メールで EEA 域外に送付することは「移転」に該当する

（出典）JETRO ウェブサイトから転載

おいてデジタルデータは、政治・経済・社会に大きな影響力をもち、経済成長や競争力、イノベーションや雇用の創出にも不可欠な資源となっている。EU域内 GDP に占めるデータ経済の割合は、2020年に４％を超えると予測され、EU 市民の２億5000万人がインターネットを利用し、個人情報の漏洩・不正利用のリスクにさらされている。

　そこで欧州市民の基本的権利と信頼を守る観点から、暗号化、仮名化されていても「個人が識別された、もしくは識別されうるあらゆる情報」を指す「個人データ」を保護するものであり、EU の指令よりも拘束力の強い規制であり、各加盟国を直接規制する効力を持って適用されている。この EU 規制は、EU 域内に物理的拠点を構える企業や団体のみならず、EU 域内デジタル市場でサイバー空間を利用して事業活動を行う際に、欧州市民の個人情報を扱い活動するすべての企業、団体等にも適用される仕組みとなっている。

　GDPR による情報規制は、個人データ取り扱い原則、情報、個人データへの

図表6－7　個人データの処理における原則

No	原　則	内容（GDPR 第5条第1項）
1	適法性、公平性および透明性の原則	個人データは、適法、公平かつ透明性のある手段で処理されなければならない。
2	目的の限定の原則	個人データは、識別された、明確かつ適法な目的のために収集されるものでなければならず、これらと相容れない方法で更なる処理を行ってはならない。
3	個人データの最小化の原則	個人データは、処理を行う目的の必要性に照らして、適切であり、関連性があり、最小限に限られていなければならない。
4	正確性の原則	個人データは、正確であり、必要な場合には最新に保たれなければならない。不正確な個人データが確実に、遅滞なく消去または訂正されるように、あらゆる合理的な手段が講じられなければならない。
5	保管の制限の原則	個人データは、当該個人データの処理の目的に必要な範囲を超えて、データ主体の識別が可能な状態で保管してはならない。
6	完全性および機密性の原則	個人データは、当該個人データの適切なセキュリティを確保する方法で取り扱われなければならない。当該方法は、無権限の、または違法な処理に対する保護および偶発的な滅失、破壊、または損壊に対する保護も含むものとし、個人データの適切なセキュリティが確保される形で処理されなければならない。

（出典）図表6-6と同じ

アクセス、第三国や国際機関への個人データの移転、救済や法的責任、制裁等、全11章99条に及んでいる。その特徴は、欧州委員会が、①企業に対し法的確実性を、欧州市民に対し EU 全域で同レベルのデータ保護を保障する。②EU 域内でサービスを提供するすべての企業に同一ルールを適用し、③欧州市民に新たな強力な権利を付与し、④データ侵害に対する強力な保護、⑤違反時の厳格な罰則規定などを挙げられ、違反の性質、期間、重大性に応じて最高2000万ユーロもしくは、企業の世界年間売上高の4％までの高い方の制裁金を科することができる。

　このGDPR規制は、EU デジタル市場の推進に大きく寄与し、EU 加盟国の全域で同一の規制が適用されるため、企業等が革新的データ処理技術とサービスの発展に寄与しやすくなることが期待される。欧州市民にとっては、①自分の個人データを誰が、なぜ、どのように処理したか、明確な情報を受け取る権利、②自分の個人データへのアクセスを企業に対して要求する権利、③「忘れられる権利」を含め、企業等が既に有する法的根拠のない個人データの削除を

求める権利などが確保される。EU 域内に居住する個人に対して商品やサービスを販売する第三国の企業にも GDPR 規制は適用されるため、今後は EU 域外企業にも大きな影響を与えることになる。EU の GDPR による情報規制は、日本の国内行政における公文書管理体制とその活用の在り方、日本企業のグローバルなビジネスに与える影響も少なくないであろう。

〔Further Reading〕

福田耕治（1990）『現代行政と国際化—国際行政学への序説』成文堂

福田耕治（1992）『EC 行政構造と政策過程』成文堂

蓮生郁代（2012）『国際行政とアカウンタビリティ』東信堂

福田耕治（2013）『国際行政学〔新版〕』有斐閣

福田耕治編著（2016）『EU・欧州統合研究— Brexit 以後の欧州ガバナンス〔改訂版〕』成文堂

宮下紘（2018）『EU 一般データ保護規則』勁草書房

〔設問〕
1 EU の国際行政資源の概要について述べ、その特質を論じなさい。
2 EU の情報資源と GDPR 規制の特質について論じなさい。

【福田耕治】

第 **IV** 部

国際行政とグローバル・ガバナンスの政策

第 **7** 章

持続可能な開発目標（SDGs）政策と国際行政

〔本章で学ぶこと〕

　2015年9月の国連総会において「持続可能な開発目標（SDGs）」が全会一致で採択された。これは、2000年「国連ミレニアム宣言」と2015年を期限とした2001年の「ミレニアム開発目標（MDGs）」の成果と未達成の課題を踏まえ、後継となる2030年を期限とする17の国際的目標を設定したものである。その特徴は、先進国と途上国のすべての国々が参加し、人間の安全保障の観点から「誰一人取り残さない」持続可能な地球社会を作るため、グローバル・ガバナンスのための国連主導の枠組みとなっていることにある。本章では、国連SDGsの概要や策定過程における国連とEUによる枠組み形成協力の背景、国連システム及びEUなどの国際開発行政のガバナンスについて学ぶ。

第1節　国連のSDGs・MDGs政策

　持続可能な開発目標といわれるSDGsは、2015年に国連総会の「持続可能な開発サミット」（WSSD）で成立した持続可能な開発のためのグローバルな政策目標である。同サミットでは、「我々の世界を変革する：持続可能な開発のための2030アジェンダ」という成果文書（A/RES/70/1）が採択され、2030年の目標年に向けてグローバルな取組みが進められている。このSDGsの17の国際目標については、図表7-1の図と図表7-2の表が分かりやすい。このように、SDGsは、単に狭義の国際開発分野に限らず、環境や社会問題を含む非常に幅広い分野をカバーし、また多くのグローバル・ガバナンスの分野に関係し

図表7−1　持続可能な開発目標（SDGs）の概要（17の目標とアイコン）

（出典）外務省ウェブサイト「持続可能な開発のための2030アジェンダ」

ロゴ：国連広報センター作成

ており、国連主導のグローバルな政策目標となっている。

　SDGs の実施は2016年1月に始まったが、以下のように、定期的に進捗状況を監視するシステムが構築されている。まず、「自発的国家レビュー（VNR）」がある。これは各国連加盟国により自発的に作成され、自国の SDGs の進捗状況についてまとめた VNR 報告書が国連事務局に提出され、経済社会理事会の主催により毎年開催される「持続可能な開発に関するハイレベル政治フォーラム（HLPF）」で討議される。これは、SDGs の達成に向けて進捗を加速することが目的とされている。また、「持続可能な開発目標報告書（SDGs Report）」が国連事務総長の名において毎年作成・発表され、SDGs の進捗状況がまとめられ、問題・課題も盛り込まれる。さらに、「持続可能な開発グローバル報告書（Global Sustainable Development Report）」も作成される。これは持続可能な開発を促進するための科学と政策の協調を強化することを目的として、科学者・専門家で構成される独立したグループにより、国連の作業チームの支援を得て、4年に1度包括的で綿密な報告書が作成されるものである。なお、HLPF には、国連の加盟国が参加しており、市民社会の代表も出席することができ、HLPF は SDGs の推進のフォローアップとレビューをグローバルレベルで監督

図表7-2　持続可能な開発目標（SDGs）の各目標の概要

目標1（貧困）	あらゆる場所のあらゆる形態の貧困を終わらせる。
目標2（飢餓）	飢餓を終わらせ、食料安全保障及び栄養改善を実現し、持続可能な農業を促進する。
目標3（保健）	あらゆる年齢のすべての人々の健康的な生活を確保し、福祉を促進する。
目標4（教育）	すべての人に包摂的かつ公正な質の高い教育を確保し、生涯学習の機会を促進する。
目標5（ジェンダー）	ジェンダー平等を達成し、すべての女性及び女児の能力強化を行う。
目標6（水・衛生）	すべての人々の水と衛生の利用可能性と持続可能な管理を確保する。
目標7（エネルギー）	すべての人々の、安価かつ信頼できる持続可能な近代的エネルギーへのアクセスを確保する。
目標8（経済成長と雇用）	包摂的かつ持続可能な経済成長及びすべての人々の完全かつ生産的な雇用と働きがいのある人間らしい雇用（ディーセント・ワーク）を促進する。
目標9（インフラ、産業化、イノベーション）	強靱（レジリエント）なインフラ構築、包摂的かつ持続可能な産業化の促進及びイノベーションの推進を図る。
目標10（不平等）	各国内及び各国間の不平等を是正する。
目標11（持続可能な都市）	包摂的で安全かつ強靱（レジリエント）で持続可能な都市及び人間居住を実現する。
目標12（持続可能な生産と消費）	持続可能な生産消費形態を確保する。
目標13（気候変動）	気候変動及びその影響を軽減するための緊急対策を講じる。
目標14（海洋資源）	持続可能な開発のために海洋・海洋資源を保全し、持続可能な形で利用する。
目標15（陸上資源）	陸域生態系の保護、回復、持続可能な利用の推進、持続可能な森林の経営、砂漠化への対処、ならびに土地の劣化の阻止・回復及び生物多様性の損失を阻止する。
目標16（平和）	持続可能な開発のための平和で包摂的な社会を促進し、すべての人々に司法へのアクセスを提供し、あらゆるレベルにおいて効果的で説明責任のある包摂的な制度を構築する。
目標17（実施手段）	持続可能な開発のための実施手段を強化し、グローバル・パートナーシップを活性化する。

（出典）外務省ウェブサイト「持続可能な開発のための2030アジェンダ」

する上で中心的な役割を担っている（弓削 2018）。

　SDGsの課題としては、SDGsの啓発・普及、多様なアクターの参画確保、SDGsの主流化、17の目標の優先付け、データの入手、目標・ターゲットの進捗を確認する指標、「誰一人取り残さない」状態の達成方法、資金確保、などが挙げられる。これらのうち、「誰一人取り残さない」状態に関連して、特に考慮されなければならない人々としては、難民・国内避難民・移民、女性、子供、障害者、先住民族、（特に発展度合いが低い途上国の）貧困高齢者や都市部の貧困住民などが挙げられる（弓削）。SDGsを推進していくことは、このような人々をはじめ、各SDGsの目標（特に1〜16）との関係で直接的な脅威に直面し又は脅威にさらされ得る世界の人々を、一人一人の人間として重視し中心に据え、それらの個人や地域社会の保護と能力強化を通じて、各人が尊厳ある生命を全うできるような社会づくりを目指す、という意味での人間の安全保障の実現（2005年2月「ODA中期政策」2（1））にも資するものである。

　このようなSDGsの実現に向けたグローバル・ガバナンスは、既存の条約や制度をSDGsと関連付け、多様な主体が協調し、資金と技術の支援を得て、各政府・国連・専門家によるフォローアップ活動、その他の手法も含む開放的な行動を含むものであり、重層的に運営されていく「グローバルパートナーシップ」とも特徴付けられる（滝澤 2018）。

　さて、このSDGsの前に同じく国連総会で成立した開発のためのグローバルな政策目標としては、ミレニアム開発目標（MDGs）があった。MDGsは、2000年に国連総会の「国連ミレニアム・サミット」（Millennium Summit）において、「国連ミレニアム宣言」という成果文書（A/RES/55/2）として採択されたもので、2015年が目標年とされた。このように、SDGsとMDGsは、いずれも採択された場や15年という期間も同じ開発のためのグローバルな政策目標であり、SDGsはMDGsを踏まえて導入されたものであるが、両者には様々な相違がある。

　まず、目標の構成についてである。SDGsの目標は図表7-1のように17なのに対して、MDGsの目標は図表7-3のように8つに整理されていた。

　SDGsとMDGsの目標を比較すると、すべてが順番通りではないものの、全体としては概ね対応関係があることが分かる（MDGsの1はSDGsの1・2

目標1：極度の貧困と飢餓の撲滅

 目標5：妊産婦の健康の改善

 目標2：初等教育の完全普及の達成

 目標6：HIV／エイズ、マラリア、その他の疾病の蔓延の防止

 目標3：ジェンダー平等推進と女性の地位向上

 目標7：環境の持続可能性確保

 目標4：乳幼児死亡率の削減

 目標8：開発のためのグローバルなパートナーシップの推進

（注）ロゴは「特定非営利活動法人　ほっとけない　世界のまずしさ」が作成したもの。
（出典）外務省ウェブサイト「ミレニアム開発目標（MDGs）」

に、MDGs の 2 は SDGs の 4 に、MDGs の 3 は SDGs の 5 に、MDGs の 4 ～ 6 は SDGs の 3（及び 6）に、MDGs の 7 は SDGs の 6・11・14・15などに、MDGs の 8 は SDGs の17に、各々概ね対応）。その上で、目標の数から垣間見られる MDGs の特徴・重点分野としては、MDGs の 8 つの目標のうち 3 つ（4 ～ 6）を占める保健衛生分野が挙げられる。他方で SDGs では、持続可能な開発という見地から、MDGs の 8 つの目標としては明示されていなかった様々な分野・問題も（目標 7 ～12のエネルギー・経済・雇用・インフラ・産業・不平等問題・都市・生産と消費や、目標16の平和及び目標14・15の環境関連の海洋資源・陸上資源などとして）幅広く含まれていることが特徴といえる。

　SDGs と MDGs の比較としては、17と 8 という目標数以外に、169と21というターゲット数の違いもある。MDGs は、ターゲットの下の指標も60であり、全体として SDGs の方が評価の観点も多いことが分かる。また、MDGs の目標 8 以外の目標 1 ～ 7 が途上国を対象としていたが、SDGs ではすべての目標が途上国だけでなく先進国も対象としている。準備作成プロセスについては、MDGs がトップダウンであったのに対して、SDGs は多様なアクターとの協議を経て参加型のアプローチによりなされた。目標設定の表現では、MDGs が「削減」という表現を用いることが多いのに対して、SDGs では「なくす」という表現が多く、SDGs の方がより野心的な目標であり、かつ、「誰一人取り残さない」を強調していることが特徴といえる。それだけに、SDGs の目標達成は容易ではなく、踏み込んだ変革や改革が必要であり、2030年に向けてど

のような進捗と達成が実現できるか、注視していく必要がある（弓削）。

なお、先進国における SDGs の取組みとしては、日本も2016年5月20日の「持続可能な開発目標（SDGs）推進本部の設置について」という閣議決定により、「持続可能な開発目標（SDGs）に係る施策の実施について、関係行政機関相互の緊密な連携を図り、総合的かつ効果的に推進するため、内閣に、持続可能な開発目標（SDGs）推進本部（以下「本部」という）を設置する」として、本部長に内閣総理大臣、副本部長に内閣官房長官と外務大臣、本部員に他のすべての国務大臣を置き、図表7-4のように、政府全体として SDGs の推進に取組んでいる。

この点、なぜ途上国だけでなく日本を含む先進国も SDGs に取組む必要があるのか、と疑問に思う向きもあるかもしれない。しかし、日本を含む先進国も、それぞれの経済、社会、環境に特有のあり方で、「持続不能」という問題を抱えている。特に日本は、「課題先進国」とも言われ、例えば、貧困や格差の問題、少子高齢化と人口減少問題、地方・中山間地域・大都市辺縁の衰退の問題、財政と社会保障制度の問題、気候変動による自然災害の激甚化の問題、ジェンダーと社会的包摂と人権の問題など、多くの問題・課題を抱えており、日本の社会、経済、環境を修復し、破綻を回避して次世代に引き継ぐためにも、SDGs を推進していく必要がある。また、特に目標7〜15の持続可能な経済や環境の関係では、新興国と並んで先進国も世界を持続可能にするためにより大きな責任を負っている、という見解もある。いずれにしても、日本でのSDGs の推進には、政府・企業などだけでなく市民社会などのより多様なセクター・主体が一層活躍できることも重要である（稲葉 2018）。

第2節　国連と UNDP の国際開発政策

ここではまず、第1節で取り上げた SDGs と MDGs よりも前の年代に、どのような開発目標が国連において議論・樹立されてきたのかを確認する。SDGs と MDGs は21世紀の各々15年間を期間とするグローバルに合意された国際開発の目標であったが、20世紀には、国連で複数の10年を期間とする開発目標が設けられ取組まれてきた。その最初は1960年代の「国連の開発の10年」

■『経済財政運営と改革の基本方針2018』(抄録(平成30年6月15日閣議決定)):
積極的平和主義の旗の下、持続可能な開発目標（SDGs）の実現に向け、貧困対策や保健衛生、教育、環境・気候変動対策、女性のエンパワーメント、法の支配など、人間の安全保障に関わるあらゆる課題の解決に、日本のSDGsモデルを示しつつ、国際社会での強いリーダーシップを発揮。

■『未来投資戦略2018』(抄録(平成30年6月15日閣議決定)):「Society 5.0」の国際的な展開は、世界におけるSDGsの達成に寄与。世界における持続的発展は、企業によるSDGsの達成を支援し、国連STIフォーラム、2019年に日本で開催するG20や、国連ハイレベル政治フォーラム（特に、首脳級会合）において、積極的に発信。

「SDGs実施指針」の8分野に関する取組を更に具体化・拡大

※政府の取組の詳細は本頁以降及び2030年度末予算政府案及び平成31年度当初予算政府案(12月21日閣議決定)[P]

① あらゆる人々の活躍の推進
- 働き方改革の着実な実施
- 女性の活躍推進
- 国内の健康推進
- ダイバーシティ・バリアフリーの推進
- 子供の貧困対策
- 次世代の教育振興
- ユニバーサルデザインの推進
- ビジネスと人権に関する国別行動計画
- 消費者教育の推進
- 若者・子供、女性に対する国際協力
- 人道支援の推進

等

② 健康・長寿の達成
- データヘルス改革の推進
- 国内の健康経営の推進
- 医療拠点の輸出
- 感染症対策等
- 保健医療の研究開発推進
- ユニバーサル・ヘルス・カバレッジ推進のための国際協力
- アジア・アフリカにおける取組

等

③ 成長市場の創出、地域活性化、科学技術イノベーション
- 基盤となる技術・人材育成
- 未来志向の社会づくり
「Connected Industries」「i-Construction推進等」
- STI for SDGsや、途上国のSTI・産業化に関する国際協力
- 地方創生やまちおこしの社会づくりを支える基盤・技術・制度等
- 地方におけるSDGsの推進
- 農山漁村の活性化、地方創生・食品産業のイノベーション
- 農林水産業・食品産業のスマート化、成長産業化

等

④ 持続可能で強靱な国土と質の高いインフラの整備
- 持続可能で強靱なまちづくり（コンパクト＋ネットワーク）
- 戦略的な社会資本の整備
- 防災（レジリエント防災・減災、国土強靱化に災害リスクガバナンスの強化に向けたエネルギー・インフラの強靱化、復旧・復興）
- 質の高いインフラの推進
- 環境インフラの国際展開

等

⑤ 省エネ・再エネ、気候変動対策、循環型社会
- 徹底した省エネ
- 再エネの導入促進
- エネルギー科学技術に関する研究開発の推進
- 気候変動の保護、CCSの調査・研究（東京ベイゾーン）
- 循環型社会の構築バリューチェーンへ向けた国際展開・国際協力
- 食品廃棄物の削減
- 農業における環境保全
- 持続可能な消費の推進

等

⑥ 生物多様性、森林、海洋等の環境の保全
- 持続可能な農林水産業の推進
- 世界の持続可能な森林経営の推進
- 地域森林生態系の構築
- 森林の国際協力
- 大気、化学物質規制対策
- 海洋・水産資源（海洋の持続的資源利用、国際的な資源管理、水産業の多面的機能の維持・促進）
- 海洋ごみ対策の推進
- 地球観測衛星を活用した課題解決

等

⑦ 平和と安全・安心社会の実現
- 子どもの安全（性犯罪・虐待・人権問題への対応）
- 女性に対する暴力の根絶
- 再犯防止対策の充実
- 公共情報保護制度の整備・運用
- 法の支配のための能力構築に関する国際協力
- 平和のための中東和平への貢献
- マネーロンダリング、テロ資金供与等対策

等

⑧ SDGs実施推進の体制と手段
- 地方自治体や地方の企業の強みを活かした国際協力の推進
- 市民社会等との連携（ジャパンプラットフォームの推進、事業補助金等）
- 適切なグローバル・サプライチェーン構築

- SDGs経営イニシアティブや、ESG投資の推進
- 国内資金動員のための税制・税務執行支援
- 途上国のSDGs達成に貢献する企業の支援
- フューチャー・アース構想の下での研究開発、国連大学 等

- モニタリング
（国連におけるSDGs推進の測定協力、指標に関する国際比較・交流支援等）
- 広報・啓発の推進
（ジャパンSDGsアワードの実施等）
- 2025年万博開催を通じたSDGsの推進

※政府の取組の詳細は本頁以降で掲載。（記載された政府案(12月21日閣議決定)[P]）

（出典）首相官邸（2019）「SDGs アクションプラン2019」3頁

（UN Development Decade）であり、東西冷戦下で、南北の貿易経済格差と経済的に自立できない諸国家が国際社会の不安定要因となり、南北問題として国際社会の共通関心事となった状況の下、1961年の第16回国連総会でアメリカのケネディ大統領が提案し採択されたものであった。これは、数値目標として1960年代の途上国の経済成長率を5％と定め、先進国から途上国への資金を先進国の国民所得の1％に引き上げることが目標とされた。このようなケネディ大統領の提案には、東西冷戦下でソ連による途上国援助をけん制する狙いもあった（大平 2008）。その後は、1971～1980年の第2次国連開発の10年、1981～1990年の第3次国連開発の10年（及び1980年代のアフリカのための工業開発の10年）、1991～2000年の第4次国連開発の10年（及び第2次アフリカのための工業開発の10年）として取り組まれたものの、前節のSDGsとMDGsに比べれば、その政策としての実効性や体系性は劣るものであった。

　ここまで国連の取組みを見てきたが、持続可能な国際開発を担う国際機関は、国連システムの中に国連以外にも様々なものがある。

　開発に関連する無償資金協力や技術協力を幅広く実施している代表的な機関は、国連開発計画（UNDP）である。UNDPは、独立性が高い世界銀行グループを除くと、国連システムの中で最大の開発援助機関となっている。世界銀行グループは国際金融機関でもあるため第11章で取り上げるが、公的金融・融資活動を中心とする世界銀行グループとの対比としてのUNDPの活動形態の特徴は、無償資金供与・技術供与である。

　このUNDPは国連総会の補助機関として1965年の国連総会決議2029（XX）により設立され、翌年から活動を開始した。発足から冷戦期間中に、本部レベルでの専門機関との関係が弱まり、UNDPによる直接の援助実施や援助受け入れ国がプロジェクトを実施する形態が主になった。UNDPは世界の多くの途上国に常駐事務所を設け、UNDP自身も援助活動を行いつつ、国連システム諸機関の援助調整も担ってきたことで、途上国では知名度が高い。世界銀行でも「人間開発」という副総裁職が現在は置かれているが、UNDPは1990年に初めての『人間開発報告書（Human Development Report）』を発表し、広く認知・注目されることとなった。この「人間開発」の派生形として示されたのが、本章第1節でも言及した人間の安全保障の概念であった。冷戦後は、先進

国の援助疲れによる加盟国からの自発的拠出金の確保がより困難になってきたこともあり、プロジェクト経費の外貨部分を受益国やプロジェクトにかかわる第三国が負担するコストシェアリングが増加し、援助受け入れ国がプロジェクトを実施する形態が主流となった。また、平和構築分野や紛争予防関連の早期警報システムの分野にも活動範囲を広げてきた（大平）。その一方で、MDGsとSDGsの推進に積極的に取組んできており、UNDPの活動範囲は一層広がってきた。

　UNDP駐日事務所によると、UNDPは、貧困の根絶、国家の仕組みの整備、災害や紛争などへの危機対応強化、環境保全、クリーンエネルギーの普及、ジェンダー平等の実現などの分野で、各国政府に対し政策提言、技術支援、資金提供、支援プログラムを組み合わせ、それぞれの国に合った包括的な解決案を示している。そして日本はUNDPにとって多額の財政拠出を行う最も重要な支援国の一つであり、2018年には日本政府からの拠出金は約3億5000万米ドルに上り、アフリカ開発、中東の安定化、防災、保健、民主化などのプロジェクトに活用された。その結果、全世界で何百万人もが安全な飲み水、投票権、働きがいのある人間らしい仕事などを手に入れることができるようになったという。また、世界各国で80名以上の日本人職員が活躍し、人々の暮らしの改善に日々邁進している。UNDP駐日代表事務所では、SDGs達成に向け、政府、ビジネスセクター、市民社会、教育研究機関などと協働し、様々な取組みを進めている。

　以上のUNDPや第11章で取り上げる世界銀行グループの他にも、国連システムには、国際連合工業開発機関（UNIDO）、国連貿易開発会議（UNCTAD）、国際農業開発基金（IFAD）、国連プロジェクトサービス（UNOPS）などの様々な国際開発関係の諸機関がある。SDGsにいう持続可能な開発に関係する国連システムの機関には更に様々なものがあり、その間の調整が重要であるところ、機関間の行政的な共同政策形成や意思決定のための、また、多くの途上国でのそれら諸機関の開発オペレーションの調整を進めるための連携の枠組みとして、国連持続可能な開発グループ（UNSDG）がある。これは従前、国連開発グループ（UNDG）と呼ばれていたものであるが、「持続可能な開発」が明記されるようになったことからも、本章で焦点を当てているSDGsが開発に関連す

る国連システム諸機関の調整のために有用か、また、調整において如何に重視されているかが窺い知れる。

第3節　EC/EU・欧州諸国の開発援助政策の歴史とガバナンス

　EEC発足当初、原加盟国のうち、フランス、イタリア、ベルギー、オランダと関係のあった諸国に対する援助は、「海外諸国と領域（OCT）」への金融支援と自由貿易地域の枠組みの形成から始まった。欧州諸国と植民地・保護領など「特別な関係」のあった諸国との間で、1963年7月、EEC6カ国とフランス領のアフリカ17カ国とマダガスカルとの間にヤウンデ協定が締結された。その内容は、相互特恵による貿易と開発援助資金の供与であった。さらに1971年からアルーシャ協定により、アフリカ諸国との連合関係が英連邦に属する東アフリカ3カ国へ拡大された。ヤウンデ協定とアルーシャ協定は、1975年1月に失効するため、これら二協定に代わって、1975年2月ECとその加盟9カ国は、アフリカ、カリブ海、及び太平洋諸国（ACP諸国）44カ国との間で「混合協定」である「ロメ協定」を締結して、経済発展の不均衡を是正するための途上国への開発援助枠組みを構築した。

　第1次ロメ協定（1976〜1980年）の発効によりACP諸国は、ECから一方的な特恵を得つつ、輸出所得安定化制度（STABEX）が導入された。ACP58カ国との間で締結された第2次ロメ協定（1980〜1985年）では、鉱産品輸出所得安定化制度（MINEX）も付け加わった。さらにACP64カ国との間での第3次ロメ協定（1985〜1990年）では鉱産物生産・輸出能力維持制度（SYSMIN）に拡充された。ECとACP69カ国との間で第4次ロメ協定（1990〜2000年）が10カ年にわたって実施され、EC-ACP諸国間における開発援助協力枠組が維持された。

　その後、スペイン、ポルトガルのEC加盟に伴い、ラテンアメリカ諸国との間でも自由貿易地域の創設や地域間協力の枠組みが作られた。さらに、1981年ギリシャの加盟以降、地中海沿岸諸国との関係や加盟候補国となった中・東欧諸国、バルカン西部諸国との間にもPHARE、TACTIS、CARDSといった開発援助プログラムが実施された。

　1989年世界銀行の報告書『サブサハラ・アフリカ—危機から持続的成長へ』

が端緒となり、世界銀行の「グッド・ガバナンス」（行政の効率性、透明性、アカウンタビリティ、法の支配、参加等）が融資条件とされ、それ以降の国際開発援助においてこのガバナンス概念が「主流化」していった。

　1993年11月発効した EU（マーストリヒト）条約では、「途上国、特に最貧開発諸国の経済・社会の持続可能な開発」協力が規定され、対途上国援助と同時にこれら被援助諸国における人権尊重、法の支配と民主主義の発展にも寄与することが EU の目的とされた。

　第4次ロメ協定が2000年に失効するのを契機に、ACP77カ国との間で2000年6月「コトヌ協定」が署名され、EU の途上国援助政策は転換期を迎えた。これにより、ロメ協定の下で実施されてきた非相互主義的な通商制度が廃止され、世界貿易機関（WTO）のルールである貿易自由化路線に則った相互特恵方式に変更された。しかし、2001年2月 EU 理事会は、LDCs 諸国との通商関係に関する規則416/2001号により、武器を除くすべての産品に無関税かつ無制限に EU 域内市場へのアクセスを LDCs 諸国に認め、貿易自由化の恩恵を受けられない LDCs 最貧開発途上国への配慮措置をとっている。

　コトヌ協定の下では、欧州開発基金（EDF）の融資制度が効率化・柔軟化され、ACP 諸国の経済状況・実績を EU 側で評価し、融資額が決定されるよう変更された。2008～2013年の欧州開発基金（EDF）のガバナンス・イニシアティブでは、ガバナンスの評価に応じた援助の配分額や資格停止が決定できるように設計された。さらに、汚職防止や法の支配などとともに、「政治的コンディショナリティ」（条件付け）も強化され、デモクラシーや人権といった価値の尊重も義務付け、ACP 諸国に対して「グッド・ガバナンス」の義務と責任を課し、その遵守や改善が行われない場合には、協定の停止をも含む強力な措置が EU 理事会の特定多数決によりとれるようになった。

第4節　国連 SDGs 策定過程における EU の役割

　2015年7月エチオピアのアディスアベバで約210の国と機関が参加し、第3回開発資金国際会議（The Third International Conference on Financing for Development：FFD3）が開催され、2015年以降の開発資金に関する政策枠組みなどを

定めた「アディスアベバ行動目標（The Addis Ababa Action Agenda）」が採択された。これを受けて EU では、2018年１月欧州委員会の SDGs 検討会議「SDGs に関するハイレベル・マルチステークホルダー・プラットフォーム」が中心となり、EU としても SDGs 達成に向けての国際機構、政府、企業、NGO 等の長期的資金動員手法や進捗報告手法等を検討することに合意した。同プラットフォームには、フランス・ティマーマンス欧州委員会第１副委員長、他の委員には、業界団体から「ビジネス・ヨーロッパ（Business Europe）」事務局長、企業からエネル CEO、ユニリーバ CEO 等、NGO からトランスピアレンシー・インターナショナル、世界自然保護基金（WWF）、SDG Watch、Birdlife、European Youth Forum、CSR Europe 等が参加し、さらに世界銀行、UNDP、European Sustainable Development Network、欧州経済社会委員会等の機関もオブザーバーとして参加して、マルチ・ステークホルダーによる資金調達に関する行動枠組みが2018年７月に決まった。世界最大の政府開発援助（ODA）ドナーである EU は、SDGs の目標達成に向けて開発資金国際会議の結果を「成功」と評価した。

SDGs は、2015年11月パリで開催された第21回国連気候変動枠組条約締約国会議（COP21）との関連も考慮し、欧州委員会のネベン・ミミツァ国際協力・開発担当委員は、アディスアベバ行動目標が新たな持続可能な開発目標を実行に移すための手段を与えると評価している。

EU は、単なる開発援助だけではなく、民間投資、国内資源、支援政策にも重点的に取組む包括的な行動目標を掲げ、SDGs のための持続可能な開発資金の枠組み形成に尽力した。同行動目標では、①最貧児童に対する社会保護システムである「ソーシャルコンパクト」合意、②行動目標の履行に関するデータ、モニタリング、フォローアップに関する合意、③租税や脱税・課税回避対策への協力、「アディス・タックスイニシアティブ」の合意など包括的な枠組みとなっている。EU は、2015年までに ODA を対 GNI 比0.7％まで増加させることを公約し、サブ・サハラのエネルギー貧困を減少させる政策の推進など、途上国を積極的に支援することとした。持続可能な開発の達成には、「持続可能な開発の三側面、すなわち経済、社会及び環境の三側面を調和させる」ことが重要と捉え、平和、安全、人権、ガバナンス、ジェンダー平等などの分

野を行動目標に加えた。

　このような EU の積極的な参加と貢献の結果、2015年1月から7月まで半年間に及ぶ政府間交渉が行われ、最終合意文書として、同年9月に持続可能な開発目標（Sustainable Development Goals：SDGs）「私たちの世界を転換する—持続可能な開発のための2030アジェンダ」が、「国連持続可能な開発サミット」において正式に採択された。SDGs の17の目標は、人間、豊かさ、地球、平和、パートナーシップという5要素のいずれかと関係付けられた。地球環境（目標6、13、14、15）と社会（目標1〜5、7、11、17）と経済（目標8〜10、12）の諸目標を達成するために、持続可能な開発の実施手段を強化する観点から「グローバル・パートナーシップの活性化」（目標17）の重要性を強調し、169の具体的ターゲットを設定している。

　なお、アディスアベバ行動目標③のタックス・イニシアティブは、租税回避問題を主導する機関が国連なのか、OECD なのか、EU なのか、G7もしくはG20なのか、という議論も行われたが、2019年7月日本で開催された G20においても議題の一つとして租税回避問題が取り上げられた。

　2019年6月 G20の財務省・中央銀行総裁会議は、GAFA 等のプラットフォーマーと呼ばれる巨大 IT 企業に対する「デジタル課税」を行うためのルールを検討することで合意した。欧州委員会は、恒久的施設（Permanent Establishment：PE）、物理的拠点がある国のみしか企業に課税できないとする現行法人税制度の下で、一般企業の法人税負担率が20％以上であるのに対し、アルファベット（グーグル）12％、フェイスブック13％、アマゾン11％など IT 企業の税負担が極端に少ない（2018年12月通期決算）ことを問題視している。サイバー空間を利用する業態の多国籍企業や世界の富裕層は、膨大な利益や所得を、ケイマン諸島、ヴァージン諸島、香港、シンガポール、パナマなど「タックス・ヘイブン（租税回避地）」と呼ばれる法人税がかからないか、法人税率の低い国・地域に移し、課税逃れしようとする傾向にある。

　2015年8月「パナマ文書」問題が物議をかもして以来、OECD の租税委員会は、大企業や富裕層が法人税率の低い国・地域に利益や所得を移して課税逃れや税負担を低減化させようとする問題に取組んできた。OECD は、2019年5月、129カ国・地域の合意に基づき巨大 IT 企業への課税強化策をまとめ、

6月のG20で方針が承認された。G20は、OECDと連携して2020年1月に包摂的枠組承認文書をとりまとめた。これを基礎に年内にグローバル課税制度の大枠合意を目指している。EU域内では、英仏を中心にデジタル課税を実施する方向にある。デジタル課税案は、アクセス数や利用料に応じた課税（英国案）、顧客基盤やブランド価値など無形資産に応じた課税（アメリカ案）、定期的な売り上げに応じた課税（インド案）などに整理される。サイバー空間における電子商取引が主流となりつつある現在、いずれの案も地理的拠点がなくても世界共通のグローバル課税ができる制度の構築が進められる方向にあるといえよう。

〔Further Reading〕

大隈宏（1988）「『政策対話』をめぐる南北間の確執」『国際法外交雑誌』第87巻3号、259-292頁

前田啓一（2002）「EU開発政策の豹変について」『日本EU学会年報』第22号、78-95頁

大平剛（2008）『国連開発援助の変容と国際政治―UNDPの40年』有信堂高文社

山本直（2009）「対途上国政策」辰巳浅嗣編著『EU―欧州統合の現在』創元社

大村大次郎（2016）『パナマ文書の正体』ビジネス社

弓削昭子（2018）「持続可能な開発目標（SDGs）達成に向けた国連と日本の役割」・滝澤美佐子（2018）「持続可能な社会とグローバル・ガバナンス」勝間靖編『持続可能な地球社会をめざして―わたしのSDGsへの取組み』国際書院、17-38頁・63-71頁

稲葉雅紀「市民社会の役割」高柳彰夫・大橋正明編（2018）『SDGsを学ぶ―国際開発・国際協力入門』法律文化社、243-259頁

〔設問〕
1　SDGsの17ある目標の中で、特に重要と考える目標とその理由を挙げ、その目標達成のために、国連システム諸機関や日本が実施している取組みについて説明しなさい。
2　国連SDGsの策定過程におけるEUの役割と開発援助ガバナンスの特質について論じなさい。

【福田耕治・坂根　徹】

第 8 章

地球環境エネルギー政策と国際行政

〔本章で学ぶこと〕

　地球環境エネルギーガバナンスは、先進国と開発途上国との間での利害の違いが絡む広範かつ複雑な問題を内包している。国連 SDGs 目標13は、気候変動とその影響を軽減するための緊急対策をとり、またこれとの関連で SDGs 目標7は、すべての人々が安価かつ信頼できる持続可能なエネルギーにアクセスを確保することを掲げている。さらに SDGs 目標12の「持続可能な消費と生産のパターンを確保する（つくる責任、つかう責任）」ともかかわっている。地球環境エネルギー問題は長期的な問題であり、科学的な因果関係が必ずしも明確ではなく、常に不確実性の付きまとう条件下での予見的ガバナンスが要請される。本章では、深刻なグローバル課題である地球環境エネルギーガバナンスにおける国連システムと EU の国際行政上の役割などについて学ぶ。

第1節　UNEP 等の地球環境政策

　国連システムは地球環境問題について取組みを強化しているが、国連発足から数十年にわたり、現在のように地球環境問題が重要な問題であるという認識があったわけではなかった。それが、1972年の国連人間環境会議（ストックホルム会議）、1982年の国連環境計画管理理事会特別会合（ナイロビ会議）、1992年の国連環境開発会議（リオ・サミット、地球サミット）（UNCED）、2002年の持続可能な開発に関する世界首脳会議（ヨハネスブルグ・サミット、地球サミット2002）（UNWSSD）、2012年の国連持続可能な開発会議（Rio+20、地球サミット2012）

(UNCSD)、というように、10年に一度、地球環境関係の重要な国際会議を開催することを含めて、積極的に取組みがなされるようになっている。その背景には、従来は公害の問題などがあり、その後は例えばフロンガスによるオゾン層の破壊や、地球の平均気温の上昇による海面上昇や異常気象などが、大きな問題として国際社会で広く認識されるようになってきたことがある。

　気候変動・地球温暖化問題は現在、地球環境問題の中で最も注目・重視されている。ただ、この問題が国際社会で広く認知されたのは比較的新しく、1988年に世界気象機関（WMO）と世界環境計画（UNEP）により気候変動に関する政府間パネル（IPCC）が設置されて以降のことである。その後、1990年にIPCCから第1次評価報告が提出され、国連総会において国連気候変動枠組み条約（UNFCCC）の策定に関する決議がなされ、1992年のリオ・サミットでUNFCCCが採択された。同条約は1994年3月に発効し、1995年3月に第1回締約国会議（COP1）がベルリンで開催された。そして、1997年12月に第3回締約国会議（COP3）が京都で開催され、先進国に温室効果ガスの排出削減目標を課した京都議定書（Kyoto Protocol to the UNFCCC）が採択された。近年の新展開としては、この京都議定書以来の歴史的な合意が、パリで開催された第21回締約国会議（COP21）で、パリ協定（The Paris Agreement under the UNFCCC）として2015年12月に成立したことが挙げられる。パリ協定は、世界全体の長期目標として、産業革命以前と比較して世界の気温上昇を2℃未満に抑え、可能であれば1.5℃未満に抑える努力をすることや、先進国だけでなく途上国を含むすべての締約国は自国内の削減目標を自主的に設定し長期目標の達成状況を締約国間で確認すること、そして、締約国の定期的な適応報告、気候変動・異常気象に伴う悪影響の損失と損害の評価、技術移転メカニズム、パリ協定の実施・促進・遵守のメカニズムなどが盛り込まれた。なお、このパリ協定の成立には、本章の第3節で詳述されているように、COP21のホスト国のフランスだけでなくEUの貢献が大きかった。もっとも、パリ協定はオバマ政権末期にアメリカも含めて成立したが、トランプ大統領がアメリカの離脱を表明したことは大きな問題であり、また、その履行確保に関連する行財政上の様々な課題もある（福田 2018）。

　地球環境問題については、以上のような気候変動・地球温暖化問題以外にも

様々な問題がある。そして国際行政の見地からは、国連環境計画（UNEP）が地球環境問題の中心的な国際行政機関となっていることが注目される。この点、外務省によると例えば、ウィーン条約（オゾン層の保護のためのウィーン条約）、ワシントン条約（絶滅のおそれのある野生動植物の種の国際取引に関する条約）、水銀に関する水俣条約（Minamata Convention on Mercury）などで、UNEPが条約の事務局となっている。また例えば、バーゼル条約（有害廃棄物の国境を越える移動及びその処分の規制に関するバーゼル条約）、ロッテルダム条約（国際貿易の対象となる特定の有害な化学物質及び駆除剤についての事前のかつ情報に基づく同意の手続に関するロッテルダム条約）、ストックホルム条約（残留性有機汚染物質に関するストックホルム条約）では、ジュネーブに共同事務局があり、事務局職員の人事権はUNEPが有している。

UNEPは、1972年の国連人間環境会議の結果創設された、環境問題に関する様々な国際機関の活動の調整を主な責務とする国連システムの補助機関（計画と基金の一つ）である。そして、UNEPは国連システム諸機関の中では数少ないアフリカ（ケニアのナイロビ）に本部がある機関でもあり、その意思決定機関は、先進国と途上国の代表から成る管理理事会である。UNEPは、本節でこれまで述べたような例を含めて、様々な地球環境問題の国際行政活動を実施している反面、上記のように調整を主な責務としている、ということからも分かるように権限が弱く、数多くある環境レジームも地球環境問題の改善という観点からは十分に機能していないという指摘もあり、2012年の地球サミットでは、UNEPの財政基盤の強化や、最高意思決定機関を従来の管理理事会から全加盟国参加の環境総会へと発展させることなどが決められた。また、国際貿易分野で世界貿易機関（WTO）が存在するように、世界環境機関（WEO）を創設すべきであるという主張もある（横田 2019）。

さて、国連システムにおいて地球環境政策を担う機関はUNEPだけではなく、例えば気候変動・地球温暖化関係では世界気象機関（WMO）があり、また例えば国際海事機関（IMO）はロンドン議定書（廃棄物その他の物の投棄による海洋汚染の防止に関する1972年条約の1996年議定書（ITPGRFA））の事務局を務めている。また、このような条約事務局の担当以外にも、様々な国連システム諸機関が、各機関の担当政策領域に関係する様々な地球環境政策に携わっている。

このように、様々な地球環境問題ごとに条約が別個に作成され、締約国会合や事務局は一つに統一されておらず、様々な機関が地球環境問題に取組んでいることからは、国連による関係の国際会議の開催を含む地球環境問題へのイニシアティブの発揮やUNEPの地球環境問題への役割は重要であるものの、国連システムの地球環境行政は、かなり分権的であるといえる。

　日本は、このような地球環境問題に対して、自国での取組みや発展途上国への技術・資金等の国際援助の実施だけでなく、重要な関係会議のホスト国として、例えば、地球温暖化防止では京都議定書、生物多様性条約では名古屋議定書、また、いわゆる水銀に関する水俣条約など、重要な国際合意を生み出すことでも政治・行政的な努力を行ってきた。新興国の台頭などにより世界での経済規模のシェアが逓減し、財政難もあり大規模な資金援助は徐々に難しくなる中で、このような知的貢献は一層重要となってきている。

第2節　IAEAの原子力平和利用政策

　原子力の平和利用は、現代の世界・国際社会が抱える大きな問題の一つである。これには例えば、放射線による画像診断や放射線によるがん治療などの医療、品種改良の農業及び自動車のタイヤ製造などの工業といった様々な分野や用途があるが、最も主要なものの一つに原子力発電がある。日本では、東日本大震災後の福島第一原子力発電所の事故による安全基準の強化やリスクの見直しなどにより、多くの原子力発電所が稼働停止状態となっており、一部先進国でも脱原発や原発縮小の取組みがある。しかし、世界の原子力発電は依然として増加しており、先進国の中でも、例えばフランスは多くの原発を維持するだけでなく、積極的に海外に輸出を続けている。世界では、エネルギー安全保障、地球温暖化対策、発電コストといった観点から、図表8-1の上半分のように引き続き原子力を利用する国が新興国を含めた途上国を中心に少なくない。

　東アジアでは、韓国や台湾が脱原発を志向するようになっているのとは逆に、中国は原発を多く保有しているだけでなく、増設を続けており、保有基数でも総出力でも2018年には世界第3位となった。韓国や中国では、原発の多くは東部沿岸部に立地しており、万一大規模な事故が発生すると、偏西風により

日本にも影響が及ぶことが危惧される。また、世界の原発は特に図表8-1の右上のように、現在原発を利用していない幾つかの新興国を含む様々な途上国が将来的に利用する予定であるため、新規原発保有国が如何に安全な原発を導入し、安全な稼働体制を構築できるかは、世界的な大きな課題である。

図表8-1　世界各国の現在・将来の原子力利用の方向性と現在の運転基数

世界各国の原子力利用の動向

将来的に利用

・米国　　　　[99]	・チェコ　　　　[6]	・トルコ	・カザフスタン
・フランス　　[58]	・パキスタン　　[5]	・ベラルーシ	・マレーシア
・中国　　　　[37]	・フィンランド　[4]	・チリ	・ポーランド
・ロシア　　　[35]	・ハンガリー　　[4]	・エジプト	・サウジアラビア
・インド　　　[22]	・アルゼンチン　[3]	・インドネシア	・タイ
・カナダ　　　[19]	・南アフリカ　　[2]	・イスラエル	・バングラディシュ
・ウクライナ　[15]	・ブラジル　　　[2]	・ヨルダン	・UAE
・英国　　　　[15]	・ブルガリア　　[2]		
・スウェーデン[8]	・メキシコ　　　[2]		
[　]は運転基数	・オランダ　　　[1]		

現在、原発を利用　←
→　・スタンスを表明していない国も多数存在
現在、原発を利用せず

・韓国　　　[24]（2017年閣議決定／2080年過ぎ閉鎖見込）	・イタリア　　　　　　（1988年閣議決定／1990年閉鎖済）
・ドイツ　　[8]（2011年法制化／2022年閉鎖）	・オーストリア　　　（1979年法制化）
・ベルギー[7]（2003年法制化／2025年閉鎖）	・オーストラリア　　（1998年法制化）
・台湾　　　[6]（2017年法制化／2025年閉鎖）	
・スイス　　[5]（2017年法制化／-）	
[　]は運転基数（脱原発決定年／脱原発予定年）	出所：World Nuclear Association ホームページ（2017/8/1）より資源エネルギー庁作成（注）主な国を記載

将来的に非利用

（出典）経済産業省ウェブサイト

　このように、原子力発電を巡る問題は日本国内のみを対象とした原発の稼働・再稼働の議論だけでは不十分であり、特に上述のような日本の近隣諸国や将来新規に原発導入予定の様々な途上国の動向も踏まえつつ、世界の原発の安全稼働の確保に向けた日本の国際的な役割を含めて、この問題を捉えることが必要である。確かに、日本は地震津波による福島第一原発の大事故を発生させてしまった。しかし、日本のような原発の安全性に影響を与える類型の自然災

■　　　・社会福祉／哲学／教育

法律文化社
出版案内
2020年版

……住眞麻子 　的困難と政策　　4200円	**新・現代障害者福祉論** 鈴木 勉・田中智子 編著　　2500円
……学　仲上健一　2100円	**精神障害と人権**　横藤田 誠 ●社会のレジリエンスが試される　2700円
……支援再考 ……ビス給付　　4000円 ……社会福祉教育・研究支援センター 編	**新・保育環境評価スケール④**〈放課後児童クラブ〉 T.ハームス 他著／埋橋玲子 訳　2400円
……ーシャルワーク ……と権利　岡部 茜　4900円	**子ども この尊きもの**　片山忠次 ●モンテッソーリ教育の底を流れるもの　2300円
……生活困難と養護老人ホーム ……権を守るために　2500円 ……清水正美・中野いずみ・平岡 毅 編	**「18歳選挙権」時代のシティズンシップ教育** ●日本と諸外国の経験と模索 石田 徹・高橋 進・渡辺博明 編　4200円

……論　●ベーシックスからフロンティアまで
……美 誠・児玉 聡・井上 彰・松元雅和　2800円

基本をおさえ、貧困や環境など今日の課題に
正義論から接近。

正義論
ベーシックスからフロンティアまで

［目次］	
はしがき 　1 正義論へのいざない **第1部ベーシックス** 　2 正義にかなった社会とは何か 　3 幸福を増大することが正義なのか 　4 何を分配するか 　5 どこまでが個人の責任か 　6 再分配は平等をめざすべきか 　7 再分配は自由を侵害するか	**第2部フロンティア** 　8 貧困と格差 　9 家族と教育 　10 医療と健康 　11 死　刑 　12 戦　争 　13 人　口 　14 地球環境

改訂版

法学部ゼミガイドブック〔改訂版〕 ●ディベートで鍛える論理的思考力 西南法学基礎教育研究会　　1900円	**行政法の基本**〔第7版〕 ●重要判例からのアプローチ　2700円 北村和生・佐伯彰洋・佐藤英世・高橋明男
私たちと法〔3訂版〕 平野 武・平野鷹子・平野 潤　1900円	**18歳からはじめる民法**〔第4版〕 潮見佳男・中田邦博・松岡久和 編　2200円
ゼロからはじめる法学入門〔第2版〕 木俣由美　　4000円　2400円	**家族法**〔第2版〕中川 淳・小川富之 編　2600円
新・法と現代社会〔改訂版〕 三室堯麿 編　　2400円	**プライマリー商法総則・商行為法**〔第4版〕 藤田勝利・北村雅史 編　　2400円
ジェンダー法学入門〔第3版〕 三成美保・笹沼朋子・立石直子・谷田川知恵　2500円	**レクチャー会社法**〔第2版〕　2700円 菊地雄介・草間秀介・横田尚昌・吉行幾真・菊田秀雄・黒野葉子
現代ドイツ基本権〔第2版〕　10500円 ボード・ピエロート 他著／永田秀樹・倉田原志・丸山敦裕 訳	**刑事政策がわかる**〔改訂版〕　2300円 前田忠弘・松原英世・平山真理・前野育三
	環境保護制度の基礎〔第4版〕 勝田 悟　　2600円

■民法テキストシリーズ

ユーリカ民法 田井義信 監修	**新プリメール民法** 〔αブックス〕シリーズ	**新ハイブリッド民法**
1 民法入門・総則 大中有信 編　2900円	**1 民法入門・総則**　2800円 中田邦博・後藤元伸・鹿野菜穂子	**1 民法総則**　3100円 小野秀誠・良永和隆・山田 創一・中川敏史・中村 肇
2 物権・担保物権 渡邊博己 編　2500円	**2 物権・担保物権法**　2700円 今村与一・張 洋介・鄭 芙蓉・ 中谷 崇・高橋智也	**2 物権・担保物権法**　3000円 本田純一・堀田親臣・工藤祐 巌・小山泰史・澤野和博
3 債権総論・契約総論 上田誠一郎 編　2700円	**3 債権総論**　2700円 松岡久和・山田希・田中洋・ 福田健太郎・多治川卓朗	**3 債権総論**　3000円 松尾 弘・松井和彦・古積 健三郎・原田昌和
4 債権各論 手嶋 豊 編　2900円	**4 債権各論**　2600円 青野博之・谷本圭子・久保 宏之・下村正明	**4 債権各論**　3000円 滝沢昌彦・武川幸嗣・花本 広志・執行秀幸・岡林伸幸
5 親族・相続 小川富之 編　2800円	**5 家族法**　2500円 床谷文雄・神谷 遊・稲垣朋 子・且井佑佳・幡野弘樹	**ハイブリッド民法5** **家族法**〔第2版補訂〕　3200円 ※2021年春〜改訂予定

法律文化社　〒603-8053 京都市北区上賀茂岩ヶ垣内町71 ☎075(791)7131 FAX075(721)8400
URL:https://www.hou-bun.com/　　◎本体価格(税抜)

害がない又は少ない地域の特に新規原発保有を目指す国々に対して、日本が原発を長年稼働させてきた経験を活かしつつ、安全な原発とその運用のために貢献することが可能であれば、今般の大事故の教訓を日本だけでなく世界に対して活かすことにも繋がるものと積極的に理解することもできる。

さて、国連システムの中で原子力の平和利用を担う中心的な機関は、国際原子力機関（IAEA）である。経済産業省によると、このIAEAは、世界の原発については、①発展途上地域における人口や電力需要の増加、②気候変動や大気汚染への対策の必要性、③エネルギー安全保障、④他のエネルギー資源価格の変動などの潜在的な要因から、原発が引き続き長期的に世界の電源構成において重要な役割を果たすものと見込んでいる。

このIAEAは、原発の安全な利用のために技術的な支援を実施しており、原発事故の後にも積極的な国際支援を実施してきた。例えば、東日本大震災による福島第一原発事故の後には、IAEAの一部門として2005年に設置された事故・緊急事態対応センター（IEC）は、事故通報と公的情報交換、要請に基づいた援助の提供、広報、国際機関間対応の調整などを、震災後2カ月弱後の5月初めまでは昼夜を問わぬ体制で対応に当たった。その際、IAEAに当時勤務していた50名ほどの日本人職員のほとんどが日本との連絡役としてIECの任務に参加し、日本政府から送られてくる情報の翻訳などのコミュニケーション面で活躍した。その成果・効果の一部には、官房長官の記者会見録を英訳し、IAEAを通してそれが発信されたことで、国際社会への情報発信能力が不足していた当時の原子力保安院の国際広報を、IAEAが補完する役割も果たした。当初のもたつきによって当時の日本政府の国際的な信頼が低下していた中で、IAEAをはじめ他の国連システムの関係機関による情報発信は、福島原発事故による放射能汚染が管理可能なレベルであるとの信頼性を国際社会に与える上で一定の効果をもたらしたといえる。また、このような短期的な対応だけでなく、例えば除染・汚染水・廃炉の問題に関するIAEA調査団報告書などによる評価は客観的であり、かつ国際的水準を示すものであるという点で、日本政府にとっても価値の高いものであった（昇 2015）。このような国際的な調査と情報発信は、今後も、例えば汚染水処理の関係での科学的な国際調査と風評被害の防止などにおいて、日本にとっても依然として重要といえる。

またIAEAは、原子力の平和利用のために、上記のような原発の安全な利用のための技術的な支援や情報発信だけでなく、軍事転用がされていないことを確認することについても、役割を果たしている。この点については、核兵器不拡散条約（NPT）で、アメリカ、ロシア、イギリス、フランス、中国が核兵器国、その他の国は非核兵器国とされ、非核兵器国はIAEAの保障措置を受諾する義務を規定している。環境省の原子力規制委員会によると、IAEAの保障措置は、「核物質が平和目的だけに利用され、核兵器等に転用されないことを担保するために行われる検証活動のこと」としている。そして日本は、1976（昭和51）年にNPTに加入し、その翌年に日・IAEA保障措置協定を締結し、IAEAによる保障措置を受け入れることとなった。そして、核原料物質、核燃料物質及び原子炉の規制に関する法律（原子炉等規制法）等の関連する国内法の整備を行い、国内保障措置制度を確立し、IAEAの保障措置を受け入れている。この保障措置の実施体制は図表8-2の通りである。具体的には、先ず日本が国内保障措置制度に基づき、事業者による計量管理、封印・カメラ等による封じ込め・監視、査察を行うことにより、国内にあるすべての核物質が核兵器等に転用されていないことを確認し、IAEAが査察等によりこの認定を確認することにより実施されている。

　NPTの大きな課題としては、条約締約国の北朝鮮とイランが核兵器開発を行っているとされる問題や、NPT締約国ではないインド・パキスタンの核実験及びイスラエルの核保有疑惑などがよく知られている。しかし、現在のNPTの存在意義とIAEAの保障措置や安全な原発の運転・管理に向けた技術協力などの役割は、世界の原子力の安全な平和利用の維持と核不拡散の実効性の担保にとって非常に重要なものである。また、上記の諸問題についても、例えば、1990年代には北朝鮮にIAEAが核査察を実施できたことで、燃料棒の抜き取りが判明したこともあり、査察再開に向けた特に核兵器国かつ安保理常任理事国を含む国際政治・国際社会の一致した明確な強い意思が、IAEAの核査察という国際行政活動の再開のために求められている。

　このようなIAEAの事務局長には、2009年から外交官出身の天野之弥氏が3期にわたり務め、任期中に発生した福島第一原発事故後の対応にあたり、また、世界の核不拡散に向けても取組んでいたが、任期中の2019年7月に病没し

図表 8-2　日本における IAEA の保障措置の実施体制

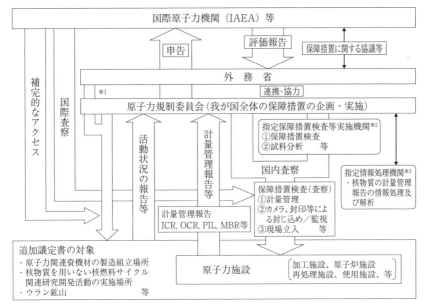

※1：通常査察中に発生した補完的なアクセス等を除く。
※2：「指定保障措置検査等実施機関」、「指定情報処理機関」として、原子炉等規制法に基づき（公財）核物質
　　管理センターを指定。

（出典）環境省原子力規制委員会ウェブサイト

た。年次総会では哀悼の表明のため黙とうがなされ、また、その在任中の功績
がたたえられ、ウィーン郊外の IAEA の原子力研究所の施設を「アマノ研究
所」とすることも決まった。

第3節　EU における環境エネルギー政策のガバナンス

　人類の生存にもかかわる地球環境エネルギー政策のガバナンスは、リスクと
便益、財政的コスト、合意形成に至るまで時間的にも社会的にも膨大なコスト
を要する問題領域を内包している。EU においては、地球環境政策やエネル
ギー政策がどのような背景から形成され、その共通規範が作られ、実施され、
また評価されるのであろうか。EU における環境エネルギー・ガバナンスの全

体像を俯瞰し、環境エネルギーに係る国際規制の形態とこれを EU の成長戦略と新たな循環経済型社会のビジネス環境整備へと繋げる EU のグローバル戦略についても考えてみよう。

　EC/EU における環境問題への最初の取組みは、1972年3月の欧州委員会による提案（Bull Supplement, 5/72）が端緒となった。当初、共同体レベルにおいて環境政策が取り上げられなかったのは、共同体諸条約に環境政策について直接言及する条項が存在しなかったからである。1987年7月に単一欧州議定書が発効するまで、法的根拠はないまま、環境問題の緊急性に鑑みて幾つかの行政措置がとられてきた。

　EC/EU における環境問題への取組みの契機となったのは、1972年3月の欧州委員会による理事会に対するコミュニケーション（Bull Supplement, 5/72）である。これ以降、多年次に及ぶ環境行動計画が策定され、実施されることになった。

⑴　第1次〜7次の環境行動計画に基づく EU 環境政策の形成・展開とパリ協定まで

　EC/EU では、1973年以来、2019年までに7次にわたる環境行動計画が策定され、これに基づいて環境政策が実施されてきた。欧州委員会は、1973年4月第1次環境行動計画（1973〜1976年）を採択し、EC 環境政策の目的と原則を設定した。すなわち、①「予防行動の原則」もしくは「未然防止的措置の原則」、②「汚染者負担の原則」、汚染の種類や保護の対象（地方、地域、国家、共同体、国際レベル）に「最も適したレベルで行動する原則」である。第2次環境行動計画」（1977〜1981年）では、EC 環境政策を、公害の防止・軽減対策と環境エネルギー・天然資源の管理対策の2つに大別して捉えた。1983年2月第3次環境行動計画（1982〜1986年）では、農業、運輸、エネルギー政策との関連付けを行い、総合的に予防行動をとる方針を明示した。

　1986年2月「単一欧州議定書」（1987年7月発効）が加盟国で署名され、環境保護については、第1次〜第3次の環境行動計画とその成果を踏まえて、第1次行動計画で示された「最も適したレベルで行動する原則」を条項化した。

　1987年第4次環境行動計画（1987〜1992年）では、環境政策を、各種の EC 公共政策決定に環境的価値を反映させることが目標とされた。1992年4月第5次

環境行動計画（1992〜1999年）では、欧州環境庁（European Environment Agency：EEA）を発足させた。2002年の第6次環境行動計画（2002〜2012年）では、2010年までのEU環境政策として、①気候変動、②自然と生物多様性、③環境と健康、生活の質、④天然資源と廃棄物を環境問題に関する優先事項とし、加盟国に、これらの目標達成を法的に義務付けた。2014年の第7次環境行動計画（2014〜2020年）では、環境調和型循環経済の重要性に鑑みて「循環型経済」と「グリーン経済」を目標とした。

　EUは、以上のような第1次〜7次の環境行動計画に則り、独自の持続可能な発展戦略を策定して率先して地球環境問題に取組んできた。EUは地球温暖化防止のための気候変動対策やエネルギー・ガバナンスの分野においても国際社会で常にリーダーシップをとり、挑戦的かつ先導的な役割を演じてきた。とりわけ、国連気候変動枠組み条約「パリ協定」の締結は、フランス議長国の努力とともに、難航を極めた交渉過程において先進国・途上国・新興国のそれぞれの立場と利害に配慮しつつ、「EUの絶妙な調整と先導」が大きく同協定の採択に向かう牽引役を果たした。

　EUは、第21回締約国会合（COP21）においてもリーダーシップをとり、パリ協定採択を目指す「野心連合」を結成することの意義を強調した。この「野心連合」にアメリカとブラジルが賛意を表明し、100カ国以上が「野心連合」に加わった。その結果、協定締結を拒んでいた中国、インド、サウジアラビアが少数派となり、結局、妥協せざるを得ない状況へと追い込まれていった。最終的に2015年12月12日「パリ協定」として最終的な合意に至った。2016年9月EU環境相理事会は、加盟国レベルでの同協定の批准手続を待たずに、EUとして一括して確認（批准）することを全会一致で議決した。2016年10月にはEUとしてパリ協定批准を終え、EUの努力が功を奏して、11月のモロッコ・マラケシュ国連気候変動枠組条約第22回締約国会議（COP22）会期中に同協定は発効した。パリ協定の履行確保のために、①締約国の履行状況を把握する目的による監視の制度化、②不遵守国への制度的対応、③締約国への履行確保支援、④紛争解決手続の制度化、⑤条約実施機関による協定の実施管理制度など、京都議定書の教訓から学んだ多くの課題を克服するために、EUがリーダーシップを発揮して気候変動抑制の国際制度化に漕ぎつけた点は高く評価で

きる。

⑵　EU エネルギー政策の形成と展開

　EU 全体としての共通エネルギー政策の策定は、1996年電力指令、2003年改正の新電力指令を通じて進められた。2003年欧州委員会は、エネルギー市場の自由化、供給の安定化と透明性確保の観点から「EU エネルギー政策」を位置付けた。エネルギーの安定供給を確保する必要性は、ロシアが2006年にベラルーシ、2007年にウクライナに対して天然ガスの供給を停止したことを受け、EU はエネルギー政策の必要性を一層強く認識するに至ったことが背景にある。

　2007年4月欧州理事会は、新たなエネルギー計画を提案し、EU は、域内における電力市場の開放、電力の自由化へと舵を切った。2009年12月発効のリスボン条約では EU エネルギー政策において「連帯」の必要性を強調していた。

　2010年欧州委員会はガスや電力のための単一市場を形成し、2020年までに、EU における石油30％、天然ガス40％、太陽光（熱）、風力、波力、バイオ燃料等の再生可能エネルギーを20％のシェアに向上させ、20％の CO_2 削減を達成することを目標とした。さらに2011年3月東日本大震災での福島第一原子力発電所事故が欧州のエネルギー政策の転換に大きな影響を与えた。

　2011年6月ドイツは「脱原発」の推進を連邦議会で決定した。ドイツの脱原発政策のロードマップでは、原子力発電所の稼働耐用年数は32年と定め、2011年6月直ちに7基の老朽化した原子力発電所を廃炉とする決定をした。発電会社と送電線の施設・管理会社とを別にし．家庭や企業が発電した余剰電力を売却できるような法改正を行った。

　日本での深刻な福島第一原発事故を教訓に、2022年までに脱原発を目指してデンマークも脱原発政策をとり、イタリアも同様に国民投票を経て、脱原発へとエネルギー政策を転換した。しかしフランスやイギリスのエネルギーは、現在でも原子力発電に依存している。EU としては、再生可能エネルギー政策と省エネ政策を打ち出し、各加盟国独自のエネルギー政策を尊重しつつ、EU レベルでエネルギー・ネットワークを構築し、電力やガスも国境を越えて域内諸国間で融通し合う仕組みを EU レベルで構築しつつある。

福島第一原発事故の教訓から、EU/欧州委員会は、EU域内にある143基の原子炉のすべてにストレステストを課し、天変地異やテロのリスクに対してもEUの厳しい安全基準に則り、リスク管理を見直し、危険な原子炉は廃炉とする決定をした。EUの「欧州2020」計画では、2020年までに再生可能エネルギーが全エネルギーの20％を占めるまで開発し、省エネによりエネルギー使用を20％削減するとともに、CO$_2$も20％削減し、雇用拡大をこれに組み合わせていく行動計画を明確化した。

　EUでは、2015年3月欧州理事会の議長結論において、欧州委員会のユンカー委員長が「エネルギー・ユニオン」の対外的次元での重要性を表明し、環境エネルギー・ガバナンスをEUの優先政策課題として位置付けた。これはEUの長期的なエネルギー確保を目指す総合戦略でもある。EUの気候変動対策とエネルギー安全保障の取組みの一環として、エネルギー・ユニオンの構築が設定された。

第4節　EUの循環型経済と地球環境エネルギー政策の課題

　第7次環境行動計画（2014〜2020年）は、経済活動における廃棄物を資源として活用する「循環型経済（Circular Economy）」と、環境調和型経済の重要性に鑑みて、人間の福利向上と資源の利用効率化による「グリーン経済（Green Economy）」を目標に掲げ、加盟国に義務付けている。同計画では、自然資本、低炭素経済、環境リスク、環境法の履行確保、環境専門知の向上、環境投資、環境政策統合、都市環境の持続可能性、国際環境条約の9分野が挙げられ、これらが生物多様性と気候変動対策という2つの政策課題と関連付けられた。同時にこの気候変動対策は、欧州委員会が推進する「競争力をプールし、賢い規制（smart regulation）を行う」とする『グローバル化時代の統合産業政策』（COM (2010) 614 final）とも関係付けられている。すなわち世界レベルで欧州の競争力強化を目指し、電気自動車（EV）、安全性基準、スマートグリッド技術など環境関連で欧州が新産業イノベーションを先導できる分野において、製品、サービス、技術などに「標準化」を行う「欧州標準制度」を設定し、競争力関連の規制や法令の効果を事後評価で検証する包括的戦略をとり、

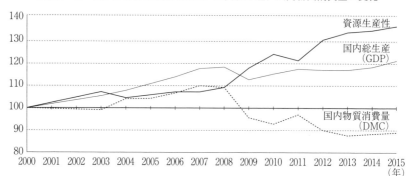

図表 8-3　EU における資源生産性、国内総生産、国内物質消費量の変化

（出典）駐日欧州連合代表部（2016）「EU が取り組む『緑の未来』への投資」EU MAG, 2016 年 9 月号、5／6

環境投資も含めて「欧州2020」の新経済成長戦略の一環としている点が注目される。

　第 7 次環境行動計画の目標達成は現在のままでは困難な状況にあると警告し、2015年12月欧州委員会が発表した「循環経済政策パッケージ（Circular Economy Package：CEP）」では、持続可能な効率的資源利用と原材料、製品、廃棄物を最大限有効活用し、温室効果ガス削減とエネルギーの節約に繋げるとともに、EU は2030年に向けて「循環型経済」を構築し、成長戦略に組み込んでいくことを表明した。これは再生可能資源と枯渇性資源が多様に循環する循環経済社会システムを構築することを目指している。同時に国連 SDGs の目標12「持続可能な消費と生産のパターンを確保する（つくる責任、つかう責任）：Ensure sustainable consumption and production patterns」の以下のような具体的目標とも呼応している。

　EU では、モノやサービスを生産する際、資源の有効活用度を示す指標として、国内総生産（GDP）を国内物質消費量（Domestic Material Consumption：DMC）で除した値である「資源生産性（Resource Productivity）」という新たな指標を導入している。EU 統計局「ユーロスタット」は、EU 全体の資源生産性の向上の推移を、2000年 1 キログラム当たり1.48ユーロであったものが、2015年には35.4％増の2.00ユーロに向上した統計的事実を明示している。

　国際行政学の観点から EU の循環経済モデルが注目されるのは、2018年 1 月

のEUプラスチック戦略で明らかにされたように、EU指令や決定を駆使しつつ、また国際標準化機構（ISO）などとの連携によって、循環経済に関する規格・基準、指標等の国際標準化、あるいは「EU規制の国際化」という行政手法によって欧州企業に市場優位性を与えるEUの成長戦略である。国際規制が行われる前に欧州企業が、製品・設備の保全管理プラットフォーマーとなり、製品・資源・サービスをEU域内で循環させるソリューションを戦略的に企業が提供する。こうしたビジネスチャンスへと結び付ける欧州発社会イノベーションが起きる仕掛けをEUが企図している側面もあると推察される。EUの循環経済モデルは、世界でも最も制度設計能力の高いEU国際官僚の専門的知見を結集した成長戦略の一つであると評価することができる。

　SDGs目標12で示された課題の解決には、環境、エネルギー、資源の制約がある中で、これらを統合し地球規模で循環型経済システムを構築し、環境エネルギー問題に取り組みながら、同時に持続可能な経済成長を図る方法の模索が課題となる。地球環境のグッド・ガバナンスは、国際社会の共通利益、国際公益、地球公共財の提供を目的とする地球規模の規範設定、原則の確立と多角的な国際制度による履行確保を通じて実現される。地球温暖化防止によって気候変動を抑制するためには、多様な法制度を調整した、規制手法の国際制度化とグローバル課税制度も有効である。地球環境エネルギー・ガバナンスには、これらの国際公共政策の手段を有機的に連携させ、国連やEUなどの国際機構がNGOを巻き込み、主権国家と民間アクターの履行確保へと繋げていくことが課題となろう。

〔Further Reading〕
　D・H・メドウズ、D・L・メドウズ、J・ラーンダス、W・W・ベアランズ3世（大来佐武郎監訳）（1972）『成長の限界―ローマクラブ・人類の危機レポート』ダイヤモンド社
　福田耕治（1992）「EC環境政策と環境影響評価の制度化」同『EC行政構造と政策過程』成文堂
　ロレイン・エリオット（太田一男監訳）（2001）『環境の地球政治学』法律文化社
　福田耕治（2009）「グローバル・ガバナンスとEUの持続可能な発展戦略」福田耕治編著『EUとグローバル・ガバナンス』早稲田大学出版部
　昇亜美子（2015）「国際機関との関係」恒川恵市編『大震災・原発危機下の国際関係-

大震災に学ぶ社会科学 第7巻』東洋経済新報社、171-203頁

福田耕治（2018）「グローバル・ガバナンスにおける EU と国連」グローバル・ガバナンス学会編、渡邊啓貴・福田耕治・首藤もと子責任編集『グローバル・ガバナンス学Ⅱ─主体・地域・新領域』法律文化社、108-131頁

横田匡紀（2019）「地球環境の領域における争点化─地球環境ガバナンスの視点から」宮脇昇編著『現代国際関係学叢書　第5巻　国際関係の争点』志學社、173-195頁

21世紀政策研究所編（2019）『CE が目指すもの─Circular Economy がビジネスを変える』21世紀政策研究所

〔設問〕
1　国連システムの地球環境行政の特徴と課題、また、IAEA と日本との東日本大震災後を含む様々な関係とその意義について論じなさい。
2　EU の環境エネルギー政策と循環経済との関係、これらと SDGs の諸目標との関係について論じなさい。

【福田　耕治・坂根　徹】

第 9 章

防災・人道・危機管理政策と国際行政

〔本章で学ぶこと〕
　地震・津波や気候変動に伴う風水害など大規模な自然災害は、世界で多発・深刻化してきている。SDGs の目標11は、「包摂的で安全かつ強靱（レジリエント）で持続可能な都市及び人間居住を実現する」ことを掲げ、貧困層・脆弱な立場にある人々の保護に焦点を当て災害による死者や被災者数を大幅に削減し、直接的経済損失を減らす（11.5）ことを目標としている。本章では、国連システムによる防災対策や自然災害・紛争に対する緊急人道支援及びテロ対策などを、また EU の防災政策や市民保護メカニズム、日本・EU 間の EPA による危機管理ガバナンスの在り方などを学ぶ。

第1節　国連システムの国際防災政策

　国連システムでは、国際防災についての取組みを1990年代から強化している。具体的には、3度にわたり国連防災世界会議（WCDRR）が、1994年の横浜、2005年の神戸、2015年の仙台と開催されてきた。このように、すべての同会議は日本で開催され、かつ、そのうち2回が阪神淡路大震災と東日本大震災の被災都市であったことからも、国連システムの国際防災と自然災害が多い日本との関係の深さが分かる。

　特に第3回の仙台防災会議には、外務省によると、一部元首・首相・副大統領・副首相等や閣僚を含む185の国連加盟国の代表など6500人以上が参加し、関連事業を含めると国内外から延べ15万人以上が参加し、日本で開催された国

際会議としては、参加国数では過去最大であり、参加者数でも最大級の国連関係の国際会議となった。また、単に規模だけでなく、防災の主流化を進める上でも大きな成果となった、とされている。また、同会議では内閣府防災担当大臣が会議の議長となり、政府の関係府省も積極的に関与することにより、日本の災害・防災の教訓・経験などを踏まえて日本が主張した様々な知見が反映されている。例えば、(第2回の神戸会議で採択された「兵庫行動枠組 2005-2015：災害に強い国・コミュニティの構築」に代わる枠組みとして) 仙台会議で採択された「仙台防災枠組2015-2030」(A/CONF.224/CRP.1) が挙げられる。具体的には、先ず、Ⅰ．前文では、災害リスクを減らすために災害への備えの向上と国際協力に支持される「より良い復興 (Build Back Better)」が必要なことや、より広範かつ人間中心の予防的アプローチを取らなければならないことが盛り込まれた。次に、Ⅱ．期待される成果と目標、の後のⅢ．指導原則では、各国は防災の一義的な責任を持つこと、女性と若者のリーダーシップ促進、事前の防災投資は災害後の対応・復旧より費用対効果が高いこと、「より良い復興」による災害後の復旧・復興などが盛り込まれた。さらに、Ⅳ．優先行動では、優先事項1：災害リスクの理解で、関連データの収集・分析・管理・活用、災害が複合的に発生する可能性を含めた災害リスク評価、地理空間情報の活用やサプライチェーンなどが、優先事項2：災害リスク管理のための災害リスクガバナンスで、すべてのセクターにわたる防災の主流化が盛り込まれた。そして、優先事項3：強靱化に向けた防災への投資で、ハード・ソフト対策を通じた防災への官民投資が、優先事項4：効果的な応急対応に向けた準備の強化と復旧・復興段階におけるより良い復興では、土地利用計画の改善を含めた災害予防策や、国際復興プラットフォーム (IRP) などの国際メカニズム強化などが盛り込まれた。また、Ⅴ．ステークホルダー (防災関係者) の役割では、女性とその参加・女性の能力構築、障害者とその組織、学術界及び科学研究機関との連携、企業・業界団体・民間金融機関との連携などが盛り込まれた。

　これらの知見は自然災害が多い日本の世界に対する発信・貢献とも位置付けられ、国連に限らないが、日本で世界会議を開催することの具体的な成果の例といえる。また、このような取組みを通して、日本が自国の将来の大災害への備えの必要性をより客観的に認識し、世界の先進的な防災対策から学ぶ機会も

増え、相互に有益なものといえる。

　このようにして2015年に成立した仙台防災枠組みは、同年秋のSDGsにも目標11（持続的な都市とコミュニティ）のターゲットの一つである11.bの中で「仙台防災枠組2015-2030に沿って、あらゆるレベルで総合的な災害リスク管理の策定と履行を行う」と明記されるなど、SDGs推進の見地からも重要なものと位置付けられている。

　なお、この仙台会議では仙台防災枠組みだけでなく、仙台宣言（A/CONF.224/CRP.2）も採択された。この中では、防災のための努力強化の決意、仙台防災枠組の実施への強い関与、すべてのステークホルダーへの行動の要請などとともに、グローバルな開発アジェンダの中の防災推進に対しての日本の関与への謝意も盛り込まれた。

　国連システムの中で、専ら国際防災の行政機能を担うのは国連防災機関（UNDRR）である。この組織は、従来は1999年に国連総会により発足した国連国際防災戦略事務局（UNISDR）という防災に関する国連活動を調整し、関連の会議開催や報告書の作成など様々な活動を行う機関が、2019年に改称されたものである。この改称により、仙台防災枠組みでも強調されている災害リスクとその軽減の重要性や国際防災担当の事務局組織であるという位置付けも明確になった。なお、この組織のトップには、2018年に防災担当事務次長補兼事務総長特別代表として外交官出身の水鳥真美氏が就任した。

　また、国連システムは地域的な防災協力にも取組んでいる。例えば、自然災害が多い東南アジア地域に対しては、防災管理・緊急対応に関するASEAN協定（AADMER）というASEANの地域的な防災国際行政に協力する形で、ASEAN国連防災管理合同戦略計画が2015年11月に採択された。これは、8つの優先的プログラムから構成されており、各々のプログラムには国連の関連機関が付き、ASEAN側ではASEAN防災管理委員会（ACDM）内に検討グループが設置され、担当責任国も決められた。例えば、安全なASEANインフラ構築と基本的サービス（BUILD）という優先プログラムについては、主導する国連機関はUNISDR（現在のUNDRR）で、ASEANのACDM内に予防・被害抑制検討グループが設置され、責任国はラオスとタイとなった。また、例えば優れた防災管理能力と刷新を伴うASEANリーダーシップという優先プログ

ラムについては、主導する国連機関は国連人道問題調整事務所（UNOCHA）で、ASEAN の ACDM 内に防災管理の知識とイノベーション管理グループが設置され、責任国はインドネシア・シンガポール・ベトナムとなった。国連システム諸機関は、これらの枠組みを通して技術支援や助言を提供する一方、資金支援については日本もアジア開発銀行等とともに多くのプログラムのドナーとなりこれに貢献している（首藤 2018）。

第2節　国連システムの人道・危機管理政策

　国連システムは、第1節で見たような将来の災害に備えた取組みだけでなく、世界各地域で緊急災害対応も実施している。一般に支援の対象となるのは途上国であるが、東日本大震災の後には先進国である日本で、例外的に国連システムの幾つかの機関による危機管理・支援活動が実施された。この東日本大震災の後の国際的な支援としてはアメリカ軍によるトモダチ作戦が最も有名であり、その他、様々な国・地域から人的・物的・資金的な支援が寄せられたことは知られているが、国連システム諸機関の支援はあまり知られていないようである。しかし、第8章で見た IAEA 以外にも様々な機関が日本での支援を実施した。

　先ず、国連世界食糧計画（WFP）は物資の輸送や保管（ロジスティクス）を担い、日本人職員25名を物資支援要員として派遣し、外国からの支援物資の被災地までの輸送や可動式一時保管庫の設置・運営等を実施した。その際、外国からの物資輸送には、WFP が契約している民間輸送会社との輸送支援契約が役立った。この外国からの様々な物資輸送は、被災中の日本自身が十分対応することは困難であるところ、ロジスティクス分野に強い人道支援機関としての WFP の本領が発揮された例といえる。次に、国連難民高等弁務官事務所（UNHCR）は、様々な物資提供を実施した。特にソーラーランプは、電気が使えない状況にあった被災地で、日中屋外に出して充電することで夜間電源として使えたため実用面・心理面・治安面等で重宝された。そして、上述の UNOCHA は震災当日に国連災害評価調整チーム（UNDAC）を派遣したいと申し出、米軍の協力で幾つかの被災地を回った後ほぼ毎日、日本政府の情報を基に正確に

被災地の状況（ニーズの変化や諸外国チームの活動内容等）を海外に発信するため、英文での状況報告書（Situation Report）の作成・発信等を実施した。また、海外 NGO に対しては、来日前に（日本の NGO による国際緊急人道支援活動のサポートを行う）ジャパン・プラットフォーム（JPF）と（国際協力 NGO を支援する NGO である）国際協力 NGO センター（JANIC）に必ず連絡を取り、日本の NGO と連携するよう要請する等の対外情報発信を実施した。さらに、国連児童基金（UNICEF）には震災後に多くの寄付の申し出が相次ぎ、寄付金を通じて水や子ども用の下着の提供といった緊急時の支援が進められた（またその後の学用品やランドセルの配布というバック・トゥ・スクール・キャンペーンや児童・福祉関係施設の復旧支援及び子どもの精神面のケアなどが行われていった）（河原 2017）。日本ユニセフ協会によると、今回の震災により日本国内での支援活動が実施されたのは50年ぶりとのことであり、支援の主体となる日本ユニセフ協会スタッフに加えて海外の現場からも UNICEF の日本人専門家が応援派遣され、被害状況と医療、保健、教育などの分野の支援ニーズを確認するため、震災直後に岩手、宮城、福島の災害対策本部等を訪問し、関係各所との協議に奔走した。そして、震災から 8 日後の 3 月19日には UNICEF の支援物資第 1 便として飲料20トンが宮城県に到着し、その後も水、紙おむつ、お尻ふき、子ども用肌着、靴、玩具などが国内の支援企業や UNICEF 物資供給センターの協力を得て調達された。そしてこれらの物資は、長年にわたる UNICEF のパートナーであり、既に被災各地の避難所などへの物流ルートを確立していた被災地の生活協同組合等の協力によって、迅速に輸送・配布することができたということである。

　さて、危機管理には自然災害後の人道支援活動の調整だけでなく、紛争といういわば人的災害に伴う緊急支援まで様々なバリエーションがある。自然災害から人的災害までを人道支援活動として、特に緊急人道対応能力の強化のために国連では幾つかの調整メカニズムが整備されてきた。その契機としては、1991年の湾岸戦争後にイラクで発生したクルド難民危機があり、国連総会は、1991年12月19日の決議（A/RES/46/182）により緊急人道危機への対応能力を強化することとした。具体的には、自然災害による危機から紛争による複合的緊急人道危機まで国連の対応を調整する責任者としての国連緊急援助調整官

（ERC）の創設、人道支援にかかわる機関の活動調整や政策協議のための人道機関間常任委員会（IASC）の創設、各人道支援機関の資金調達のニーズに効果的に対応するため各機関の資金要請アピールを統合して発出する統一アピールプロセス（CAP）の開始、迅速な緊急人道支援を開始するために資金不足が発生した際に各機関に資金貸与を行う中央緊急貸与基金（CERF）の創設（2005年に贈与基金が新たに設立され CERF に改組）である。そして、湾岸戦争以外にもソマリア、旧ユーゴスラビア、アフリカ大湖地域など、1990年代に発生した深刻な複合的人道危機も踏まえて、国連内での人道支援活動の調整と政策的な整合性・統合の強化が目指されることになり、その結果、1997年に人道問題調整室（OCHA）が1992年開局の人道問題局（DHA）の改組により設立された（中満 2008）。OCHA は現在、国連人道問題調整事務所として、国際的な人道支援活動の調整、緊急支援のための資源動員、人道支援に関連する情報の発信・管理、人道課題についての啓発・理解促進活動、人道問題に関する国際的な政策形成、という幅広い活動を実施している。OCHA 自体は、支援物資や医療サービスの直接の提供は実施していないが、このような様々な人道支援機関の調整機能等を担う組織は、全体としての効果・効率性の確保の観点からも非常に重要な存在といえる。また、IASC は図表 9-1 のように人道支援の主要な分野・機能をクラスターとして11を設定し、クラスターごとにリードエージェンシー（主導機関）を予め置き、調整の実効性を高める工夫もなされている。

　日本は自然災害が多い国であり、上記のような世界の自然災害や紛争に対応する国連システム諸機関の緊急人道支援の経験と工夫は、機関間調整や迅速な緊急人道支援の実施及び海外からの円滑な支援受け入れなどの面で、日本の防災対策を一層向上していくために、参考になるものと考えられる（中村 2008）。

　なお、国連システムが取組む危機管理は、このような自然災害後の救援活動やその他の（紛争起因も含めた）人道問題に限らない。昔に比べてより一層重要になってきている問題として、テロ対策がある。これについては国連自体も、例えば国連の事務所・施設・職員及び PKO 部隊などを標的としたテロ（及び敵対的行為）が増えてきており、その職員や施設の安全の確保が極めて重要になってきているため、国連事務局の中に国連安全保安局（DSS）を設置して対策を強化している。また、世界で発生するテロについても、例えば国連安保理

図表 9-1　クラスターアプローチとリードエージェンシー一覧

	クラスター		リードエージェンシー
1	食料安全保障（Food Security）		FAO / WFP
2	キャンプ調整及び運営 (Camp Coordination / Management)	IDP（紛争起因）	UNHCR
		災害時	IOM
3	早期復旧（Early Recovery）		UNDP
4	教育（Education）		UNICEF / Save the Children（英）
5	緊急シェルター (Emergency Shelter)	IDP（紛争起因）	UNHCR
		災害時	IFRC
6	緊急通信 (Emergency Telecommunications)	処理（Process）	OCHA
		データ（Data）	UNICEF
		セキュリティ（Security）	WFP
7	保健（Health）		WHO
8	輸送（Logistics）		WFP
9	栄養（Nutrition）		UNICEF
10	保護（Protection）	IDP（紛争起因） 災害時	UNHCR
			UNHCR / OHCHR / UNICEF
11	水と衛生（Water, Sanitation and Hygiene）		UNICEF

（出典）外務省ウェブサイト（2015）「緊急・人道支援　国際機関を通じた援助用語説明」

で様々な決議や制裁がなされ、また、反テロリズム委員会（Anti-Terrorism Committee）の設置によるテロ対策や、2006年9月8日の総会決議（A/RES/60/288）で国連グローバル・テロ対策戦略（United Nations Global Counter-Terrorism Strategy）が採択され、2017年には国連事務局内に反テロ事務所（UNOCT）が設置されるなど取組みを強化している。

第3節　EUの防災・災害支援政策と市民保護メカニズム

国連国際防災戦略事務局（UNISDR）の世界各地の災害被害状況報告書によれば、1992年から2012年の10年間に、世界人口の64％、約44億人が災害被害を

受け、約130万人が死亡したという。災害による経済的損失も世界の ODA 支出総額の25年分に相当する２兆ドルにも及ぶ被害額に上っているとされる（「防災・減災に関するグローバルな取り組み：兵庫行動枠組と後継枠組に関する議論」に拠る）。1987年国連総会において「国際防災の10年」が定められたのを皮切りに、1994年横浜で開催された第１回国連防災世界会議では、防災に対する基本認識と６項目の行動計画で構成される防災指針が採択されたが、実際に実施した国は少なかった。2005年１月神戸で開催された第２回国連防災世界会議では、災害による生命の損失、経済的、社会的、環境的、文化的損失の大きさに鑑みて、2015年までの10年間に国際機関、各国が実施すべき防災施策の優先順位と数値目標を含む行動計画「兵庫行動枠組 2005-2015（HFA）」が168参加国で採択された。この行動計画では、災害発生後の支援よりは、事前の防災・減災に力点が置かれた政策となり、持続可能な開発に防災の視点が組み込まれた。しかし、『国連世界防災白書2013』（UNISDR）によれば、防災の視点があったとしても、災害リスクをヘッジするほどの資金投入がないため、十分な成果を挙げる状況にはないとしている。

　2015年１月大洪水でマラウイが被災し、同年３月南太平洋バヌアツ島を史上最大級のサイクロン「パム」が襲い、甚大な被害が出たため、EU をはじめとする国際社会の緊急支援が行われた。その経験から早期警戒システムの導入や災害訓練など地域の組織化、防災計画などによって、国や地域の実情に応じた災害対応能力・強靭性・復元力などレジリエンス（resilience）強化の必要性が強く認識されるようになった。

　2012年12月世界銀行と日本政府が共催した「防災と開発に関する仙台会議」では、自然災害による膨大な経済的損失に鑑みて、国際機構、各国政府、市民社会の代表が参加して、開発計画に防災対策を一体化させた「レジリエントな社会構築」のための課題について協議を行った。EU では、2012年10月欧州理事会と欧州議会に対して、人道援助・市民保護局（ECHO）・危機管理担当のゲオルギエヴァ委員とアンドリス・ピエルグス開発担当委員が共同で「災害対応能力を強化するための EU の手法―食糧安全保障危機の教訓」と題する提案を行い、レジリエンスを「個人や家庭、コミュニュティ、国や地域が内乱などの人災も含めた災害による重圧や衝撃に耐え、適応して迅速に回復する能力」と

図表 9-2　ECHO の防災資金提供

数字でみるECHOの防災資金提供対象

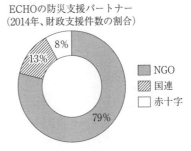

地域／部門	百万ユーロ
アフリカ	50.6
中東、地中海地域	12.8
中南米、カリブ海地域	13.3
アジア、太平洋地域	32.5
世界全体	7.7
市民保護	5.3
総　計	122.2

ECHOの防災支援パートナー
（2014年、財政支援件数の割合）

8%
13%
79%

NGO
国連
赤十字

（出典）駐日欧州連合代表部（2015）「国際社会の防災政策を牽引するEU」2019年7月1日閲覧。

定義付けた。またゲオルギエヴァ委員は、JICA研究所で行った講演で「レジリエンスとはショックに対処する能力であり、その強化には、3方向での投資が必要。耐震構造などのインフラや環境修復のための投資、訓練などにより人的能力を向上させるための投資、そして早期警戒システムの構築を含む組織的能力を強化するための投資である。」（駐日欧州連合代表部、2012年）と力説し、EUの人道支援・開発援助政策に言及した。このEUの手法を要約すると、援助対象国の政策枠組みや戦略にレジリエンス強化を組み込み、早期警報システムの構築、保険業界との協力強化などの以下の5つの提言となる。

①レジリエンス強化をEUの援助資金の重点ターゲットにする。

②効率的かつ効果的な援助のための戦略的アプローチとして、災害に対する脆弱さを生む根本的、構造的問題に取り組み、長期的なコミットメント、緊急人道支援と長期的開発援助の連携化、支援対象地域の状況の急変に即応する柔軟な資金援助、EUその他の援助機関、援助対象国政府、地域機関など援助に係るすべての組織・機関の連携の必要性。

③災害リスク評価の向上とリスク管理の強化。

④国際社会における合意形成の推進。

⑤災害リスク管理の分野で、保険・再保険の斬新な利用法、を提唱する。

以上のような方針に基づく行動計画をゲオルギエヴァ委員は提案した。この方針は、国連の2030年に向けての「持続可能な開発目標（SDGs）」の目標11

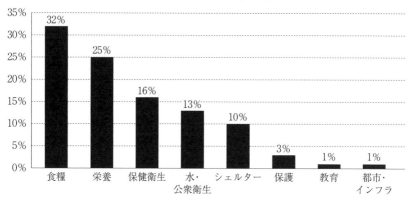

図表 9-3　ECHO の防災基金使途

ECHO防災資金の部門別提供割合

（出典）駐日欧州連合代表部（2015）「国際社会の防災政策を牽引する EU」2019年 7 月 1 日閲覧。

「包摂的で安全かつレジリエントで持続可能な都市及び人間居住を実現する」
にも受け継がれることになった。

第 4 節　EU の災害支援・市民保護メカニズム・人道援助政策と

日本・EU 間の戦略的パートナーシップ協定（SPA）

　EU 域内でも気候変動や都市化などの影響もあり、自然災害の頻度は増大
し、その規模は拡大傾向にある。欧州委員会は、1992年設置された人道援助・
市民保護局（European Commission Humanitarian　Aid Office：ECHO）が災害支援
を担当し、1996年以来「災害支援準備 ECHO 計画（Disaster Preparedness
ECHO programme）」により、域外の防災や域内の市民保護に取組んでいる。

　EU の域内外で自然災害やテロ、原発事故などによって甚大な災害が発生し
た際に、迅速に人道援助を実施するため、2001年「EU 市民保護メカニズム
（EU　Civil Protection Mechanism）」が立ち上げられた。この市民保護制度に
は、EU 全加盟国と域外の 4 カ国（マケドニア旧ユーゴスラビア、モンテネグロ、
アイスランド、ノルウェー）の32カ国が参加する、災害時には必要な物資の提
供、捜索救助チーム、医療支援チームの派遣を行い、緊急援助を行う多国間連

携協力の枠組みである。これにはインフラ修復・整備、防災啓発、早期警報情報の提供を行うなどの活動も含まれる。被災国・地域が甚大な被害を受けた場合、経済的危機に陥り、さらに国境を越えて世界的な危機へと波及することも懸念される。物的、人的、財政的危機に直面する人々への支援には当事国1国だけで対処することが困難な場合も多いため、EUレベルでの被災地域への支援が必要であると考えられたため、このような市民保護メカニズムが構築された。

　EU市民保護メカニズムは、緊急事態対応センター（European Emergency Response Centre：EERC）が中核となっている。東日本大震災時には、EERCの前身である監視情報センター（MIC）がその役割を担っていた。EERCは、世界中の災害発生を24時間体制で監視し、リアルタイムの災害情報収集と分析を行い、被災地のニーズに応じた支援の行い方を迅速に検討・調整し、当事国・地域からの支援要請の窓口となり、当事国と支援国、国際機構、NGO・ボランティア等の調整の役割を担う。欧州委員会は、EU市民保護メカニズムの運営に必要となる参加国の訓練計画の策定と専門家の派遣などの備えとリスク・アセスメントやハザードマップのガイドライン策定など、早期警戒手段の強化、減災・予防への取組みも進めている。

　2014年EU新市民保護法が施行された。これにより災害援助に「緊急対応能力（Emergency Response Capacity）」制度が導入され、加盟国が自主的に専門家や調査団派遣などに対処する観点から、人員や物資を常時準備しておき、緊急時にはEUとして迅速に対応できる信頼性の高いシステムへと改善されてきている。2011年3月東日本大震災の際には、EU市民保護メカニズムの発動によって震災の3日後にはMIC連絡官が状況把握と緊急援助準備のために来日し、3月19日欧州委員会のゲオルギエヴァ人道援助担当委員と専門家を含む15名の支援チームを派遣した。ECHOが支援参加国の調整を図りつつ、日本に対して1720万ユーロ（約2090億円）の資金援助とEUレベルの被災者支援活動が行われた。2020年1月欧州委員会は、新型コロナウイルスの拡大に鑑みて、フランスの要請を受け、EU市民を中国・武漢から退避させる航空機2機の費用を共同拠出するため、EU市民保護メカニズムを発動した。

　EUの人道援助は、①最も弱い立場にいる脆弱な人々の苦しみを取り除く人

道性、②被災地のニーズのみに基づき、被災者に対して公平性を確保し、③政治・経済・軍事その他の目的と無関係に独立性を保ち、④武力紛争の現場においても常に中立性を保つことを活動の原則としている。被災地における EU の人道援助は、ユニセフなどの国連機関や国際赤十字・赤新月社連盟（IFRC）、OXFAM などの NGO を含む200以上のパートナー機関と連携・協力を図りながら援助活動が実施される。

　EU の ECHO による人道支援活動は、ユーゴスラビア紛争で戦禍に苦しむ人々を援助する目的で40人程度の部局を設置されたことから始まった。その後、イラク内戦、クルド難民の迫害やバングラディシュのサイクロン災害など、大規模な人道危機や災害が起こるたびに活動範囲を広げ、2011年現在で300人規模の機関へと拡大し、域外38カ国44の現地事務所に450名が勤務する世界規模の人道支援体制を維持している。現在までに ECHO は、日本での災害支援のほかに、リビア、イエメン、サヘル地域、アフリカの角地域、ハイチなど世界各地で災害支援や人道危機管理のガバナンスに取組んできた。

　2019年2月、日本と EU との間で経済連携協定（EPA）が発効した。さらに、「混合協定」の形態で、EU とその加盟国が日本との間で戦略的パートナーシップ協定（SPA）を締結し、その暫定的適用が開始された。日本・EU 間の EPA は、「危機管理」（第4条）、「テロリズム対策」（第8条）、「腐敗行為及び組織犯罪との闘い」（第33条）、「資金洗浄及びテロリズムへの資金供与との闘い」（第34条）など、犯罪・テロ対策など市民の安全確保も含む包括的な協定である。また SPA 第12条「防災及び人道的活動」では、両締約当事者が「必要があれば両締約国間の協力及び国際的な段階における調整を促進する」（第1項）とし、「サイバーにかかわる問題についての協力」（SPA 第36条）を謳い、日本と EU 及びその加盟国がサイバー空間における人権や個人情報を保護し、それらに関する国際規範の形成・策定や信頼醸成の促進にあたって協力することを規定している（SPA 第36条2項、第39条）。

　現行の EU（リスボン）条約により EU 人道援助政策に条約上の根拠が置かれたことを受け、人道支援に参加する若い人的資源を養成・確保する目的から「欧州ボランティア人道援助隊（European Voluntary Humanitarian Aid Corps）」の創設も検討されている。日本のみならず、世界各地で自然災害や人災が多発

し、大規模化している現在、国連と EU そして日本が牽引する防災・災害対応・危機管理と国際人道援助行政の発展が期待される。

〔Further Reading〕

中村安秀（2008）「被災地を歩きながら考えたこと」・中満泉（2008）「国連人道問題調整室（OCHA）」内海成治・中村安秀・勝間靖編『国際緊急人道支援』ナカニシヤ出版、4 -18頁・36-55頁

河原節子（2017）「東日本大震災における国際支援受入れと外務省の対応」五百旗頭真監修・片山裕編『防災をめぐる国際協力のあり方―グローバル・スタンダードと現場との間で』ミネルヴァ書房、64-82頁

首藤もと子（2018）「ASEAN と国連―補完的関係の進展と地域ガバナンスの課題」グローバル・ガバナンス学会編、渡邊啓貴・福田耕治・首藤もと子責任編集『グローバル・ガバナンス学II―主体・地域・新領域』法律文化社、132-152頁

駐日欧州連合代表部編（2012）「EU の人道援助」（EU MAG 2012年 4 月）・（2011）「東北関東大震災に関する EU の支援」（EUROPE 2011年春号）・（2018）「災害支援の要、EU の市民メカニズムとは？」（EU MAG 2018年 4 月）・（2015）「国際社会の防災を牽引する EU」（EU MAG 2015年 4 月）・（2015）「レジリエントな社会構築に向けた EU の取り組み」（EU MAG 2015年 1 月）・（2012）「EU の人道援助―結束と挑戦の20年」（EU MAG 2012年 4 月）

〔設問〕
1　国連システムによる防災・災害緊急支援と日本との関係について論じなさい。
2　EU の災害支援と市民保護メカニズムの特質について論じなさい。

【福田耕治・坂根　徹】

第10章

国際安全保障・防衛政策と国際行政

〔本章で学ぶこと〕
　SDGs の目標16では、持続可能な開発のために「平和で包摂的な社会」制度の構築を目指している。本章では、国連安全保障理事会（安保理）の説明の後、国連の国際安全保障行政、特に安保理による経済制裁の履行や国連 PKO の展開における国際行政と日本を含む加盟国との関係などについて学ぶ。また NATO との関連で EU は、共通外交・安全保障政策（CFSP）や、欧州安全保障防衛政策（ESDP）を発展させ、共通安全保障・防衛政策（CSDP）を展開してきた。そこで本章では、国連や EU が国際安全保障ガバナンスにどのようにかかわってきたのか、その実態と特質及び課題もあわせて学ぶ。

第1節　国連の国際安全保障政策

　国連及び国連システムにおいて、国際安全保障分野を担っている最も主要な機関は国連安全保障理事会（安保理）である。この国連安保理についてしばしば強調されるのは、安保理の5つの常任理事国の拒否権を含めた権限の強さであり、加盟国が193カ国にまで増えた現在でも依然として非常任理事国の10カ国を含む合計15カ国のみで構成されている安保理の現状を、日本は代表性・正統性・透明性等の見地から問題としている。日本は、2016～2017の2年間、国連加盟国中最多となる11回目の非常任理事国を務めたこと、国連財政への主要な貢献国であること、また、世界で唯一の被爆国であること、等々も踏まえて、特にインド・ドイツ・ブラジルとともに G4というグループを作り、連携

しつつ常任理事国入りを目指している。これには、中ロを含む全ての常任理事国の同意が必須であり、実現可能性は非常に厳しいものの、他の多くの加盟国に対してその意志と意義を主張し、上述のような他地域の主要国と連携してこれに取組み続けること自体にも意義があるといえる。いずれにしても日本は、常任理事国入り（または代替案として、現在の1期2年で連続しての再任はない非常任理事国よりも、より長く安保理に留まれる形態の創設）を目指しつつ、今後も引き続き非常任理事国への就任を目指す方針に変わりはなく、11回目の任期が終わる2017年12月に、2022年安保理非常任理事国選挙（任期は2023〜2024年）への立候補を表明した。これまで日本は、立候補した過去12回の非常任理事国選挙で、1978年にバングラデシュとの第3回投票開始前に立候補を取り下げて落選した以外はすべて当選してきた。途上国の経済成長に伴いアジアの中でも非常任理事国を目指す国が以前よりも今後一層増えていくことが見込まれる中で、日本がこれまでと同じような頻度で非常任理事国を務めるためには多大な努力が必要であるが、国際の平和と安全への貢献に加えて、日本自身の安全保障との関係からも、これに取り組み続ける意義と必要性が認められる。

　さて国連安保理は、5つの常任理事国を含む少数の国連加盟国の討議と意思決定により、国際の平和と安全の維持に関連する政治的な決定が行われる場である。また外務省によると、平和に対する脅威・平和の破壊・侵略行為の存在の認定、制裁措置の決定、次節で見る国連PKO派遣や延長の決定、多国籍軍や地域的国際機構による武力行使の承認、事務総長の選出（総会に勧告）、新規加盟国の承認（総会に勧告）、ICJ裁判官の選出（総会・安保理で選挙）等々がなされる場でもあると説明されている。

　このように、安保理は政治的な決定を担っているが、その決定事項の履行・実施については、国際安全保障分野は主権が密接に関係する機微な領域であることもあり、加盟国の政治的のみならず行政的な協力や行動が特に重要である。この点は、次節で見る国連自身が実施主体となっている国連PKOでも財政面だけでなく人的側面でもあてはまるが、以下では、経済制裁を取り上げ、具体的に日本との関係を含めて、加盟国の政治・行政的な協力や行動の重要性を確認していく。

　経済制裁は、図表10−1にあるように、安保理の中で組織構成上も重要な機

図表10-1　国連安全保障理事会と下部機関の機構図

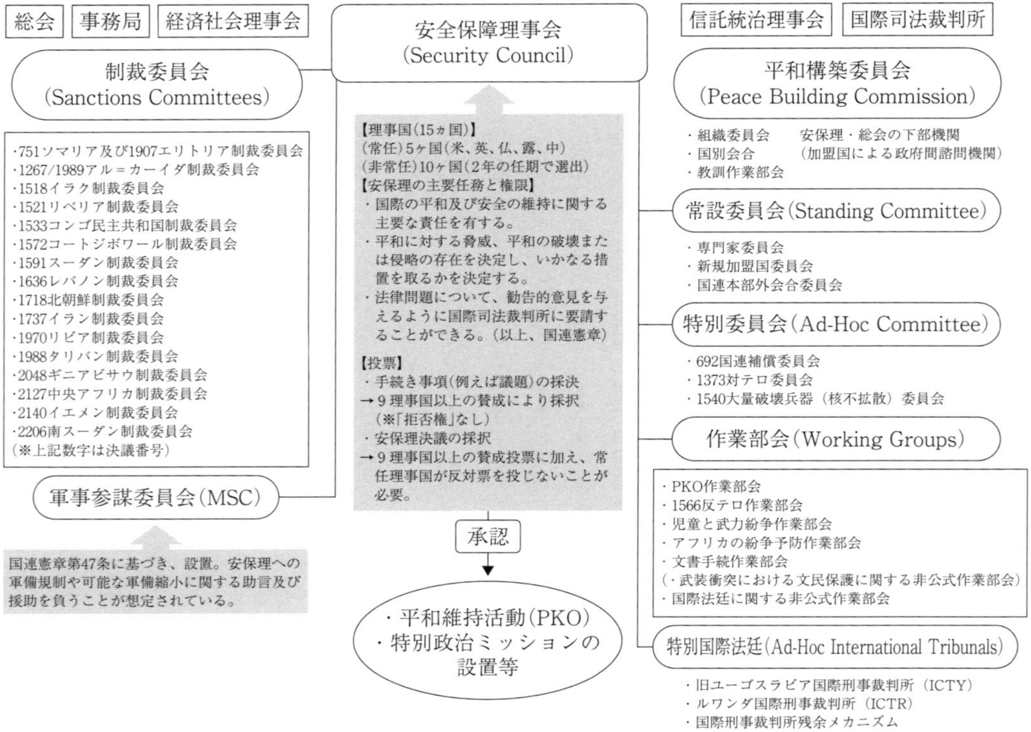

総会　｜　事務局　｜　経済社会理事会　｜　信託統治理事会　｜　国際司法裁判所

安全保障理事会 (Security Council)

【理事国（15ヵ国）】
（常任）5ヵ国（米、英、仏、露、中）
（非常任）10ヶ国（2年の任期で選出）
【安保理の主要任務と権限】
国際の平和及び安全の維持に関する主要な責任を有する。
平和に対する脅威、平和の破壊または侵略の存在を決定し、いかなる措置を取るかを決定する。
法律問題について、勧告的意見を与えるように国際司法裁判所に要請することができる。（以上、国連憲章）
【投票】
・手続き事項（例えば議題）の採択
→9理事国以上の賛成により採択
（＊拒否権なし）
・安保理決議の採択
→9理事国以上の賛成に加え、常任理事国が反対票を投じないことが必要。

平和構築委員会 (Peace Building Commission)
・組織委員会　　　（安保理・総会の下部機関）
・教訓作業部会　　（加盟国による政府間諮問機関）

常設委員会 (Standing Committee)
・専門家委員会
・新規加盟国委員会
・国連本部外会合委員会

特別委員会 (Ad-Hoc Committee)
・692国連補償委員会
・1373対テロ委員会
・1540大量破壊兵器（核不拡散）委員会

作業部会 (Working Groups)
・PKO作業部会
・1566反テロ作業部会
・児童と武力紛争作業部会
・アフリカの紛争予防作業部会
・文書手続作業部会
（武装紛争における文民保護に関する非公式作業部会）
・国際法廷に関する非公式作業部会

特別国際法廷 (Ad-Hoc International Tribunals)
・旧ユーゴスラビア国際刑事裁判所（ICTY）
・ルワンダ国際刑事裁判所（ICTR）
・国際刑事裁判所残余メカニズム

制裁委員会 (Sanctions Committees)
・751ソマリア及び1907エリトリア制裁委員会
・1267/1989アルーカーイダ制裁委員会
・1518イラク制裁委員会
・1521リベリア制裁委員会
・1533コンゴ民主共和国制裁委員会
・1572コートジボワール制裁委員会
・1591スーダン制裁委員会
・1636レバノン制裁委員会
・1718北朝鮮制裁委員会
・1737イラン制裁委員会
・1970リビア制裁委員会
・1988タリバーン制裁委員会
・2048ギニアビサウ制裁委員会
・2127中央アフリカ制裁委員会
・2140イエメン制裁委員会
・2206南スーダン制裁委員会
（※上記数字は決議番号）

軍事参謀委員会 (MSC)
国連憲章第47条に基づき、設置。安保理への軍備規制や可能な軍備縮小に関する助言及び援助を負うことが想定されている。

承認 →

平和維持活動（PKO）
・特別政治ミッションの設置等

（出典）外務省ウェブサイト（資料）(2015)「国連安全保障理事会」3頁

能となっており、様々な制裁委員会が設置されている。この制裁委員会は、加盟国が制裁を遵守しているか、また、制裁違反がないかを監視・調査する委員会であるが、そもそもそのような判断の根拠となる情報についても、加盟国からの提供が重要となっている。

　次に、日本における経済制裁の実施例として、資産凍結等の措置を確認してみる。外為法（外国為替及び外国貿易法）に基づく財務省の資産凍結等の措置一覧の実施根拠からは、（一部「国際平和のための国際的努力への寄与（米、EU等との連携）」もあるが）国連安保理決議が主要なものであることが分かる。また、各々の制裁に関して対象となる個人・団体も特定されている。このような対象者を絞り込み特定した制裁方法は、一般市民の犠牲・損害を回避して保護を進める一方で、本来制裁を受けるべき対象に焦点を絞り戦略的・効果的な措置を科すことを狙いとする「スマートサンクション」と位置付けられる。この「スマートサンクション」導入の背景には、湾岸戦争の後、フセイン政権によるクウェート侵攻のような再度の対外侵略を予防するために、国連がイラクに科した厳しい制裁があった。その副作用としてイラクの一般国民が医薬品・食料不足・飲み水の欠乏などの苦境に直面したことを受けて、イラクの石油を売却することで得られる収入を人道物資の購入などに充てるという人道的な例外措置としての「石油と食糧交換プログラム（Oil for Food Program）」が（同プログラムには様々な問題も存在したものの）萌芽＝最初期の事例とされる（本多 2013）。

　そして、送金規制等の対象の項目数としては、日本に特に直接関係が深い北朝鮮関係が最も多い。このような外為法に基づく経済制裁措置は財務大臣と経済産業大臣が主務大臣であり、両省を中心に行政的な対応がなされている。また、国連安保理の経済制裁全般との関係では、国連安保理を所掌する外務省の総合外交政策局国連政策課も重要であり、同課は2018年4月1日に課内に国連制裁室を設置した。同室は、国連安保理決議に基づく制裁措置の実施・調査及び研究等に関する業務を担当することで、国連安保理決議に基づく我が国の制裁措置の実効性の更なる向上や、国連安保理決議に基づく制裁措置に関する知見の集約に一層努め、また、対北朝鮮制裁を始めとする関連国連安保理決議が完全に履行されるよう、引き続き関係国に働きかけていく、としている。

　このように、国連の経済制裁は、単に国連安保理で政治的に決議が通ったか

らといって、自動的に実効性を伴い発動・遵守されるわけではなく、各加盟国の政治・行政的協力を得て初めて実効性をもつものである。その意味でも、各国の経済制裁遵守に向けた政治的意思、行政能力、また、金融や貿易の取引主体となりうる関係企業など民間も含む多様な主体の世界的な協力が不可欠となっており、まさに、国際安全保障分野におけるグローバルガバナンスの好例といえる。

第2節　国連のPKO政策

　国際安全保障分野で国連が実施している活動として代表的なものに平和維持活動といわれるPKO（Peace Keeping Operations）がある。国連PKOの展開状況は、図表10-2の通りである。

　この図からは、国連PKOは、アフリカへの展開が規模と件数共に多いことが分かる。2018年5月末時点の規模については、軍事要員が1万人を超えるPKOがアフリカには4つ（コンゴ民主共和国・南スーダン・マリ・中央アフリカ）あるのに対して、その他地域では1つ（レバノン）だけである。また数については、世界全体で14のミッションが展開しているところ、アフリカには半数の7つがある。ただ各ミッションができた時期を見ると、アフリカ大陸以外では国連発足当初や冷戦中に開始したミッションが大部分（例外はコソボとハイチのみ）であるのに対して、アフリカのミッションはすべてが冷戦終結後に始まっている。その背景には、アフリカで冷戦後に民族紛争や宗教対立等が増えてきたことだけでなく、冷戦後に米ソの対立がなくなり、安保理でPKOミッションの設立が承認されやすくなったという事情もあった。いずれにしても、冷戦後は文民保護や統治機構・社会再建などもPKOの重要な使命となり、冷戦中の停戦監視を主とするPKOから、複合的多機能的なPKOに変化していった。2000年代以降の国連PKOの特徴として、（大規模かつ深刻な人道危機に当該国家が対処する能力や意思をもたない場合、国際社会がその任務を引き受けるという）保護する責任（Responsibility to Protect）という考え方や、過去にPKOが任務を負っていなかったため人々を救う手立てがないまま撤退を余儀なくされた経験も踏まえて、文民の保護任務が付与されるようになったことや、合意違反に対しては等しく制裁を科すことを辞さない「普遍性原則」を採用した「積極

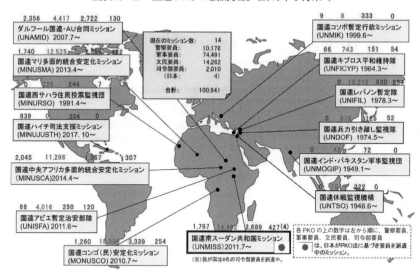

図表10−2　国連 PKO の展開状況（2019年 5 月末＊）

ダルフール国連・AU合同ミッション
(UNAMID) 2007.7〜
2,356　4,417　2,722　130

国連マリ多面的統合安定化ミッション
(MINUSMA) 2013.4〜
1,740　12,525　　　452

国連西サハラ住民投票監視団
(MINURSO) 1991.4〜
0　226　244　7

国連ハイチ司法支援ミッション
(MINUJUSTH) 2017. 10〜
839　　334　0

国連中央アフリカ多面的統合安定化ミッション
(MINUSCA)2014.4〜
2,045　11,286　1,367　307

国連アビエ暫定治安部隊
(UNISFA) 2011.6〜
66　4,016　250　120

国連コンゴ（民）安定化ミッション
(MONUSCO) 2010.7〜
1,260　15,524　3,339　254

現在のミッション数：　14
警察要員：　10,178
軍事要員：　74,491
文民要員：　14,262
司令部要員：　2,010
（日本）：　4
合計：　100,941

国連コソボ暫定行政ミッション
(UNMIK) 1999.6〜
9　8　333　0

国連キプロス平和維持隊
(UNFICYP) 1964.3〜
66　743　151　54

国連レバノン暫定隊
(UNIFIL) 1978.3〜
0　10,215　830

国連兵力引き離し監視隊
(UNDOF) 1974.5〜
0　876　45　52

国連インド・パキスタン軍事監視団
(UNMOGIP) 1949.1〜
0　42　0　45

国連休戦監視機構
(UNTSO) 1948.6〜
0　322　0

国連南スーダン共和国ミッション
(UNMISS) 2011.7〜
1,797　14,462　2,689　427(4)

各PKOの上の数字は左から順に、警察要員、軍事要員、文民要員、司令部要員
● は、日本がPKO法に基づき要員を派遣中のミッション。

（※）我が国は4名の司令部要員を派遣中。

(出典) 外務省ウェブサイト（*但し、文民要員 (UNV) は2019年 4 月、国際・国内文民要員は2018年 5 月の情報）

化」が挙げられる。またその他にも、平和維持と平和構築を繋ぐ「統合化」、国連平和活動に参加する組織の多様化、イスラム過激派武装勢力対策との並行展開、政治解決重視への回帰なども特徴とされる（井上 2018）。

　このような PKO は、国連の枠組みで実施されている。国連安保理で決議され、国連事務局において派遣準備と実施がなされるものの、国連だけでは現場での PKO 活動が開始・遂行できるわけではなく、様々な主体との協力関係が重要である。この点、協力主体としては、個別の国連 PKO の中には、図表10−2のスーダンのダルフールへの PKO に記載があるアフリカの地域機構であるアフリカ連合（AU）やアフリカの様々な準地域機構、また、本章の後の節でも取り上げられている EU や NATO、といった他の国際機関との連携が重要な PKO もあるが、すべての国連 PKO で、とりわけ加盟国からの人的な協力が不可欠となっている。この点は、他の多くの国際行政分野における現場での活動以上に国連 PKO の顕著な特徴である。具体的には、PKO は財政面で加盟国の PKO 分担金に依拠しているだけでなく、人的にも、特に軍事要員・警察要員・司令部要員で加盟国からの要員提供に依拠している。特に軍事

要員は、PKO構成要員全体の概ね4分の3程度を占めている。これらの要員の国別派遣状況は図表10-3の通りである。

図表10-3　国連ミッションへの軍事要員・警察要員・司令部要員の国別派遣状況
（2019年5月末）

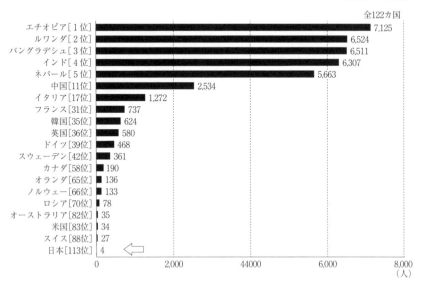

（出典）外務省ウェブサイト

　国連ミッションへの軍事要員・警察要員・司令部要員の上位の主要な派遣国は、アフリカや南アジアの国々となっている。主要な派遣国にアフリカの国々が多いことは、アフリカのPKO展開数が多いことからもよく分かるが、アフリカから遠い南アジアの国々などの他の途上国も多くの要員を派遣しているのは、単に国際貢献のためだけでなく、要員派遣に対する国連からの費用の償還や要員の訓練も背景としてある。また、欧米先進国もある程度の要員を派遣している。東アジア諸国を見ると、中国の11位が注目される。韓国も35位である一方、日本は、南スーダンへのPKO（UNMISS）から軍事要員を撤退させたことで、南スーダンの司令部要員に若干名がいるだけとなったため、113位となった。

　もっとも、日本も冷戦後、複数の国連PKOに対して要員派遣の実績を積み重ねてきた。内閣府の国際平和協力本部事務局によると、1992年の国際平和協力法の成立、施行の後、1992年9月にアンゴラとカンボジア、1993年5月にモ

ザンビーク、1994年3月にエルサルバドル、1996年1月にゴラン高原、1999年7月・2002年2月・2007年1月・2010年9月に東ティモール、2007年3月にネパール、2008年10月にスーダン、2010年2月にハイチ、2011年11月に南スーダン、といった国連PKOへの国際平和協力業務が開始されてきた。日本の自衛隊のPKO派遣は、施設部隊により現地の交通などの公共インフラの復旧・復興を担当することや輸送関連の部隊が多く、施設部隊の工事の質には定評がある。この点は、東日本大震災をはじめ日本国内の大規模災害後の自衛隊による、交通インフラの復旧を含む被災地の支援に対して日本国民の評価が高かったことからも理解が可能であろう。特にハイチへの国際平和協力業務では、2010年1月に発生した大地震による甚大な被害（死者31万人、負傷者約25万人、家屋喪失者80~100万人、370万人が被災者となり、インフラも大きな被害を受けた）を受けて、国連安保理の決議（第1908号）により震災からの緊急の復旧・復興と安定化が現地のPKO（MINUSTAH）に新たな任務として付与された。これを受けて、自衛隊の施設部隊の派遣がなされ、大地震の復興支援のためとして国内的に説明され、非常に迅速な派遣と、がれきの除去、国内避難民キャンプの造成・補修作業、道路の補修作業や軽易な施設建設など、現地での支援活動が実現した（上杉 2018）。

　上述のように、国連PKOだけでも様々なミッションが多くの国の財政面だけでなく人的な支援も得て展開されている一方で、日本では2015年9月に国連PKOで従事可能な業務の拡充（具体的には、いわゆる安全確保業務・いわゆる駆け付け警護・司令部業務等の追加、統治機構への助言・指導の拡充、国防組織の設立・再建援助の拡充等）を含む平和安全法制が成立した。今後は、派遣地域や活動領域のより主体的な選定や部隊派遣に限らず、司令官などの高位ポストでの個人派遣の可能性を確保すること、ODAや能力構築支援や防衛装備・技術協力など様々な政策手段との組み合わせをより一層推進すること、などが課題として指摘されている。いずれにしても、国連PKOには、（軍事的な抑止力の提供という面だけでなく）道路などの社会インフラの整備を通じて派遣先国の国づくりや復興の初期段階を支援する役割や意義も存在する（都築 2018）。社会インフラの整備というこれまでのPKO派遣でも実証されてきた日本の比較優位を発揮しつつ、国連PKOへの要員派遣や人道的な国際救援活動や国際的な選挙監視活動などの国際平和協力法に基づく様々な活動が、国内の世論の理解を得つ

つ、どのような事例の蓄積がなされていくのか、注視していく必要がある。

　加えて、日本からの PKO への貢献という意味では、例えば、PKO への日本企業の物資・サービスの供給も挙げられる。国連 PKO の調達においては、武器等の装備品こそ加盟国に依存しているが、空輸サービス、化学・石油製品、食糧、貨物輸送、車両、通信機器といった PKO のオペレーションに関連する項目は、いずれも企業からその多くを調達している。このような企業の協力・参画なくしては PKO のオペレーションは遂行が困難であるといっても過言ではない。国連 PKO 活動に必要な物資・サービスの日本からの供給増加は、単に日本の経済的利益という観点よりもむしろ、財政的・人的・知的・政策的な貢献と共に、物資・サービスの面での国際機関の活動への寄与・貢献として積極的にこれを捉えることができる（坂根 2008）。例えば、日本からの車両の供給などは従前から定評と実績があり、様々な物資・サービスについてもさらなる供給の拡大が望まれる。

第 3 節　EU 共通外交・安全保障・防衛政策の形成・発展の経緯

　欧州における安全保障問題は、1949 年ドイツ連邦共和国（西ドイツ）が建国され、12 カ国から成る北大西洋条約機構（NATO）が創設された時期から始まる。フランスは当初、西ドイツの再軍備は、共同体加盟国の軍隊で構成される「欧州軍」へと編入することを条件と考えた。そこで 1952 年、欧州防衛共同体（EDC）と欧州政治共同体（EPC）の創設を提案した。1950 年に勃発した朝鮮戦争が 1953 年に休戦に至ると、フランスの国民議会では、1953 年 EDC 及び EPC 設立条約の批准を否決し、これらの計画は頓挫することになった。西ドイツ軍は NATO へ編入し、1948 年創設した西欧同盟（WEU）を欧州諸国の軍事部門として位置付けた。

　1961～1962 年デンマーク大使フーシェが委員長となり、第 1 次・第 2 次フーシェ・プランを発表し、フランスを中心とした政治統合（共通外交・防衛政策）を目指したが、62 年オランダ、ベルギーが反対にまわり、西ドイツとルクセンブルグのみが賛成したに過ぎなかったため、これらのプランも頓挫した。

　1973 年英国が 3 共同体に加盟して以後、同国の提案に基づき外交政策の調整

は、EC の枠外で加盟国政府間協力体制として「欧州政治協力」（European Political Cooperation：EPC）の形態で行われることになった。1973年石油危機の教訓から、欧州諸国が産油国との交渉に際し「一つの声」で対応することが望ましいとする認識に至り、「ユーロ・アラブの対話」が開始された。1974年には、「欧州理事会（EU 首脳協議）」が制度化されたことに伴い、EPC も強化されることになった。

1980年代前半にソ連のアフガニスタンへの軍事介入があり、冷戦の終結（1989年）、湾岸戦争（1990年）、ボスニア・ヘルツェゴビナ紛争（1992〜1995年）、コソボ紛争（1996〜1999年）、コソボへの空爆（1999年）、アフガニスタン空爆（2001年）、イラク空爆（2003年）などが続き、外交・安全保障・防衛の概念も拡張・変容した。そのため、EU の安全保障戦略の構築とその制度的対応を余儀なくされた。

1993年11月マーストリヒト条約（EU 条約）が発効した。同条約の下で外交・安全保障については、政府間協力という制度的特質を維持し、EU に共通外交・安全保障政策（Common Foreign and Security Policy：CFSP）を導入した。CFSP の目的は、EU の共通の価値、基本的利益、独立性の擁護、EU の安全保障の強化、世界平和の維持、国際安全保障の強化、国際協力の推進、民主主義、法の支配、人権、基本的自由の発展・強化にあるとした。EU の安全保障に関するすべての問題がこれらの諸目的、規範的価値とかかわる CFSP の対象分野となり、「共同行動」、「共通の立場」、「宣言」、「政治対話」のいずれかの形態をとることで共同対処することになった。

1998年ブレア英首相とシラク仏大統領は、同年12月サンマロで首脳会談をもち、二国間で「サンマロ宣言」を発表した。同宣言では「EU は、国際的危機に対応するために、信頼性のある軍事力とその行使を決定する手段に裏打ちされた、自律的行動のための能力を保有しなければならい」とした。EU 域外で危機が発生している場合、即時に強力な対応を行う能力を有する必要から、6万人規模の緊急対応部隊を設置した。さらに1999年5月発効のアムステルダム条約では、欧州安全保障防衛政策（European Security and Defiance Policy：ESDP）と名称を変更し、防衛政策を付け加えた。1999年12月ヘルシンキ欧州理事会で緊急展開軍（RRF）を創設し、ペータースブルク任務（PKO 危機管理

活動）に充てることとした。これは新しい軍隊を創設した訳ではない。各国の軍隊をどう割り当てるか、基本的には国家間協力のため、実際に作戦に参加するか否かはケース・バイ・ケースとなる。2004年には、1500人規模の戦闘グループが、導入当時の13から15グループへと増加された。

第4節　EU の規範的パワーと欧州安全保障文化戦略（ESS）
──共通安全保障・防衛政策（CSDP）への発展

　EU と NATO との間では、2001年「NATO・西欧同盟（Western Union）協力」が制度化され、2002年「欧州安全保障・防衛政策に関する NATO/EU 宣言」により双方が戦略的パートナーであることを確認し、2003年「ベルリン・プラス」により、EU と NATO の役割・活動の重複を避け、相互の連携を強化することで合意に達した。

　2003年３月イラク戦争が勃発すると、ブッシュ政権主導のイラク戦争をめぐる米欧間の亀裂、EU 諸国内の亀裂（英国と独仏との対立）が顕在化した。そこで2003年12月ハヴィエル・ソラナ EU 共通外交安全保障政策上級代表は、「よりよい世界における安全な欧州─欧州安全保障戦略（European Security Strategy：ESS）」（ソラナ報告）を発表し、ESDP を導入した。安全保障上級代表のソラナは、「1990年以来、約400万人が戦争で亡くなったが、その90％は非戦闘員であった。1800万人以上の人々が紛争の結果、居住地を追われている。…世界の人口の半数に当たる約30億人が１日２ユーロ以下で生活している。…新たな疾病が急速に拡散する可能性があり、グローバルな脅威となりうる。」と同報告書において指摘する。そこで効果的なマルチラテラリズム（多国間主義）を基調とする EU の規範的パワーに基づく「欧州安全保障戦略文化」アプローチによる外交方針を明確化し、ソフトパワーとハードパワーを併用するやり方を「スマートパワー外交」と名付けた。2004年12月、NATO 主体であった平和安定化部隊の任務を、EU 部隊アルテアが引き継いだ。

　欧州安全保障戦略文書では、EU が自らを国際社会において自律的、戦略的、規範的地位を模索するグローバル・プレイヤーないしアクターであると位置付けた。EU が価値付帯的な「規範的パワー（normative power）」として信頼

できるパートナーシップを図り、国際協力、戦争・紛争予防のための外交政策の手段として、文化戦略、行動計画、人道支援、開発援助、通商、経済制裁、武力行使をも含む「スマートパワー」を展開する決意を示した。その背景には、安全保障の隣接分野が急拡大し、通商、行政、国際犯罪、警察活動、移民・難民政策にまで及び、欧州の安全保障概念が変容し、対象範囲も拡大したことが影響している、とする。

現行リスボン条約第21条は「グローバル・ガバナンスの規範を支える民主主義、法の支配、人権と基本的自由の尊重などEUの規範的価値観にとっての基盤の強化」を謳う。また危機管理の任務（第43条）については、共同武装解除、人道・救難、軍事的助言・支援、紛争予防及び平和維持、平和創造及び紛争後の安定化を含む危機管理における戦闘任務、第三国支援を含む「テロとの闘い」など、NATO加盟国のNATO枠内義務と矛盾しない、と説明している。またリスボン条約第42条7項では、国連憲章第7章第51条に定める集団的自衛権をEU加盟国間で行使することを規定した。図表10-4のようにEU28加盟国中22カ国がNATO加盟国でもあるため、この条項が入れられたと推測される。

EUの規範的価値とソフトパワーの維持、軍事力の行使をも含むEUの国際的影響力の強化により、EUが危機管理能力を高め、2004年「欧州憲法条約草案」を踏襲して、リスボン条約において「グローバル・ガバナンスへ貢献」することを規定した。2005年6月欧州憲法条約（CFSP+ESDP→CSDP制度化案）は廃案となったが、2009年12月にはリスボン条約が発効し、共通安全保障・防衛政策（CSDP）として同条約に位置付けられた。

次にCSDPの機構制度とガバナンスの在り方に焦点を当てつつ、EUにおける安全保障分野と戦略文化の概念の変遷について概観しておこう。その際、CSDPの文民（民生）的な側面（ソフトパワー）と軍事的な側面（ハードパワー）の関係、及び両者を包摂するEUの「スマートパワー論」による危機管理の在り方について、「戦略文化」をめぐる議論をも含めて考えてみよう。

2008年12月アシュトン上級代表は、「欧州安全保障戦略の実施に関する報告」を発表し、2009年12月リスボン条約において、CSDPが規定された。2016年6月モゲリーニ上級代表が「EUの外交・安全保障政策に関するグローバル戦略」及び「国際文化関係のためのEU戦略に向けて」と題する報告書を公表し

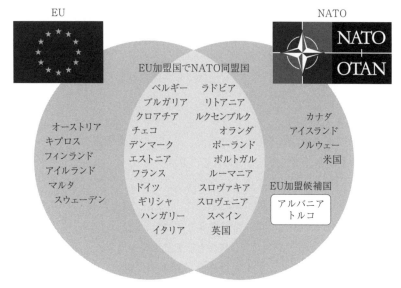

図表10-4　EU と NATO の関係国

EU

NATO

EU加盟国でNATO同盟国

ベルギー	ラドビア
ブルガリア	リトアニア
クロアチア	ルクセンブルク
チェコ	オランダ
デンマーク	ポーランド
エストニア	ポルトガル
フランス	ルーマニア
ドイツ	スロヴァキア
ギリシャ	スロヴェニア
ハンガリー	スペイン
イタリア	英国

オーストリア
キプロス
フィンランド
アイルランド
マルタ
スウェーデン

カナダ
アイスランド
ノルウェー
米国

EU加盟候補国

アルバニア
トルコ

(出典) 駐日欧州連合代表部 (2016) 「初の共同宣言で協力強化を図る EU と NATO」 EUMAG, Vol. 53,
2/5.　2つの円の重なり部分は EU と NATO の両方に加盟する諸国を示している

た。これは、安全保障戦略文化を国際関係の中核に据えるという EU の新文化
戦略を欧州委員会と共同提案し、多国間主義、主要国と主要国際機構との協力
体制の構築を訴えている。EU 部隊は、コソボやアフガニスタンにおいて
NATO 軍の治安維持部隊とともに、警察や司法専門家から成る「法の支配」
ミッションを軍事・非軍事の両分野で展開している。

　欧州評議会（Council of Europe）と人権的価値、欧州安全保障協力機構
（CSCE → OSCE）の専門特化、民主主義的慣行（選挙監視活動など）国連との緊
密な連携協力関係の構築がソフトな安全保障分野における制度的協力とパート
ナーシップとネットワークの存在、及び政治的、戦略的、経済的、文化的プロ
ジェクトとして設計が大切であるとする。EU 外交・安全保障・防衛政策は、
慎重な事前計画とプログラム化されたグローバルな危機管理者となることを目
標とする。現在、EU と NATO との間では、外相レベル、実務者レベルで協
議を重ねるのみならず、EU 対外行動庁（EEAS）の「軍事幕僚部」に NATO
常設チームが入り、NATO の「欧州軍最高司令部（Supreme Headquarters Al-

lied Powers Europe：SHAPE）に EU 班が常設され、円滑な連携体制を構築している。2016年 6 月欧州理事会では、NATO のイエンス・ストルテンベルグ事務総長が出席し、EU と NATO が移民・難民問題やサイバーセキュリティをはじめとする欧州が抱える複合的な脅威に対して共同して取組むことに合意し「EU-NATO 共同宣言」を採択した。これは、ソラナ報告以降の安全保障戦略文化アプローチを中核とするモゲリーニ EU 外務・安全保障上級代表の「グローバル戦力」に基づく国際機構間のパートナーシップ強化の一環でもある。2019年12月前スペイン外相のボレル・フォンデジェスがその後任となり、日本・EU 間の SPA を基礎に、日欧間での安全保障・防衛分野の協力を進めつつある。

〔Further Reading〕

坂根徹（2008）「国連 PKO における民間企業の役割と課題―調達の側面に焦点を当てて」『国際安全保障』第36巻第 2 号、75-96頁

福田耕治編（2009）『EU とグローバル・ガバナンス』早稲田大学出版部

本多美樹（2013）『国連による経済制裁と人道上の諸問題―「スマート・サンクション」の模索』国際書院

福田耕治編著（2016）『EU・欧州統合研究― Brexit 以後の欧州ガバナンス〔改訂版〕』成文堂

井上実佳（2018）「国際平和活動の歴史と変遷」・都築正泰（2018）「国家安全保障戦略としての国際平和協力」・上杉勇司（2018）「ハイチ―地震災害救援から国連PKO への切れ目のない支援」上杉勇司・藤重博美編著『国際平和協力入門―国際社会への貢献と日本の課題』ミネルヴァ書房

〔設問〕

1 現在展開中の国連 PKO から関心のある事例を取り上げ、その概要や意義・課題等を説明するとともに、これまでの国連 PKO への日本の自衛隊派遣の実績と今後の展望について説明せよ。

2 EU の共通外交・安全保障・防衛政策の形成と展開のプロセスを跡付け、「欧州安全保障戦略（ESS）」アプローチの特質との関係を論じなさい。

【福田耕治・坂根　徹】

第11章

国際貿易・金融・経済政策と国際行政

〔本章で学ぶこと〕

　第2次世界大戦後、多角的な貿易自由化、為替相場の安定化、戦後の復興推進、という各々の目的から、関税と貿易に関する一般協定（GATT）、国際通貨基金（IMF）、国際復興開発銀行（IBRD）が活動を開始し、ブレトンウッズ・ガット体制という戦後の国際貿易・金融・経済体制が確立し、自由主義経済圏の形成にも繋がった。これらの政策は、SDGsの目標8・9・10・12などの持続可能な経済活動と密接にかかわっている。本章では、国際貿易について世界貿易機関（WTO）を、また国際金融について国際通貨基金（IMF）と国際開発金融の世界銀行グループを取り上げる。それらの機関が、どのような政治的・行政的な内部組織を伴って国際貿易や国際金融の分野で活動しており、日本を含めて加盟国との関係はどのようなものかを学ぶ。そして、EU/欧州諸国を含む、その後のバーゼルⅢに至る金融ガバナンスの背景、経済ガバナンスや日本とEUとの通商関係、EPAによる日本とEUの間の自由貿易を含む多面的分野の経済連携の在り方を学ぶ。

第1節　WTOの国際貿易政策

　冷戦後、国際貿易分野で自由貿易を牽引してきた国連システムの重要機関は、世界貿易機関（WTO）である。WTOは、国連システム機構図では関連機関に位置付けられており、独立性が高い。本部はジュネーブのレマン湖畔にあり、その規模は事務局組織も含めて小規模である。世界銀行グループやIMFは数千名の職員を擁しているが、WTOの職員は1000名に満たない。WTOの

活動の主役は加盟国政府の担当職員であり、WTO は加盟国が運営する（mem-ber-driven）機関であるといわれている。つまり、WTO の事務局は、加盟各国の貿易交渉や会合の準備や文書作成などの後方支援業務が主な役割となっている（中川 2013）。

　WTO は、図表11－1の組織図にあるように、様々な貿易分野を取り扱っているが、これは、WTO の前身である関税と貿易に関する一般協定（GATT）の時代からの、ラウンド、と呼ばれる多角的貿易交渉の積み重ねの成果である。

図表11－1　WTO の組織図（2018年1月）

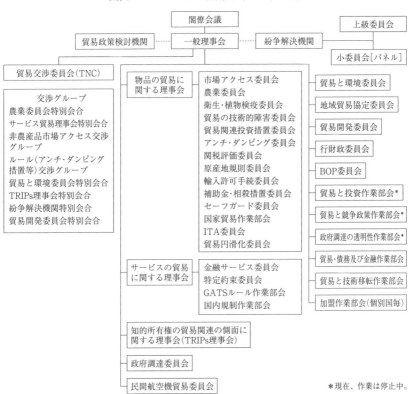

（出典）財務省ウェブサイト

1948年に発足したGATTは、国際貿易機関（ITO）が設立されなかったことに代わって国際貿易機構として活動することになった機関であり、GATTの基になる多角的貿易交渉を含めると、8回の交渉が行われ、交渉参加国が増え交渉分野も広がってきた。その中でも、伝統的に日本でも知られたものは、第6回多角的貿易交渉であるケネディラウンド（1964〜1967年）、第7回の東京ラウンド（1973〜1979年）、第8回のウルグアイラウンド（1986〜1993年）である。第8回のウルグアイラウンドは、マラケシュでの閣僚会議において最終合意文書と添付のWTO設立協定が1994年に採択され、1995年のWTOの発足を実現させたものとして、特に知名度が高い。

日本で開かれた東京ラウンドでは、関税以外の貿易障壁に対する規律の強化が多くの分野で実現した。具体的には、補助金相殺措置、貿易の技術的障害（製品の基準や規格及び適合性評価）、輸入許可手続きなどの分野で、GATTの規定を明確にして規律を強化する協定が結ばれ、アンチダンピング協定の改正も実現した。さらに、図表11-1の中段下の中に示された政府調達委員会や民間航空機貿易委員会に関係する、政府調達分野や航空機分野などの特定分野の貿易に関する取り決めも締結された。もっとも、これらの特定分野の協定については全締約国の賛同は得られなかったので、批准した締約国（主として先進国）の間だけで適用されることとなったため、政府調達協定と民間航空機協定は、複数国間協定と呼ばれており、付属書4としてWTOでも別建てとなっている（中川）。このような選択協定ともいえる複数国間協定以外の様々な協定は、全締約国が守らなければならないものであることが、WTO加盟国の増加と加盟審査の相対的な厳格さも相まって、国際貿易分野のグローバル・ガバナンスでWTOが主要な役割を果たしてきた一つの要因であるといえる。

WTOが発足してからは、1999年のシアトル会合で、2000年からの新ラウンドの立ち上げが予定されていた。しかし、地球環境・労働条件保護との関係で反貿易自由化や反WTOの主張がNGOにより展開され、加盟国の足並みもそろわず頓挫した。ようやく2001年の同時多発テロによる世界経済停滞に対する危機感から、（貿易円滑化、貿易と環境、ウルグアイラウンドからの積み残し案件であった農業・サービスなどを含む）新ラウンドを立ち上げる合意がまとまった（飯田 2007）。この新ラウンドは、2001年のドーハ閣僚会議で、WTOとなってか

らは第1回目、GATTから通算では第9回目の多角的貿易交渉としてドーハラウンドが発足した。しかし、この交渉は、加盟国間の利害対立が解消せず、未だに妥結に至っていない。このようなWTOの多角的貿易交渉の行き詰まりも、近年、日本を含めて世界の様々な国・地域で、経済連携協定（EPA）や自由貿易協定（FTA）の交渉や締結が増えている一因になっている。

　逆に、GATTの時代よりもWTOになり一層活性化してきたのは、WTOの果たす紛争解決機能である。GATTの時代（1948～1994年）の紛争件数は220件であったのに対して、WTOになってからは、2012年末までだけでも既に450件とGATTの時代の2倍を超えるに至った（中川）。その背景としては、WTOと似た以前のGATTの紛争処理の仕組みは、外交・調停重視のシステムで脆弱であり、不利に立った側が手続を途中で止めることが極めて容易であったが、WTOになり、紛争処理の手続が改められたことで、実効性が高まったことがある（飯田）。

　WTOの紛争解決手続は、次のように進められる。まず、二国間協議の後、図表11－1の組織図にある紛争解決機関の下で、国際貿易等の専門家で構成される小委員会（パネル）による検討と上級委員会による検討、という2段階で行われる。パネルと上級委員会により出された報告は、紛争解決機関で採択され、当事国はこの報告に従わなければならない。また、紛争解決手続の自動性ともいわれるように、被申立国は紛争解決に持ち込まれることを事実上止めることはできない。さらに、各段階には所要期間の原則も定められており、分が悪い被申立国による引き延ばしにも限界を設けている。しかも、パネルや上級委員会で出てきた結論が履行されるように、実効性のあるフォローアップの手続も設けられている。

　このように、実効性があり多く活用されてきたWTOの紛争解決手続であるが、最近はこれについても課題が指摘されている。具体的には、定員7名の上級委員会の委員について、上級委員による審理には3名の委員による構成が必要であるが、加盟国間の合意が得られないため2019年に3名に減った。そしてそのうち、アメリカ人とインド人の上級委員がいずれも2019年12月10日までの任期であり、その両名の任期が切れた結果、2020年11月30日までの任期の中国人の上級委員（委員長）のみとなってしまった。このような異例な状況を受け

て、例えば日本は、翌12月11日に「WTO上級委員会の機能停止とWTO改革について」と題する外務大臣談話の中で、「世界貿易機関（WTO）の上級委員会が、12月10日、新規案件の審理を開始できない事態に陥りました。加盟国間では、かねてより上級委員会が紛争の明確かつ迅速な解決を確保するという本来の役割を果たせていないとの強い懸念があります。我が国もこの懸念を共有するとともに、上級委員会の改革は喫緊の課題であると考えています。」などと表明するなど、加盟国からも強い懸念・憂慮及び改革の必要性が強く提起されるようになっていった。

　もっとも、2019年12月に上級委員会の委員がこのような異例の状況となった以前からも、定員の半数にも満たない中での審理となっており、審理遅延だけでなく、審理の後に出てきた報告の結論についても疑義が提起されることが出てきていた。例えば、東日本大震災後の福島第一原子力発電所事故に伴う放射能汚染を理由として、韓国が福島など8県の水産物輸入禁止措置をとったことに対し、日本がWTOの紛争解決を求めた事案がある。日本は、この輸入制限の措置が、食品についてのWTOの衛生植物検疫措置協定（SPS協定）との関係で、科学的根拠に基づいたものでなければならない、というルールに反していると主張した（中川）。この日本の主張はパネルで認められたが、上級委員会では科学的根拠について十分考慮されずに覆されたことなどを受けて、2019年4月の紛争処理機関の会合で、日本は上級委員会の結論に抗議し、アメリカもこれを支持した。その後に開催された2019年6月のG20大阪サミットの成果文書では、WTO加盟国によって交渉されたルールに整合的な紛争解決制度の機能に関して、行動が必要であることに合意する、という点も含む、WTOの機能を改善するため、必要なWTO改革への支持を再確認、という文言が明記された。WTO改革には、この他にも、例えばアメリカは、中国やインドを含む途上国にWTO協定の適用に有利な取り扱いをしている「特別かつ異なる待遇」の対象となる国の数を減らすように求めているなど、様々な論点があり、今後どのようにWTO改革が実現していくか、WTOの実効性や信頼性とも関係することとして注視していく必要がある。

第2節　IMF・世界銀行の国際金融政策

　国際通貨基金（IMF）と国際復興開発銀行（IBRD）は、1944年のブレトンウッズ会議で設立が合意されたためブレトンウッズ機関とも呼ばれる、第2次世界大戦直後から存在した国際金融機関として歴史のある国連システムの専門機関である。現在では、世界における国際金融機関は増加してきているが、IMFとIBRDしか存在しなかった時期が、1956年の国際金融公社（IFC）の誕生まで約10年間も続いていた。IMFとIBRDなどの国際金融機関は、その活動や規模からだけでなく、総務会、理事会、総裁・専務理事及び職員の3つの主要機関の構成及び権限に見られる特色や、出資額に応じた加重表決制度など、他の通常の国際機構には見られない独特の制度の存在も注目されてきた（横田 2001）。主要機関の構成及び権限に見られる特色については、総務会、理事会の構成が国家・国家代表という表現を避け、総務又は理事により構成されることやそれらの代理制度及び任期制度の存在、（全加盟国数よりも非常に数が少なく個人的性格を相当に強くもった理事及び代理によって構成された）理事会の行使する権限の強さと広範さ、また、IMFとIBRDなど多くの国際金融機関の総裁（IMFの場合専務理事）の選任で理事会が専権を有していることなどが挙げられる。そして、国際金融機関は、加盟国との関係で相対的に他の国際機関よりも独立した地位にあるという対内的関係における独立性とは別に、国連のような外部にある組織体との関係という対外的関係における独立性も指摘できる。なお、対外的関係の独立にも関係することとしては、国際金融機関の設立のための協定である基本協定の最終的な解釈権限が、国際司法裁判所（ICJ）のような外部の司法機関ではなく、理事会及び総務会などの内部の議決機関に委ねられていることも特徴といえる。そして、出資額に応じた加重表決制度については、この制度の採用が1国1票を原則とするこれまでの国際機構の表決制度の伝統的な慣行から著しく乖離する特殊な現象であることが、繰り返し指摘されてきた。この点は、IMFとIBRDにより採用されたものが、その後設立された多くの国際金融機関に広まっていった。横田は、このようなIMFとIBRDを典型とした多くの国際金融機関における組織的な特徴を、会社的性格

として位置づけ、これを国際的公共目的実現のために会社的組織を基礎として会社的活動を行う国家間国際機構である「国際公社」と名付けた。国際行政の見地からは、対内外的関係の独立性をはじめとした会社的性格により、国際金融機関の総裁（IMFの場合専務理事）だけでなく国際金融機関の行政的機能を果たす職員も恩恵を受けていることからも、このことは実質的にも意義があるといえる。

　以下では、IMFと、IBRDを含む世界銀行グループの順に、その組織・活動や日本との関係などについて確認していく。

　IMFが注力する為替相場の安定は、以前から世界経済だけでなく国際政治にとっても重要であり、通貨切り下げ競争は、大恐慌だけでなく第2次世界大戦をもたらした国際貿易・金融・経済面の原因の一つにもなった。第2次世界大戦後、世界最大の金保有国となっていたアメリカでは、米ドルと金の兌換を保証することにより、米ドルとの固定為替相場制による金本位制が確立され、ブレトンウッズ体制と呼ばれる為替相場安定のメカニズムが実現した。このような金・ドル本位制はニクソンショックにより崩壊したものの、IMFは、1944年のブレトンウッズ会議で設立が合意された後、戦後現在に至るまで、為替相場制度や多国間決済制度などの国際通貨制度の安定性の確保のために様々な活動を行ってきた。

　IMFによると、そのための活動は多岐にわたっており、各加盟国の政策や、国・地域、そして世界的な経済・金融の状況を、サーベイランス（政策監視）と呼ばれる制度を通じてモニタリングしている。また、加盟国に対し政策助言を行い、世界経済の見通しや、国際金融の安定性、また、国家財政動向、主要経済国の対外資金ポジションなどについて、定期的に分析・報告を行っている。さらに、国際収支の問題が生じている加盟国や生じる可能性がある加盟国への金融支援を実施しており、世界金融経済危機を受けて2009年に融資能力を強化し、低所得国向けの融資財源も大幅に拡大された。加えて、加盟国への関連政策分野の能力開発も実施しており、また、加盟国の準備資産を補完する手段として特別引出権（SDR）と呼ばれる国際準備資産を配分している。

　このようなIMFの組織構造は、図表11-2の通りである。総務会・理事会と専務理事については上で説明したが、専務理事の下の様々な部局が行政機能

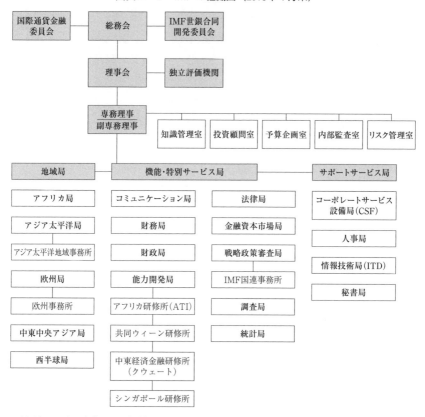

図表11-2　IMFの組織図（2018年4月末）

（出典）IMF（2018）『IMF2018年度年次報告書』73頁。なお右上のIMF世銀合同開発委員会の正式名称は「発展途上国への実質的資源の移転に関する世界銀行および国際通貨基金総務会の大臣級合同委員会」である。

を担っている。その主な構成は、地域局、機能・特別サービス局、サポートサービス局という３つの局であり、加えて、専務理事・副専務理事の下に付属の５つの室が置かれている。これにより、国際金融分野をグローバルに所掌する体制ができている。国連システム相互の関係では、国連との関係で独立性が高いIMFだが、IMF国連事務所を設けるようになっていることが注目される。また、日本との関係では、アジア太平洋地域事務所は東京に置かれていることが関係するだけでなく、日本は主要な出資国の一つ（戦後の経済成長とそれに伴う国際政治上の地位向上の結果、長年アメリカに次ぐ第２位）であり、そのため

理事及び理事代理も輩出している。

　世界銀行グループ（以下、単に世界銀行と略記）は、国際復興開発銀行（IBRD）、国際開発協会（IDA）、国際金融公社（IFC）、多数国間投資保証機関（MIGA）、国際投資紛争解決センター（ICSID）から成り、国連システムで最大の国際開発金融機関である。このような世界銀行の中核である IBRD は、1944年のブレトンウッズ会議で IMF とともに設立が合意され、翌年に協定が発効し、正式に発足した。日本は、サンフランシスコで対日講和条約が調印された翌年の1952年8月、世界銀行に加盟し、戦後の復興に必要な多額の資金の借入を始めた。世界銀行によると、最初の借入は1953年に調印された火力電力プロジェクトに対するもので、1950年代の借入は鉄鋼、自動車、造船、ダム建設を含めた電力開発などに向けられ、1960年代に入ると、道路・輸送セクターが主な対象となり、名神高速道路や東海道新幹線などの建設への借入が行われた。このように世界銀行は、戦後日本の経済成長と社会や基幹交通インフラの発展に大いに貢献したのである。1966年、日本は最後の借入に調印し、日本が世銀から借入れた総額はおよそ8億6300万ドル、31件となり、最後の借入を完済したのは1990年であった。

　この世界銀行は、国連システムの中では独立性が非常に高く、予算・人事・意思決定面で国連本部から独立している一方で、国連や他の国連システム諸機関と様々な協力関係にある。世界銀行は、グローバルな業務展開、資金規模、政策対話能力などで強みを有している。世界銀行の歴史は、第2次世界大戦後の IBRD 発足の後、しばらくは欧州・日本の経済復興支援を中心業務としており、規模も特に大きくはなかった。しかしその後、発展途上国の開発援助に重点を移し、各時代の優先課題やニーズに応じて支援分野の拡大・シフトや、新しい融資スキームの導入、また、機構や人員の拡充などを図り現在に至る。その間に、世界銀行と日本の関係は、被援助国から大口ドナーへと変容を遂げた（大野 2000）。

　そして、世界銀行と日本の関係は格段に成熟し、資金面にとどまらず人材面（日本人職員の増加）や開発戦略の提示（調査研究や融資政策の協議などの協力の進展）を含む多面的な関係へと発展している。日本による開発戦略の提示については、例えばベトナムに対して世界銀行や IMF のマクロ経済面での政策提言

を補完し、実物経済重視や市場補完的介入などの欧米流の開発思想に代わる市場経済化へのアプローチを提示し、長期的な発展戦略を示す中で、産業・貿易政策、国営企業の改革、農業・農村開発、財政金融政策などにも取り組んだいわゆる石川プロジェクトが挙げられる。これは、一時の世界銀行・IMF の画一的な社会・制度的コンディショナリティを課すことではなく、発展段階の多様性と社会の固有性を理解し、様々な制度的工夫を認めながら各途上国の開発戦略作りを進めた、日本の知的貢献の好例といえる（大野）。最近の世界銀行は、一時のような画一的で強力なコンディショナリティ付加の路線を変更しており、それだけ、日本や国連システム諸機関との連携もやりやすくなっている。

　世界銀行の中核を成す IBRD と IDA の組織は図表11 - 3の通りである。この組織図から、総務会・理事会というのが、IMF と同じ構造であることが分かる。日本は、戦後の経済成長とそれに伴う国際政治経済上の地位向上の結果、長年アメリカに次ぐ第2位であり、理事を輩出している。そして本書の SDGs との関係では、2030開発アジェンダ・国連関係・パートナーシップの上級副総裁や、持続可能な開発の副総裁が置かれていることが重要である。また、国際開発金融という見地からは、地域ごとの副総裁ポストの他、開発金融、人間開発、インフラストラクチャー、公正な成長・金融・組織、業務政策・被支援国サービスなどを担当する副総裁ポストが置かれていることも注目される。

　世界銀行は、この組織図からも分かるように、現在では様々な分野で幅広く活動を行っている。しかし、伝統的に主要な活動形態は公共インフラなどへの融資プロジェクトであり、この重要性は最高経営責任者（CEO）傘下にインフラストラクチャーの副総裁ポストが置かれていることからも確認できる。

　国際開発金融機関としての世界銀行の役割で興味深いのは、世界銀行は単にプロジェクトを承認し融資を実行するだけではなく、そのプロジェクトの執行をも厳格に監視・支援していることである。この点、プロジェクトの実施主体は通常、融資を受ける途上国政府等であるが、世界銀行はそのプロジェクトが計画通り円滑に進んでいるかを厳しく監視し、問題があれば是正を求め、また支援する。その中には、融資資金の多くが費やされている、インフラストラクチャー構築のための工事の調達（procurement）への監視・支援も含まれる。世界銀行の融資プロジェクトでは、調達はその実施に不可欠なプロセスとなって

図表11−3 世界銀行（IBRDとIDA）組織図（2019年4月9日現在）

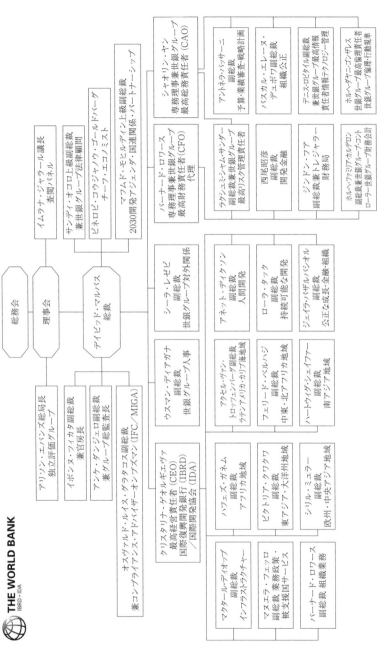

THE WORLD BANK
IBRD・IDA

総務会

理事会

デイビッド・マルパス
総裁

アリソン・エバンス総局長
独立評価グループ

イボンヌ・ツィカタ副総裁
兼官房長

アシュカ・ダンジェロ副総裁
兼グループ監査長

オスワルド・ルイス・グラタコス副総裁
兼コンプライアンス・アドバイザー・オンブズマン（IFC/MIGA）

イムラナ・ジャラール議長
査閲パネル

サンディ・オコロ上級副総裁
兼世銀グループ法律顧問

ピネロピ・コウジャノウ・ゴールドバーグ
チーフ・エコノミスト

マフムド・モヒルディン上級副総裁
2030開発アジェンダ・国連関係・パートナーシップ

シャオリン・ヤン
専務理事兼世銀グループ
最高総務責任者（CAO）

バーナード・ロワーズ
専務理事兼世銀グループ
最高財務責任者（CFO）
代理

クリスタリナ・ゲオルギエヴァ
最高経営責任者（CEO）
国際復興開発銀行（IBRD）
／国際開発協会（IDA）

ウスマン・ディアガナ
副総裁
世銀グループ人事

ラクシュミ・シャム・サンダー
副総裁兼世銀グループ
最高リスク管理責任者

西尾昭彦
副総裁
開発金融

ジンゴン・フア
副総裁兼トレジャラー
財務局

ジェイムズ・イアン・サルバ
副総裁兼世銀グループ
公正な改革・金融組織

ジーラ・レゼビ
副総裁
世銀グループ対外関係

アネット・ディクソン
副総裁
人間開発

ローラ・タック
副総裁
持続可能な開発

ジェイラ・パゼルバシオル
副総裁
公正な成長・金融組織

ハフェズ・ガネム
副総裁
アフリカ地域

ビクトリア・クワクワ
副総裁
東アジア・大洋州地域

シリル・ミュラー
副総裁
欧州・中央アジア地域

アクセル・ヴァン・
トロッツェンバーグ副総裁
ラテンアメリカ・カリブ海地域

フェリード・ベルハジ
副総裁
中東・北アフリカ地域

ハートウィグ・シェイファー
副総裁
南アジア地域

アントネラ・バッサー
副総裁
予算・業績審査事務計画

パスカル・デュポー・
デュボワ副総裁
組織公正

デニス・ロビン副総裁
兼世銀グループ最高情報
責任者情報テクノロジー管理

ホセハウアリア・カルデロン
副総裁兼世銀グループ最高倫理責任者
ローリ世銀グループ倫理・企業責任

マクター・ルーブ・ディオップ
副総裁
インフラストラクチャー

マヌエラ・フェッロ
副総裁 業務政策・
被支援国サービス

バーナード・ロワーズ
副総裁 組織業務

アウセル・ヴァン・
トロッツェンバーグ副総裁
予算・業績審査事務計画

バスカル・エリーズ・
デュボワ副総裁
組織公正

デニス・ロビン副総裁
兼世銀グループ最高情報
責任者情報テクノロジー管理

（出典）世界銀行東京事務所ウェブサイト

いる。つまり、いくら十分な量の融資資金が確保され、よく練られたプロジェクト案が迅速に承認されたとしても、必要な物資・サービス等の確保なくしては、プロジェクトの完成は実現されない。また、調達はこのように融資目的の実現に必須であるのみならず、不正防止や効率的な資金執行の見地からもその規律は重要である。世界銀行は、世界銀行自身の調達ガイドラインや貸付一般条項、また、借入国との間の貸付協定等や世界銀行の設立協定の関連条項などを用いながら、借入国の調達や不正防止など関連の国内法も状況に応じて活用する（坂根 2011）。そのために、世界銀行は本部だけでなく、借入国にも職員を派遣し、十分な行政的なプレゼンスを伴う形で調達のプロセスをはじめとする融資プロジェクト全体の監視・支援を行っている。このような履行体制の整備も、世界銀行の融資プロジェクトの焦げ付きが少なく、プロジェクトの完了と融資資金の返済が円滑に進みやすく、結果的に国際金融機関としての市場の評価が非常に高い一因ともなっている。

第3節　欧州の国際金融ガバナンスと危機対応

⑴　国際決済銀行の設立と第2次世界大戦までの政治経済的背景

　金融に係る国際制度は、E.H. カーが『危機の20年：1919―1939』と呼んだ両世界大戦の間の時期に設立された。W. ウイルソン（民主党政権）が第28代大統領就任直後、1913年「米国連邦準備制度理事会（Federal Reserve Board：FRB）」が英国のロスチャイルド、ロックフェラー、モルガン等の金融資本家の支援を得て設立され、民間組織ではあるが米国中央銀行とされた。1931年国際決済銀行（Bank for International Settlements：BIS）が、中立国スイスのバーゼルに本部を置く形で設立された。ゼネラル・エレクトリック（GE）会長であったO. ヤングがこの銀行の設立委員会委員長となり、ロックフェラー財団系のFRB 総裁 G.W. マッキラーも主要メンバーとなった。国際決済銀行設立の表向きの目的は、第1次世界大戦後ドイツからの賠償金支払いを円滑化することとされたが、実際上は次の第2次世界大戦に向けての戦費調達、軍事物資の決済に同銀行を役立てることが念頭にあった。つまり国際決済銀行は、敵・味方を超えてドイツのヒトラー総督、イギリスのチャーチル首相、アメリカのルーズ

ベルト大統領も合意の上、国境を越える通貨・金融、決済を目的として設立された。1931年同時に締結されたハーグ条約では、戦時・平時にかかわらず、国際決済銀行に預託された金地金は、いかなる諸国家政府も没収できないことが合意され、戦争の結果（勝敗国）にかかわらず、金融資本の利益だけは確実に保護される仕組みが作られた。

　第2次世界大戦を経て大量の金地金をアメリカに集積させ世界最富裕国となった後、前述のように米ドルを世界基軸通貨とするブレトンウッズ体制を、戦後の国際金融制度とした。1985年プラザ合意を経て、円安・ドル高の是正が行われたが、その効果が大き過ぎた結果、1990年代以降の日本はバブル経済へと突入していった。日本企業が、アメリカの不動産を買い漁り、ロックフェラービルまでも購入できるほど資金力をもつに至ったが、その後グローバル金融の国際規制規範の設定とその実施によって日本はバブルの崩壊へと向かった。

　1988年バーゼル銀行監督委員会が、バーゼル合意、バーゼル規制、BIS規制として知られるグローバル金融の規制強化に乗り出した。バーゼル銀行監督委員会の常設事務局は、民間団体である国際決済銀行（BIS）である。1988年「バーゼルⅠ」に、国際業務に携わる銀行間の競争上の不平等を軽減する目的から、銀行の自己資本比率の測定方法、自己資本比率の最低基準（8％以上）とすることを定めた。2004年「バーゼルⅡ」では、①最低所要自己資本比率規制（リスク計測の精緻化）、②銀行自身による経営上必要な自己資本額の検討と妥当性の検証、③情報開示の充実を通じた市場規律の実効性向上を目指した。

　さらに2017年「バーゼルⅢ」では、世界金融危機を契機に、新しい規制枠組み導入と自己資本比率規制の厳格化を規定することになった。つまり、BIS規制の国際規範は、民間団体が形成した国際規制規範であるため法的拘束力のないソフトローにすぎないが、各加盟国レベルでの国内法制化を通じてハードローによって確実に履行確保がなされるガバナンスの形態をとったのである。

(2)　欧州債務危機以後の EU 金融と経済ガバナンス

　2008年のリーマンショックを経て、欧州諸国は、PIIGS（ポルトガル・アイルランド・イタリア・ギリシャ・スペイン）諸国を中心に欧州債務危機に陥った。2009年以降、ギリシャ危機を皮切りに2010年代前半「欧州債務危機」とこれに

続く「ユーロ危機」がEU統合の行方にとって大きなリスクを招くことになった。

　まずギリシャ危機の背景を簡単に見ておこう。2009年10月ギリシャでは、新民主党（中道右派）から全ギリシャ社会主義運動党（左派）へと政権交代が起こった。パパンドレウ新政権は、前政権の財政統計データの不正をあばき、財政収支GDP比で2008年度は5％と発表していたのを7.7%へ、2009年度は3.7%としていた単年度の財政赤字を12.5%へと正しい数値に改め公表した。この報道は、市場の不信を招くことに繋がり、ヘッジファンドと投資銀行が市場の歪み・法規制の歪みを捉え、ギリシャ国債の信用リスクに対する保険の役割を果たすデリバティブ契約の金融派生商品（Credit default swap：CDS）及びギリシャ国債の「空売り」を通じてギリシャ経済を狙い撃ちして債務危機に至らせた。

　欧州債務危機とそれへのEUの対応はいかなるものであったのだろうか。

　経済・金融危機によって欧州経済は2極化が起こった。一つは、深刻な危機諸国でGDPの低下と雇用の喪失、高失業率が継続し、不動産バブルの崩壊と失業率高止まり、巨額財政赤字と財政再建の困難さ、労働市場の硬直性と相俟って国際競争力の低さが露見した。他方で好況のドイツ及び北欧諸国では、移民・難民問題、反EU統合・極右政党の躍進・デモクラシーの危機が懸案事項となったが、GDPの低下に比して雇用は減少していない。労働市場の弾力性、労働賃金の抑制効果、危機への反応が債務危機国では非対称であったため、ユーロ圏分裂を回避する必要があった。欧州委員会は各国に財政政策と経済政策の協調のため、半年ごとに欧州委員会へ報告させる「欧州セメスター制」を導入し、Six Pack提案、安定成長協定（SGP）の改正、各加盟国に年金支給開始年齢の引き上げなどを推奨した。

　2011年7月「欧州経済安定化メカニズム（ESM）条約」を締結し、同年12月Six Packが発効した。財政条約を欧州理事会で合意し、救済策と恒常的な金融支援枠組み、安全網としてヨーロッパの金融安定化を目指し、EUのうちユーロ導入済みの17カ国が融資枠：5000億ユーロ（約51兆円）（修正）とし、暫定措置であった「欧州金融安定ファシリティ（EFSF）」の後継として、2013年9月から恒常的な「欧州安定メカニズム（ESM）」と呼ばれる金融支援機関を設置した。

欧州債務危機への対応からEUの「経済ガバナンス」と呼ばれる国際規範が形成された。これは英国とチェコを除く、EU25加盟国間で合意された経済・財政規律の強化・調整を目的とする財政枠組みであり、2012年3月EUの枠外で「経済通貨同盟における安定、調整及びガバナンスに関する条約（通称、財政条約）」(2013年1月発効) を締結し、これを法的根拠としてハードローによる「経済ガバナンス」のための制度構築が行われた。財政条約によって、ユーロ導入以降、形骸化してきた「安定成長協定」(1997年) を見直し、過剰財政赤字が確認された場合の対処手続が具体化され、ほぼ自動的に当該加盟国に適用され、履行確保を強制する仕組みが構築されるに至ったのである。

第4節　日本・EU間の通商関係

　自国第一主義を掲げる米国トランプ政権と中国習近平政権との間の貿易関係の対立が深刻化する中で、日欧間における自由貿易協定（FTA）締結による経済協力体制の構築が注目されている。

　2018年7月17日安倍首相は、トゥスク欧州理事会常任議長及びユンカー欧州委員会委員長との間で、日本・EU間の「経済連携協定（EPA）」及び「戦略的パートナーシップ協定（SPA）」に署名した。

　図表11-4に示すように、日欧を合わせると、総人口6億4000万人、世界のGDPの約28％、世界貿易の約37％を占める世界最大規模の先進国による自由貿易圏が誕生したことの政治経済的な意味と課題、今後の展望について考えてみよう。

(1)　EPAの目的と概要

　EPAの目的は、相互の市場開放、貿易・投資の活性化、雇用創出、企業の競争力強化と経済成長にある。米国トランプ外交、英国のEU離脱（Brexit）の影響から、自国第一主義と保護主義的な諸国家の増加はこれ以上看過できない。グローバル経済のガバナンスでは、特に貿易と集合行為問題を解決しようとする意思と手段が欠落し、危機に瀕している。こうした状況下で、日・EU間のEPAが貿易や投資の自由化を進め、多角的自由貿易体制を維持し、発展

図表11 - 4　世界における日本と EU の人口・GDP/ 貿易シェア

人口（2017年）
日本＋EU=8.5%（6 億人）

GDP（2017年）
日本＋EU=27.8%

貿易（輸出＋輸入）（2017年）
日本＋EU=36.9%

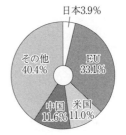

	人口 (2017年、100万人)	シェア
日本	127	1.7%
EU	512	6.8%
米国	326	4.3%
中国	1,386	18.4%
その他	5,179	68.8%
世界	7,530	―

出典：World Bank,World Development
Indicators, May.21, 2018

	GDP (2017年、10億ドル)	シェア
日本	4,872	6.1%
EU	17,309	21.7%
米国	19,391	24.3%
中国	12,015	15.0%
その他	26,279	32.9%
世界	79,865	―

出典：IMF, World Economic Outlook
Database, Apr.2018

	貿易(輸出+輸入) (2017年、10億ドル)	シェア
日本	1,369	3.9%
EU	11,705	33.1%
域内	7,468	21.1%
米国	3,888	11.0%
中国	4,112	11.6%
その他	14,309	40.4%
世界	35,384	―

出典：IMF, Direction of Trade
Statistics, May.25, 2018

（出典）ジェトロ（2019）『日 EU・EPA 解説書』4 頁

させようとする強い意思を世界に示した意義は大きいといえる。

　EPA の全体像を概観しておこう。EPA は、図表11 - 5 に示すように、総則、物品貿易、原産地規則・同手続、関税関連事項・貿易円滑化、貿易上の救済、衛生・植物検疫措置、貿易上の技術的障害、サービス貿易・投資自由化・電子商取引、資本移動・支払い・資金移転・一時的セーフガード措置、政府調達、競争政策、補助金、国有企業・特権付与企業・指定独占企業、知的財産、企業統治、貿易・持続可能な開発、透明性、規制に関する良い慣行・協力、農業分野協力、中小企業、紛争解決、制度規定、最終規定の全23章と関連附属書等から構成され、日本語及び英語を含む EU23公用語が正文とされる。

(2)　EPA をめぐる日本・EU 関係

　日本にとって EU は、輸出の約11％、輸入の約12％を占める重要な貿易相手

図表11－5　日本・EU の EPA の全体像

日－EU における章	内　容
第 1 章　総則	本協定の目的、用語の定義、WTO 協定との関係
第 2 章　物品の貿易	個別品目の関税撤廃、削減、その他物品貿易に関するルール
第 3 章　原産地規則及び原産地手続	本協定に基づく特恵関税が適用される原産品の要件、手続
第 4 章　税関に係る事項及び貿易円滑化	税関手続の透明性確保、簡素化等
第 5 章　貿易上の救済	輸入急増の場合等における緊急措置（セーフガード、AD 等）
第 6 章　衛生植物検疫（SPS）措置	SPS 措置に係る手続の透明性向上
第 7 章　貿易の技術的障害（TBT）	強制規格等を導入する際の手続きの透明性向上
第 8 章　サービスの貿易・投資の自由化及び電子商取引	サービス貿易・投資に関する内国民待遇、電子商取引のルール（注）
第 9 章　資本移動・支払及び資金の移転並びに一時的なセーフガード措置	資本の移動等に関し、原則自由な移動を確保
第10章　政府調達	WTO 政府調達協定をベースとした、協定で定める調達の手続の透明性等
第11章　競争政策	反競争的行為に対する適切な措置、協力等
第12章　補助金	補助金に関する通報や協議、一部の補助金の禁止等
第13章　国有企業、特別な権利又は特権を付与された企業及び指定独占企業	国有企業等の物品・サービスの購入についてのルール
第14章　知的財産	知的財産権の保護、地理的表示（GI）保護
第15章　企業統治（コーポレート・ガバナンス）	株主の権利や取締役会の役割等に係る基本的要素
第16章　貿易及び持続可能な開発	貿易と持続可能な開発に関わる環境や労働分野にかかる協力等
第17章　透明性	協定の対象となる事項に関する法令等の速やかな公表等
第18章　規制に関する良い慣行及び規制に関する協力	各締約国・地域内規制の透明性向上、規制にかかる協力
第19章　農業分野における協力	農産品・食品の輸出入の促進、協力
第20章　中小企業	中小企業に関する情報提供等の協力
第21章　紛争解決	協定の解釈等に関する日 EU 間の紛争を解決する際の手続
第22章　制度に関する規定	本協定運用のための合同委員会設置等の体制
第23章　最終規定	効力発生、改正等に係る手続、協定の言語等

（注）投資保護と投資紛争解決については引き続き協議
（出所）外務省資料をもとに作成
（出典）ジェトロ（2019）『日 EU・EPA 解説書』5 頁

であり、欧州諸国は第1位の投資元、米国に次ぐ第2位の投資先でもある。EPAによって日本産品のEU市場へのアクセスは、工業製品のEU側関税が即時撤廃され、乗用車の関税も8年後には撤廃されることになっている。農林水産品、酒類もEU側の関税撤廃により、日本産品のEUへの輸出拡大に向けた環境が整備される。GI（地理的表示）相互保護措置（日本側GI-48産品、EU側GI-71産品）による農林水産品、酒類のブランド価値の保存・向上などで相互に市場拡大が見込まれる。

　EU産品の日本市場へのアクセスでは、日本側関税撤廃率は約94％（農林水産品82％、工業品等100％）に達し、コメは関税撤廃・削減等の対象外とされた。日本にとってEPAの経済効果は、実質GDPを約1％（約5.2兆円）押し上げ、雇用を約0.5％（約29.2万人）増加させることが期待されている。

　日・EU間におけるEPAによる自由化の範囲は、モノの輸出入のみならず、投資やサービス、さらには「人」の国境を越えた経済活動を含む広範な分野に及ぶ。日EU-EPAでは、サービス貿易・投資分野が規定されるが、投資については本協定から切り離し、別途両者間で協議することになった。サービスに関連するEUの一般データ保護規則（GDPR）の下、個人データの保護水準を相互に認定することで日欧が一致し、EUから日本への個人データの域外移転を例外的に認める「十分性認定」が欧州委員会によって既に行われている。

　人の越境移動に関する課題も少なくない。安倍政権の新成長戦略において、観光推進政策とEPAの枠組みの下、看護師、介護士や留学生、特区における事実上の単純労働者（技能実習生）の受け入れ、観光、医療ツーリズムによるインバウンドの経済波及効果などプラス面ばかりが声高に叫ばれている。しかし年間3000万人近くの外国人の訪日者、及び国内居住者（256万人）の急増に伴い、24時間患者受け入れに必要な医療コスト（医療機関の未収金は30％に及ぶ）や救急車利用の増大、外国人就労者の呼び寄せ家族のニーズ（フリー・ライダー）への対応を含め、社会保障費がわが国の将来の税負担や社会保障経費の増大・圧迫を招き、その結果、医療や介護の質の低下、さらには制度や財源自体の崩壊に繋がりかねない不安もある。欧州諸国で現在問題となっている移民受け入れ増加は、国民の分断、自国民優先主義、排外主義的ポピュリズムの台頭など、わが国も同様の政治的不安定化のリスクが高まる懸念もある。

急増する訪日外国人、在留外国人について、患者と医療者間での意思疎通にボランティアの医療通訳に頼る現実、支援制度の未整備、財源問題など「医療の国際化」対応が要請されている。「市民社会との対話」をも含め、経済的問題以外にも訪日者や外国人居住者のための診療契約などの法的支援、災害支援、言語・教育支援、異文化コミュニケーションをめぐる課題も少なくない。このような現実に鑑みて、EPAの功罪を十分に検証し、将来の日本社会の在り方を予見しつつ、政策的対応の検討が喫緊の課題となる。それゆえFTA、EPAのメリットだけに注目するのではなく、日本の社会保障制度と財政の持続可能性にかかわる外部不経済問題、そのマイナス面の事前評価をも含めた「予見的（anticipatory）」ガバナンスが不可欠となろう。

〔Further Reading〕

大野泉（2000）『世界銀行―開発援助戦略の変革』NTT出版

ジャン・トレップ（駒込雄治・佐藤夕美訳）（2000）『国際決済銀行の戦争責任』日本経済評論社

横田洋三（2001）『国際機構の法構造』国際書院

飯田敬輔（2007）『国際政治経済』有斐閣

坂根徹（2011）「世界銀行の開発援助プロジェクトにおける調達を規律する法構造の解明―国際機構法の枠組みを用いての考察」秋月弘子・中谷和弘・西海真樹編『人類の道しるべとしての国際法―平和、自由、繁栄をめざして』（横田洋三先生古稀記念論文集）国際書院、555-580頁

中川淳司（2013）『WTO―貿易自由化を超えて』岩波書店

福田耕治（2018）「日本・EU経済連携協定の課題――予見的ガバナンスの視点から」読売オンライン、2018年10月1日

〔設問〕
1　WTO・IMF・世界銀行の各々と日本との関係について、任意の側面・視点（複数も可）を設定し、3機関を比較しつつ論じなさい。
2　日本・EU間のEPAの特徴と課題について論じなさい。

【福田耕治・坂根　徹】

第**12**章

移民・難民・国際人権政策と国際行政

［本章で学ぶこと］

　グローバリゼーションの進展に伴い、地球的規模で国境を越える人の移動が活発化している。人の越境移動はなぜ起こるのだろうか。人の越境移動には、SDGsの目標1（貧困）、4（教育）、5（ジェンダー）、6（水・衛生）、10（不平等）、12（持続可能な生産と消費）などの多様な要素がかかわる。冷戦後の1990年代以降、移民・難民の移動が増加した。このような現代のグローバルな人の移動は、受入国の入国管理、経済・産業政策、安全保障、移民の選択、労働政策、社会保障政策、保健・医療政策、教育政策に影響を与え、移民の送出国と受入国との関係、国際人権保障等の問題、これらを支える国際制度の存在などとも密接にかかわっている。本章では、特に UNHCR の難民・国内避難民支援の国際行政や EU の移民・難民支援の国際行政について、移民・難民問題の背景と現状を含めて学ぶとともに、国連を中心とした国連システムの人権政策と EU における人の越境移動政策についても学ぶ。

第1節　UNHCR 等の難民・移住者支援政策

　国連難民高等弁務官事務所（UNHCR）によると、2018年に紛争や迫害により故郷を追われた人の数は7000万人を超え、UNHCR の創設以来、この70年間で最高レベルとなった。2018年末の世界の強制移動の人数は約7080万人と推定されている。その内訳は、紛争や迫害により自国を離れることを余儀なくされた難民がパレスチナ難民の550万人を含めて約2590万人、出身国外に逃れ国際

的な保護を受けながら難民認定を待っている庇護申請者が約350万人、自国内で移動を強いられた人々である国内避難民（IDP）が約4130万人と見られている。このように、国内避難民は最も人数が多く、現在では難民と並んでUNHCRの主要な支援対象となっている。難民や国内避難民等の発生国は、中東ではシリア、イエメン、イラクなど、アフリカでは南スーダン、ソマリア、コンゴ民主共和国、中央アフリカ、スーダン、リビア、カメルーン、ブルンジ、マリなど、中南米ではベネズエラ、ニカラグア、エルサルバドル、ホンジュラスなど、アジアではアフガニスタンやミャンマーなど、ヨーロッパではウクライナなど、世界の様々な地域に広がっている。このように支援対象者が増加している背景には、上述のような国々を含めて世界の様々な国・地域での紛争や迫害などの頻発とともに長期化が指摘できる。つまり、もし問題が短期間で解決されれば、国内避難民や周辺国に避難している人々は、元々住んでいた国・場所への帰還が実現する。しかし、実際には帰還できる状況にならないため、長期の国内外への避難や欧州先進国をはじめ他地域の国々への難民・庇護申請者となり、全体の数字が押し上げられる結果となっている。実際、2018年の帰還は59万3800人にとどまっている。また、受け入れコミュニティへの社会統合としての市民権取得は6万2600人にすぎず、第三国定住の受け入れは9万2400人と申請者の7％のみとなっている。つまり、UNHCRは単に難民・国内避難民等への緊急援助を実施する場合だけではなく、それらの人々への中長期的な支援を実施している場合が多い。難民キャンプの中には何十年も存在するものもあり、UNHCRにとって大きな国際行政需要となっている。

　UNHCRによる現場での難民支援行政は、主に法的支援と物的支援から構成される。法的支援は例えば難民申請の支援が分かりやすいが、物的支援は難民キャンプその他で国内外に避難している多くの人々の生活のための必要物資の提供が含まれる。そのために、UNHCRはテント・防水シート・毛布・IT機器等の物資を調達している。また、難民・国内避難民等の移動やそれらの物資の輸送などのために、車両や輸送サービスも調達され、情報技術支援・ビジネス・業務等のサービスも調達されている。UNHCRの難民支援行政は、このような物資やサービスを確保し、現場に供給する調達行政なくしては執行できない。UNHCRの難民支援活動は、しばしば緊急事態や治安に問題がある状況

下、もしくはインフラの未整備や市場の未発達といった状況下での実施を余儀なくされる。そのような中でUNHCRが様々な物資・サービスを、適切な時に適切な場所へ適切な量だけ供給することは必ずしも容易なことではない。また、UNHCRは限られた人員・組織で、世界中の膨大な数の難民・国内避難民等を支援するために、NGO、政府、政府間組織、国連機関などの幅広い主体と業務パートナー（Operational Partner）としてパートナーシップを結んでいる。そのような業務パートナーのうち、業務実施協定（implementing agreement）を締結し、UNHCRが資金を交付してUNHCRの事業を実施してもらう主体を業務実施協力主体（Implementation Partner：IP）と呼ぶ。業務パートナーのうち、NGOが最も委託規模が大きいが、これには国際NGOだけでなく現地国のNGOもある。このような選定されたIPへのUNHCR事業のアウトソーシングは、財務規則上も容易に行うことができるようになっている。UNHCRは、事業単位として「プロジェクト」を設定し、各プロジェクトごとにその実施が業務指示書（Letter of Instruction）によりフィールドオフィスに委任される。単一の業務実施協力主体（IP）により実施される部分をサブ・プロジェクトとして、業務実施協力主体はサブ・プロジェクトの取り決め（Agreement）をUNHCRのフィールドオフィスと交わすことにより、UNHCRから資金を交付され、取極められた事業を実施する仕組みになっている（坂根 2010）。

　UNHCRの長は難民高等弁務官（High Commissioner for Refugees）であるが、第8代の緒方貞子氏は単に日本人で国内外での知名度が高いだけでなく、実質的にも非常に重要な役割を果たした人物である。その任期は1991年から2000年までであり、この時期は丁度冷戦後に様々な民族紛争や迫害が起こり、多くの難民・国内避難民が発生した時期であった。そのため、この1990年代はUNHCRの現場での人々の支援という行政活動量が格段に増えた時期であったが、それだけでなく、活動の質的な拡大が実現した意味でも特筆すべき時期であった。具体的には、冷戦終結まではUNHCRの支援対象は、紛争や迫害により自国を離れることを余儀なくされた難民に限定されていたが、1991年の湾岸戦争後に、イラク国内のクルド人がフセイン政権に迫害された際に、トルコが自国のクルド人問題の関係で難民受け入れを拒否したため、イラク国内での避難を余儀なくされた。このイラク北部でのクルド人への支援は、国内避難民

問題のターニングポイントになった。この問題に対して、国連の人権委員会（当時）が同年3月5日に「国内避難民」に初めて言及した決議1991/25を採択し、同年4月5日に国連安保理が援助の実施を求める決議688を採択し、大規模な援助活動が展開されるようになった。その際、UNHCRには事務総長からの支援要請があったが、UNHCRの幹部職員の間にはトルコ政府の態度を甘受するような援助活動に、難民保護を任務とするUNHCRが携わることへの反対意見が強かった。また、UNHCR規定の第6条では、UNHCRの活動対象者の範囲は、無国籍者を除けば本国外にいる「難民」を対象としていたが、緒方難民高等弁務官は、そのような明示的な職務権限を超えて国内避難民へも支援を拡大させ、「ルールを変えることにはなるけれど、（難民を保護し、生命の安全を確保するという）基本原則の根幹は同じ」であると考え、「根幹については自信をもって」対処し、UNHCRは食料・テント・毛布・家庭用品などの物資や給水・医療活動、また、冬に備えた避難所の建設のため大量の建築資材の供給と避難所の建設などを行った。その後、緒方氏の2代後のグテーレス難民高等弁務官（第9代国連事務総長と同一人物）は、2005年6月の就任演説から、「UNHCRが国内避難民に最大の関与をすることに、私個人として尽力する」と表明するなど、国内避難民の保護に重点を置く政策がとられ、第9章第2節の図表9-1で示したキャンプ調整及び運営や緊急シェルターなどの紛争起因の国内避難民支援のリードエージェンシーにUNHCRが就任したことも相まって、国内避難民へのUNHCRの支援が恒常化していった（墓田 2015）。その結果、現在では、世界の国内避難民の数が難民の数を上回っており、UNHCRが従来の明示的な国際行政任務であった難民保護から活動の対象を拡大させたことは、今から振り返っても時代の要請に合った意義深い決断だったといえる。

　さて、本節の冒頭で2018年の世界の難民はパレスチナ難民の550万人を含めて約2590万人と記したように、パレスチナ難民は、世界全体の難民の5分の1程度を占める非常に大きな問題である。また、パレスチナ難民は、上記のように何十年もの長期間にわたり難民となっている人々が多いことも特徴といえる。遡れば、第2次世界大戦後の1948年の第1次中東戦争とイスラエル建国に伴い住まいを追われた人々もいるため、複数世代にわたる問題となっている。このようなパレスチナ難民に対しては、UNHCRとは別に、国連パレスチナ難

民支援機構（UNRWA）が組織され支援を実施してきた。もっとも、最大の支援国であるアメリカは、トランプ政権下で従来通りの資金拠出を渋り、その活動には財政面でも困難が生じた。

　以上、本節では難民・国内避難民への支援として主にUNHCR（及び補足的にUNRWA）について説明してきたが、これに関係する最近の国連システムの新展開として、世界的な人の移動（移住）の問題を専門に扱う国際移住機関（IOM）が、国連システムの関連機関となったことがある。IOMによると、今日の移民は、国境を越えるもの、国内移住を含めて、有史以来最も多い10億人、すなわち世界の7人に1人が移民と推定されており、情報通信・交通手段の発達だけでなく、気候変動、自然災害、人的災害、紛争、先進国での高齢化、途上国における若者の失業の急増、北と南の国々での社会・経済的不均衡などの要因で、移住が大規模になっているということである。そしてIOMは、「正規のルートを通して、人としての権利と尊厳を保障する形で行われる人の移動は、移民と社会の双方に利益をもたらす」という基本理念に基づき、移民個人への直接支援から関係国への技術支援、移住問題に関する地域協力の促進、移住に関する調査研究などを通じて、移住にまつわる課題の解決に努めている。IOMの前身は、1951年に主として欧州からラテンアメリカ諸国への移住を支援するために組織された欧州移住政府間委員会（ICEM）である。その後、ICEMは活動範囲を世界の他地域にも拡大させ、1980年には移住政府間委員会（ICM）へと名称を変更し、さらに1989年11月の憲章改正を経てIOMになった。そのIOMが、2016年9月19日に、多くの難民・移民が国境を越えて移動せざるを得ないという危機的状況を背景に、国際社会の今後の対応を議論した「難民と移民に関する国連サミット」が国連本部で開催された際に、国連システムに加入し、これにより国連システムに、難民と移民の両方に正面から対応できる国際行政体制が構築されたことになり、両分野でのグローバル・ガバナンスに今後より一層の貢献が期待される。

第2節　国連の国際人権政策

　国際人権（及び人民の同権・自決権）の問題は、国連において、理事会が設置

されている安全保障分野（国際の平和と安全）や経済社会分野などと並び、最も重視されている分野の一つといえる。具体的には、国連憲章の第1章第1条（国連の目的）は4項から成り、（国際の平和と安全の第1項に続き）第2項では人民の同権及び自決の原則の尊重等が、また、第3項では経済・社会・文化・人道に続いて、すべての人民に対する人権及び基本的自由の尊重等が規定されている（なお最後の第4項では、それらのために国連が中心となるとされている）。

　他方で、このような国際人権分野は、安全保障と経済社会の両分野とは異なり、国連発足時から長年、委員会はあったが理事会は設置されていなかった。しかし、2006年の国連総会決議（A/RES/60/251）により、人権委員会（Commission on Human Rights）が廃止されて、人権理事会（Human Rights Council）が国連総会の下部機関として設置された。現在では、国連の人権分野は図表12-1のような体制であり、国連総会第3委員会・国連人権理事会・各種機能委員会等という複数の主要な人権フォーラムにより様々な人権問題に対応している。

図表12-1　国連の主要な人権フォーラム（人権関係組織）及び関係図

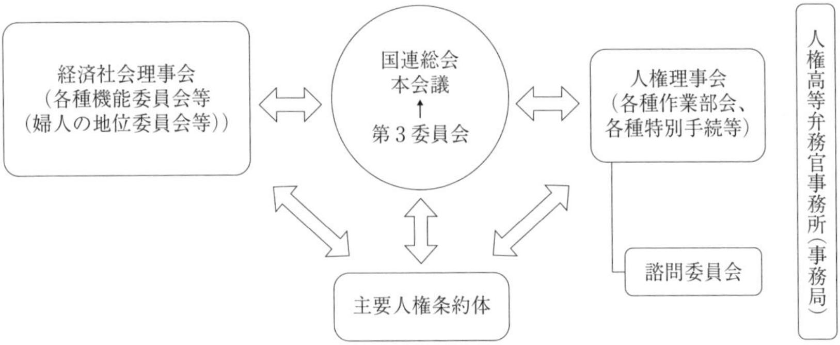

（出典）外務省ウェブサイト

　これらの人権フォーラムでは毎年数多くの決議が採択され、それらの決議は安全保障理事会の決議等とは異なり拘束力はないものの、世界の人権問題に対する国際社会の意思形成・相互監視・規範構築の手段として、人権の保護・促進において重要な役割を担っていると外務省は評している。

　また、これらの人権フォーラムの機能強化も図られており、例えば人権理事会では「国連の全加盟国を対象とする人権状況定期審査」（UPR）が開始さ

れ、政府からの報告書、国連関係機関や人権条約機関からの情報、NGO その他国内人権機関などからの情報を基に、対象国ごとに個別の審査・検討・報告書採択が実施されるという、従来とは異なる新たな活動も行われるようになっている（横田 2013）。

なお、これらの主要な人権フォーラムでの審議を含めて、様々な国連での人権関係の活動を行政的に支援する事務局組織が、ジュネーブに本部がある国連人権高等弁務官事務所（UNHCHR）である。これは、難民・国内避難民の支援に関する UNHCR と略称は紛らわしいが、最後の HR（Human Rights）は人権であるところが、難民（Refugees）である UNHCR と異なる。

このように、国連に人権理事会が発足した現在においても、国連内には複数の重要な人権関係組織が存在しており、例えば安全保障分野などと比べて、相対的に分散的・分権的な体制であるといえる。それは、図表12-2のように人権関係条約が単一のものではなく、様々なものがあることとも関係している。

これらの条約の中で、最も基本的な条約が、1948年の第3回国連総会で採択

図表12-2　国連の主要な人権諸条約及び関係図（2014年7月現在）

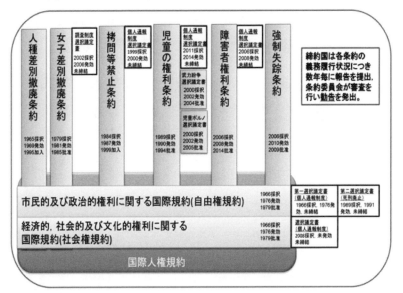

された世界人権宣言を基礎とした国際人権規約（International Covenants on Human Rights）である。これは、図表12-2下のように、「経済的、社会的及び文化的権利に関する国際規約」（International Covenant on Economic, Social and Cultural Rights）（社会権規約・A規約）と「市民的及び政治的権利に関する国際規約」（International Covenant on Civil and Political Rights）（自由権規約・B規約）から成り、1966年の第21回国連総会で採択された。その後、図表12-2右下にある幾つかの選択議定書が採択されている。

　このような国連人権諸分野の中で、日本政府が注力してきた人権問題の一つに、拉致問題を含む北朝鮮の人権状況がある。外務省によると日本は、人権理事会で累次にわたり、国際社会としての懸念の表明や、北朝鮮人権状況特別報告者の設置とそのマンデート（任務）の延長などを盛り込んだ決議を提出してきた。そして、北朝鮮の人権状況に関する特別の調査委員会の設置が決定されたことや、その調査委員会の報告書を反映した決議が採択され、調査委員会報告書をフォローアップするための現地ベースの国連の拠点設置が決定されたこともあった。また、国連総会でも累次にわたり、拉致問題を含む北朝鮮の人権状況について国際社会として懸念を表明し、北朝鮮に対してその解決を求める内容の決議が採択されてきた。そして国内では、内閣総理大臣を本部長とする拉致問題対策本部を設置し、拉致問題対策担当大臣も置き、政府全体として取組みを進めてきた。

　さて、図表12-2の後で言及した世界人権宣言は2018年に70周年を迎えた。1948年という第2次世界大戦の終結や国連発足後数年しか経過していない時期に出されたこの宣言は、その後に成立した難民条約、人種差別撤廃条約、社会権規約、自由権規約、女子差別撤廃条約、拷問等禁止条約、児童の権利条約、強制失踪条約、障がい者権利条約などの様々な普遍的人権条約や、欧州人権条約、米州人権条約、バンジュール憲章、アセアン人権宣言などの様々な地域的人権条約等でも言及されており、その存在意義は現在でも失われていない。そして、世界人権宣言と日本国憲法の人権項目を比較すると、多くの人権項目が両方でカバーされていることが分かる。日本は、政府から独立した国内人権機関の設置や（図表12-2にある幾つかの）個人通報制度や選択議定書の批准書の未締結などの課題も指摘されるものの、国連が採択した主要な人権諸条約の当

事国であり、また、国内の人権擁護行政については、世界人権宣言と同じく
2018年に70周年を迎えた人権擁護委員という諸外国でも例を見ない制度も存在
している（横田・大谷・坂元 2019）。本節で扱ったような国連システムの人権関
連諸条約を国内の様々な人権擁護のために一層参照・活用しつつ、例えば、人
権擁護委員という稀有な制度を、国情の相違にも配慮しながら国際的に普及さ
せていくことにより、他国の人権行政の発展にも貢献していくことも、日本の
国際人権行政の見地から有意義な取組みの一つとなりうる。

第3節　EU における人の自由移動政策

　人の越境移動が起こる理由は、多様である。開発経済学では、経済効用極大
化アプローチをとり、富裕国と貧困国との間の賃金格差にその原因を求め、移
民送出国と移民受入国との関係を、「プッシュ・プルファクター」で捉える
が、ILO もこの考え方を支持している。これに対してポーテル（A. Portres）と
ランバウト（R. Rumbaut）は、最貧国の人々は、国際移民とはならないという
現実を指摘し、「プッシュ・プル」アプローチを批判した。移民は、中間レベ
ルの経済状態の国家から、OECD 諸国への就労のための移動が多いという統
計的事実から、個人の意思により移民となるだけではなく、地政学的な影響も
大きいと考える方が適切であると指摘する。しかし EU では、欧州統合計画と
の関連で、「人の越境自由移動」を公共政策として推進してきた。

(1)　EU における人の自由移動政策と欧州市民権

　EU 域内においては、グローバリゼーションを歴史的に先取りする形で国境
を越える人、モノ、資本、サービスという 4 つの移動の自由を促進する政策が
半世紀以上にわたり実施されてきた。特に人の域内越境自由移動は、EU 統合
の中核をなす特徴の一つでもあり、域内国境における管理を撤廃し、欧州レベ
ルで開かれた公共空間としての「欧州公共圏」を形成する壮大かつ歴史的な社
会実験であるともいえる。しかし、人の移動に係る入国管理は、国家の主権に
かかわる問題でもある。EU 域内の国境管理を撤廃すれば、犯罪者やテロリス
トが自由に国境を越えて移動し、感染症、国際犯罪やテロのリスクが一段と高

まる懸念もある。近年では、移民や難民の流入が安全保障上のリスクとして捉えられ、受入国の国民にとっては労働市場や治安、社会保障、公衆衛生、国家財政にとってのリスクとして捉えられる場合も少なくない。

　国境を越えて移動する人々は「経済人」モデルで仮定されるような合理的行動をする単なる労働力ではなく、現実には感情と人格をもった人間である。モノや資本の越境移動とは異なり、その目的や性格からも人為的なコントロールが極めて困難な対象であるといえる。EU 域内で国境を越える自由移動が認められる人は、EU 条約の下で「欧州市民権」（European Citizenship）を有するEU 加盟国の国籍をもつ人に限られる。つまり EU における人の自由移動とその制度的枠組は、経済学的観点から、生産要素の一つとしての人的資源を EU 域内で最適配分するために、国境を越える労働力の移動が不可欠であり、欧州統合や共同市場創設の基礎であると考えられてきた。

　共同体発足当初は、民間の賃金労働者の越境移動を前提とし、自由移動のための諸制度を構築し始め、社会保障、医療保障に関する障害を除去しようとするところから始まった。しかし賃金労働者である被用者のみならず、医師、薬剤師、看護師、弁護士、建築士など国家資格を必要とする独立の自営業・自由業者、専門職もまた国境を越えて移動し、外国で医院や薬局、法律事務所、建築事務所等を開業し、専門的サービスを提供し、経済活動に参加する場合もある。さらに労働者や自営業者には、職業に従事しない専業主婦や児童、高齢となった祖父母など同居家族も同時に国境を越えて移動する場合が普通である。

　1993年1月の城内市場の統合以降、人、サービス、モノ、資本の自由移動が促進された。EU 加盟国の中でも、域内における人の自由移動の結果、イタリア、ベルギー、ルクセンブルグなどのように、自国内居住者の1割～2割以上を外国人が占めている場合もある。欧州市民権は、欧州市民のために創設された権利である。欧州市民とは「加盟国の国籍を有するすべての人」を指し、「欧州市民権は国民の有する市民権に付随されるものであり、それに取って代わるものではない」（リスボン条約第9条）ことが明記されている。それでは、加盟国の国籍を得るための条件とは何か。

　ある個人が滞在国でその国の国籍を取得できるか否かは加盟国の国内法によって決定される旨が、マーストリヒト条約の最終規定「加盟国の国籍に関す

る宣言」で示されている。欧州市民権を得るための基準は、EU加盟国の国民であることである。EU加盟諸国民でなければ、欧州市民にはなれず、欧州市民権は付与されない。したがって、いかなる第三国出身の国民を自国民、欧州市民とするかは、各加盟国の判断、法政策的な裁量に委ねられている。しかし、これは第三国国民が欧州市民権を得ようとする際に不平等が生じる。なぜなら、国籍法の規定が加盟国により異なるからである。ドイツでは伝統的に血統主義がとられてきたが、ベルリンに居住するトルコ人とその子孫（二世、三世）が占める割合が3分の1を占めるに至って、出生地主義に変更した。第三国国民夫妻の子であっても成人した時に本人の選択によってドイツ国籍が取得できる出生地主義へと2000年に国籍法を改正した。

　EU加盟国の国民（及び欧州市民権を付与されて「欧州市民」になった人）と「第三国国民」とは区別され、その処遇は異なっている。第三国国民の権利の内容は、当該国とEUとの間の連合協定によって、その内容が異なる。国籍の違いによって第三国国民はEUの政策の適用範囲外とされたり、労働市場において排除されたりすることも少なくない。EU加盟国の国民となるためにはその加盟国の国籍法に基づく帰化が必要となる。専門職の国家資格の認定に関しても第三国国民と加盟国国民との扱いは違っている。何らかの経済的活動に従事する人は、①専門職、技術者、ビジネスマン、②熟練労働者と一般公務員、③資格や特別な技能をもたない未熟練労働者に分けられ、それぞれに適用される法令も異なっている。

(2)　国境を越える専門職の自由移動

　一般にEU域内で国境を越える自由移動が多いのは、専門職である。現行リスボン条約の下では、EUにおける人の自由移動とその制度的枠組として、(a)各加盟国の国内雇用機関との密接な協力の確保、(b)国内立法、もしくは加盟国で締結されている協定に基づく行政手続や就労資格の期間維持が労働者の越境移動の自由を妨げている障壁の撤廃、(c)国内立法もしくは加盟国で締結されている協定に定めるすべての資格獲得期間及びその他の加盟国の労働者に対して課している条件が自国の労働者に対する条件と異なるものの撤廃、(d)各地方、各産業における生活水準に対する重大な危機を避けるような方法で、雇用提供

と応募者を結び付け、労働市場における供給と需要の均衡を容易にする適切な機関を設置すること（EU 運営条約第46条）、などを各加盟国に課している。

　EU 域内における就業目的の人の移動の自由を保障するためには、大学や大学院の卒業証書、修了証明書・学位や各職業の実地研修の修了証明、医師、薬剤師、看護師などの医療専門職としての国家資格などについて、加盟国間で調整し、専門職国家資格とその前提となる大学の学位等についても相互承認することになった。その根拠とされたのは、カシス・ド・ディジョン事件（Casis de Dijion）判決であった。これはカシス葡萄酒の輸出入に係るドイツの輸入制限措置の妥当性をめぐる係争であったが、「ある加盟国が製造し、販売することを認めている製品は、他のすべての加盟国でも製造したり、販売したりできる」ことを原則として認めるものであった。この判決によって、内外無差別・相互承認（Case 120/78. 1979、ECR 649）原則が、国家資格や学位についても援用して適用されることになった。こうして1980年代末より、二次立法の制定により、医師、弁護士資格等の原則的な相互承認原則が確立され、専門職の越境移動に係る障壁も除去された。「医療及びそれに類似する職業、または薬剤業の場合には、制度の漸進的撤廃は、各加盟国おける実施条件の調整による」（EU 運営条約第53条）こととされ、医院や薬局など自営業の専門職の自由移動を保障している。

第 4 節　シェンゲン空間と EU 共通移民・難民政策

　EU における共通移民・難民政策は、各加盟国レベルで実施されてきた移民政策、難民政策を統合する形で形成されたのではない。EU 域内市場の完成に伴う「域内における人の自由移動を保障する」ため、EU 共通移民・難民政策として EU レベルでドップダウンに形成された制度的枠組に加盟国の諸制度を適合させるものであった。EU（リスボン）条約では、「EU は域内に国境のない自由、安全、司法の領域」を欧州市民に提供し、「域外国境管理、亡命者庇護、域内への移民及び犯罪の防止と撲滅に関する適切な処置をとりつつ、人の自由移動を保障する」ことを謳っている（EC 条約第3条2項）。

　リスボン条約において、人の越境移動に係る「自由、安全、司法の領域」

は、EUと加盟国との間で権限が共有される分野に位置付けられる（EU運営条約第4条）。この観点から欧州市民の越境移動の権利を保障し、域内社会の安全を確保する手段として1985年「シェンゲン空間（圏）」が構築された。1985年6月「共通の国境における検問の漸進的撤廃に関するシェンゲン協定（Shengen Agreement on the gradual abolition of checks at their common borders）」が、ドイツ、フランス、ベネルクス3国の5カ国間で締結された。その後、イタリア、スペイン、ポルトガルも加わり1990年6月「シェンゲン実施協定（Convention implementing the Schengen Agreement）」が締結された。これにより、1995年7月からシェンゲン域内国境の検問が廃止され、人の自由な越境移動が実現した。さらに1999年5月EU（アムステルダム）条約の付属議定書「シェンゲンアキ」の発効により、イギリスを除く全EU加盟国へと「シェンゲン空間」は拡大した。2015年以降、シェンゲン空間には、イギリスとアイルランド及びルーマニア、ブルガリア、クロアチア、キプロスを除く、EU22加盟国に加え、EFTAに加盟するアイスランド、ノルウェー、スイス、リヒテンシュタインの4カ国が参加し、26カ国の人の自由な越境移動空間となっている。こうしてEUレベルの共通国境管理システムである「シェンゲン体制」が構築された。これによってEU域外からの不法移民・難民、犯罪者の不法入国や違法物資の流入・移動を未然防止する域外国境の監視の厳格化を企図し、「共通移民・難民政策」として制度化した。EU（マーストリヒト）条約では、移民・難民を対象とする第3の柱として政府間協力分野に位置付けられていたが、EU（アムステルダム）条約で、移民・難民政策は、第1の柱である欧州共同体（EC）に移管され、EC意思決定手続が適用され、迅速化・効率化が行われた（EC条約第IV篇、「ビザ、難民、移民、及び人の自由移動に関するその他の諸政策」）。

　1990年6月難民政策をEUレベルで一元化するため、EU枠外で全加盟国が締約国となる庇護申請の受理国の決定基準と義務を定めるダブリン条約（Dublin Convention）が署名された。これは、2003年デンマークを除くすべてのEU加盟国で適用するため、ダブリン規則II（Dublin II Regulation）として改正された。EU市場統合に伴って、域内国境検問を廃止し、人の越境移動が促進された結果、経済発展というプラス効果のみならず、国境を越える犯罪の増加と国際テロリズムの拡大というリスクも高まってきた。

EU 域内の治安維持と域外からの不法入国を監視し、テロをはじめ多様な形態の国際犯罪の予防と取り締まりを対策として1999年ユーロポール（欧州刑事警察機構）やユーロジャスト（欧州検察庁）が設置され、加盟国警察行政の「シェンゲン情報システム」によるデジタル警察情報交換ネットワーク・ガバナンス体制が構築された。

　ユーロジャストの任務は、加盟国の警察当局とユーロポールによって行われた捜査及び提供された情報に基づいて共通の基盤に基づく訴追が必要な犯罪に関する加盟国内の捜査・検察当局間の調整と司法協力を確保することにある。さらに「タンペレ計画」（1999～2004年）、「ハーグ計画」（2005～2010年）、「ストックホルム計画」（2010～2014年）を採択し、EU 域内における人身取引、麻薬や武器弾薬の密輸、テロ、国際犯罪組織から欧州市民を守るために、司法・内務に関する政府間協力の努力も続けられてきた。1949年創設の欧州評議会（Council of Europe）の「欧州犯罪人引渡条約」（1957年署名、1960年発効）には、いくつかの課題があり、機能上の問題点も少なくなかった。そこで EU は、2002年「欧州逮捕状枠組決定（2002/584、OJ L190/ 1 、2009/299、OJ L 81/24）」により、「刑事訴追を行い、自由刑もしくは自由剝奪を伴う保安処分を執行する目的で、一加盟国が他の加盟国に被疑者の逮捕及び引き渡しを求めるために発効する司法的決定」である「欧州逮捕状」を、加盟国が執行できる仕組みを整えた。これにより、刑事司法協力における相互承認原則と相俟って、国家権力を制限して人の自由移動を促進し、あるいは逆に国家権力を強化して、人の自由移動を制限することも同時に可能となった。

　ユーロポールやユーロジャストの国際行政機構は、多国籍人事による国際公務員組織と加盟国から派遣された連絡官（国家公務員）という二重構造をもつハイブリッド機関であるため、行政の透明性やアカウンタビリティの確保の在り方をめぐる問題も指摘される。しかし加盟国から最新情報を収集するためには各加盟国から派遣される連絡官、警察官、法執行官、検察官等の役割も重要であり、欧州レベルでの刑事警察・司法協力の中核となる。これら EU/ 欧州レベルの国際行政機構における権限関係と責任を明確化し、透明性、公開性、アカウンタビリティを確保しつつ、欧州レベルの刑事分野における警察・司法協力のためのデジタル情報ネットワーク・ガバナンスの充実により、「欧州刑

事司法圏」の形成が可能となり、欧州市民の越境自由移動と安全の確保された「欧州公共圏」へと発展できるであろう。

　2010年代以降、「アラブの春」の民主化運動の影響から、内戦、弾圧や迫害を避けるための難民が中東・北アフリカ諸国で増加していった。EU は2013年現行の「庇護申請の審議責任国を定める理事会規則」（Dublin III Regulation）を制定し、難民希望者が最初に到着した国に難民申請受付と管理を義務付けた。しかし2015年内戦が深刻化したシリアから132万人の難民がドイツをはじめとする EU 諸国に大量流入し、EU は「難民危機」に陥り、他方で地中海を渡る途中で多くの人々が命を落としたため、国際人権保障や人道問題として提起された。イタリアやギリシャなどの沿岸国の財政負担と難民受入国の国民との間で社会的軋轢が高まるにつれ、難民受入拒否を訴える極右政党が各国で支持を伸ばし、台頭するようになった。

　2016年イギリスの EU 離脱の是非をめぐる国民投票以降、移民・難民の排斥を訴える極右ポピュリスト政党の増加とその躍進、欧州懐疑主義・反 EU 統合や自国第一主義を訴える諸政党への各国国民の支持の高まりとも繋がっている。そこで人の越境移動を EU や加盟国がどのように管理するのかという、国境管理と移民・難民政策や難民の管理をめぐって、EU と各加盟国との間、及び加盟国相互間での対立が表面化し、難民受入の「負担の分担」をめぐる多くの難題が浮かび上がってきている。欧州委員会は、2016年にダブリン規則の見直しと負担の分担策を提示したが、合意に至ることができなかった。2019年 9 月イタリアの新内閣コンテ首相とフランスのマクロン大統領が難民受入に合意し、10カ国の賛成を得て同年10月欧州理事会で難民負担の分担案を採択する努力を重ねている。しかし、ハンガリーなど東欧諸国の反発もあり、12月に発足したフォン・デア・ライエン新欧州委員会は、トルコとの関係改善も含めた難民受け入れ問題が最初の重要懸案事項となるであろう。

〔Further Reading〕

坂根徹（2010）「UNHCR の難民支援における調達行政」『愛媛大学法文学部論集 総合政策学科編』第29号、45-82頁

福田耕治編著（2010）『EU・欧州公共圏の形成と国際協力』成文堂

横田洋三（2013）「国際人権の意味と意義」横田洋三編『国際人権入門〔第 2 版〕』法

律文化社、1 -18頁

庄司克宏（2015）『初めての EU 法』有斐閣

墓田桂（2015）『国内避難民の国際保護—越境する人道行動の可能性と限界』勁草書房

福田耕治編著（2016）『EU の連帯とリスクガバナンス』成文堂

福田耕治編著（2016）『EU・欧州統合研究— "Brexit" 以後の欧州ガバナンス〔改訂版〕』成文堂

横田洋三・大谷實・坂元茂樹監修（2019）『世界人権宣言の今日的意義—世界人権宣言採択70周年記念フォーラムの記録』国際書院

〔設問〕

1　UNHCR が冷戦終結後に国内避難民にも支援を拡大させた経緯と意義について述べ、世界の増加する難民・国内避難民等への行政的な支援を限られた組織・人員でどのように実施しているのかについても説明しなさい。

2　EU における人の自由移動政策の特色を述べ、移民・難民問題の論点を整理し、人の越境移動に関する国際秩序形成にとっての EU の制度や政策の含意や課題を論じなさい。

【福田耕治・坂根　徹】

第13章

国際感染症・保健医療・公衆衛生政策と国際行政

〔本章で学ぶこと〕

　グローバル化に伴う人の越境移動の増大により、国境を越える感染症、新興感染症・再興感染症の脅威に人類がさらされるリスクが高まっている。3大感染症のHIV/エイズ（後天性免疫不全症候群）、マラリア、結核の蔓延を防止し、減少させることは、MDGs の目標の一つであった。そして2020年現在、世界で同時多発する新型コロナウイルスのパンデミックに人類は直面している。SDGs では、グローバル・ヘルスのガバナンスが極めて重要な課題となったことに鑑みて、その目標3ですべての人々に健康的な生活と福祉を確保することを掲げた。また EU でも、2005年欧州疾病予防管理センター（ECDC）というエージェンシーが設置され、国際感染症・保健医療・公衆衛生政策のガバナンスに貢献している。本章では、国連システム（特に WHO と UNICEF）と EU の、このような感染症・保健医療・公衆衛生ガバナンスにおける国際行政の役割について学ぶ。

第1節　WHO の国際保健衛生政策

　世界保健機関（WHO）は、1946年の国際保健会議で採択された WHO 憲章に基づいて1948年に国際連合の専門機関の一つとして設立された、国連システムの中で国際保健衛生を担う中心的な機関である。

　WHO の本部はジュネーブにあるが、その組織的な特徴としては、地域分権化の取組みと地域局の設置が挙げられる。WHO 憲章第44~54条には地域分権化についての規定があるが、設置する地域局やどの国をどの地域局に所属させ

るかは明記されていなかった。その後、1951年までに、東地中海、西太平洋、東南アジア、ヨーロッパ、アフリカ、アメリカという6つの地域局が順次設立された。日本は西太平洋地域局に属し、ここには、オーストラリア、中国、フランス領インドシナ、韓国、ニュージーランド、フィリピン、マレー半島などが含まれた。その暫定地域事務局は、一旦、香港に設置されたが、1951年8月15日に地域事務局としてマニラに移された（安田 2010）。

このようなWHOの分権化が効果を発揮した、日本が直接関係する事例として、東日本大震災後の支援活動がある。東日本大震災後にWHOは、WHO憲章、2つの原子力事故関連条約、原子力緊急事態への対応における国際機関の連携プラン（JPLAN）、国際保健規則（IHR）などに基づき重要な役割を果たした。WHOの役割は膨大であり、例えばJPLANで予め決められている原子力事故時のWHOの役割と責任だけでも、公衆衛生リスク評価と対応、生物学的臨床的線量測定、放射線障害の診断と治療を含む緊急医学的対応、長期的医学的フォローアップ、メンタルヘルスへの影響緩和、食品安全、と多岐にわたるものであった。震災翌日に厚生労働省が福島第一原子力発電所での爆発についてWHOに通報したことで、IHRのメカニズムが起動し、特に水及び食品における放射性物質に関する情報が厚生労働省からIHRのシステムを通して世界に発信されていった。また、ジュネーブのWHO本部では戦略保健指揮センターが立ち上げられ、状況や報道を監視し、加盟国に対して健康リスク評価に関する助言を行った。WHOの助言は、主に公衆衛生に関連する諸問題について加盟国が行った決定の監視と通知、不適切な行為の阻止、不必要な恐怖の緩和、そして健康的な行動の促進に焦点を当てるものだった。このように、IHRは国際的な疾患の拡大から人々を守るだけでなく、国際旅行や国際貿易における不要で過度の制限措置を退ける内容も含んでいる。WHOが特に重要な役割を果たしたのは食品の安全性の分野であり、WHOはFAOやIAEAとも緊密に連携しながら、日本政府から発表された情報を、加盟国に通知・共有し、逆に、各国の輸入規制措置に対しては日本からの輸入食品の放射能分析結果を報告することを要請した。ただ、ジュネーブのWHO本部は日本と離れておりかつ時差も相当程度ある。そこで、重要な役割を果たしたWHOの機関の一つが、マニラに位置する西太平洋地域事務局であった。ちょうど同地域事務局で

健康危機管理部長であったのが日本の厚生労働省での勤務経験もある葛西健氏であり、日本の様々な機関と緊密に連絡を取り、日本語の情報はフィリピン在住の日本人ボランティアなどの助力も得て英語に翻訳され、加盟国とも共有されていくことになった。また、上記の食品の輸入規制措置の情報は、西太平洋地域事務局を通して日本に通知されていった（昇 2015）。なお、この葛西氏は選挙で当選し、2019年2月から5年間の任期で西太平洋地域事務局の事務局長に就任した。

　また、日本にある WHO の組織として東日本大震災後に重要な役割を果たしたのは、WHO 健康開発総合研究センター（WHO 神戸センター）であった。同センターは都市環境における健康についての拠点であり、本来は、東日本大震災のような緊急事態への対応は機能に含まれていなかったが、WHO の本部と西太平洋地域事務局、また厚生労働省と連携しながら対応にあたった。特に、同地域事務局が作成した状況報告を神戸センターの日本人職員が翻訳し、神戸センターのウェブサイトに掲載したことで、多くの日本人が情報に容易に接することができるようになった（昇）。

　以上、東日本大震災後の WHO の対応についてみてきたが、WHO が緊急対応を取る典型的な類型は国際感染症対策である。比較的最近の致死率が高い極めて深刻な事案への対応としては、2014〜2015年頃を中心に数年間西アフリカで、また2018年頃からコンゴ民主共和国などで猛威を振るったエボラ出血熱への対応がある。また、それほど致死率は高くないものの、WHO の創設以来、初めて2003年3月12日に「グローバル・アラート（世界への警告）」が出されたのは、日本に近い中国で発生した重症急性呼吸器症候群（SARS）と呼ばれた新型肺炎に対してであった。そして同年3月15日に出された2つ目のグローバル・アラートの中で、SARS は今世紀最初の感染爆発（アウトブレイク）をもたらす新興感染症となった。SARS ウイルスは、2002年11月には広東省で広まり始めたと専門家の間では考えられており、2003年1月末の段階で同省の保健当局と北京の保健省は非定型性の肺炎の集団発生を把握したものの、経済的政治的な考慮も踏まえて、一切の情報を極秘扱いとして公開を禁じたということである。感染症対策では、サーベイランスといわれる情報の収集と分析を通じた感染症の発生動向の把握が不可欠であるが、当時の国際保健規則の下では、未

知のウイルスによる新興感染症に関する WHO の報告義務が規定されておらず、公式な情報が上がってこない中で、当初 WHO は身動きが取れなかった。しかし、情報通信技術の発展に後押しされる形での専門機関・専門家等のネットワークの展開により WHO が情報を把握していき、中国への働きかけを強めた結果、中国は同年 2 月の半ばに SARS の集団発生自体は認め、4 月18日には WHO を中心とする対策に歩調を合わせ始めるに至った（元田 2008）。

　発生源に近く人の往来も活発な国・地域は、SARS の影響を大きく受けるリスクが高かった。ベトナムもそれに該当する国であり、3 月上旬にハノイ・フレンチ病院で SARS が集団発生した。そして、それに対応したベトナム・ハノイの WHO 事務所のカルロ・ウルバニ医師は、ウイルスの正体を探る情報を世界各国の研究者にメールで送り続け、この情報が、国際的な SARS 対策の分水嶺となった 2 つのグローバル・アラートに結び付いたということである。こうして、サーベイランスの情報が世界各地から寄せられるようになり、それが誰もがアクセスできる WHO のウェブサイトに掲載され、情報が世界中で共有されていった。WHO は SARS の病原体の同定と診断方法の確立を目的として国際的な研究機関の共同ネットワークを立ち上げ、1 カ月で新種のコロナウイルスが発見され、病原体が同定され、診断技術やワクチン開発のために世界各地の専門家にも提供されていった（元田）。

　感染症対策では、その感染拡大を阻止するためには、サーベイランスやワクチン開発だけでなく、隔離も重要である。中国・香港・シンガポール・カナダ・台湾では院内感染の制圧に失敗し、市中感染が引き起こされたが、ベトナムでは 3 月11日にウルバニ医師の尽力もあり、WHO の協力の下で、SARS が集団発生したハノイ・フレンチ病院の機能をすべて停止し、病院を丸ごと隔離する対策がとられたことが、早期封じ込めに繋がった（因みにこのベトナムは、後述の今般の新型コロナウイルスにおいても、中国の隣国でもあり感染者が発生はしたものの、迅速な隔離・徹底した追跡・国民への周知啓発・強力な感染防止措置や入国制限等を行ったことで、約9600万の人口を擁するにも拘わらず、2020年 6 月末までの累計の感染者数が355名で死者は 0 名という、日・韓・シンガポールなど同じアジアの先進国も遠く及ばないパフォーマンスを示しており、大いに学ぶべき点がある）。また、SARS に対しては WHO が過去の慣行とは一線を画し、感染国政府の同意を得

ない形で緊急の用事がない限り感染地に行かないように「渡航延期勧告」を出すなど、積極的に取組みを進めていった（元田）。このように、WHO が国際的・世界的な SARS 対策の中枢機関としてその役割を果たし、専門家・専門機関や各国も取組み・対策を強化した結果、SARS はパンデミックといわれる世界的大流行にはならずに終息した。なお、当時の WHO 事務局長は、後述のWHO によるたばこ規制も主導したノルウェー人のグロ・ハーレム・ブルントラント氏であった。

　その後、2005年の世界保健総会で、未知のウイルスによる新興感染症を含む国際的に懸念される公衆衛生上の緊急事態（Public Health Emergencies of International Concern）に関しては、WHO への報告義務が国際保健規則に規定され、国際的な体制が整備されていった。2019年から新型コロナウイルスが SARSと同じく中国を発生源として国際的な感染拡大がみられる中で、今世紀最初のアウトブレイクであった SARS は、現在及び将来の国際公衆衛生対策及びそのための国際行政にとって忘れてはならない教訓かつ貴重な先例といえる。

　日本は、上記の SARS の際は大きな被害もなく済んだものの、新型コロナウイルスに関しては、相当な被害を受けた。確かに、例えば主要先進 7 カ国（G7）の中では日本は最も感染者・死亡者が少なかったものの、死亡者は2020年 7 月上旬には1000人近くとなり、人命に限っても決して軽い被害ではない（また、社会・経済・ビジネス・医療・日常生活等々の幅広い分野で被害・負担・影響は甚大であり、さらに、補正予算のための巨額の国債発行は将来の重い国民負担となる）。そして、世界的な甚大な被害の原因と国際的な責任問題等の議論は、既に国際政治において争点となってきた（例えば、トランプ大統領は2020年 5 月29日のホワイトハウスでの記者会見で、中国は、ウイルスを当局が把握した際に WHO への通報義務を無視し WHO に圧力をかけ、アメリカによる入国禁止措置に強く反対し、アメリカよりはるかに少ない財政貢献で WHO を完全にコントロールした。また、世界はこのウイルスについての回答を求めており、透明性が必要である、として、なぜ中国は感染した人々を武漢から首都・北京を含めて同国内のどこにも行かせず都市封鎖をする一方で、欧米を含めて世界中を自由に旅行することは許容したのか、それにより生じた死と破壊は途方もなく、我々だけでなく世界が答えを求めている、などと強く非難した）。いずれにしても、幸い日本では、国内での新規感染や重症者・死者の増

加を抑制して回復者を増やし、感染爆発は回避して感染者は純減傾向となった
が、新規感染の防止を徹底させ、ワクチンの普及まで再度大規模な流行が発生
しないように万全を期していくことが重要となった。この点、本章の文脈から
は、本節の執筆時点で政府内での対策の専門家の中心に、元 WHO 西太平洋地
域事務局長の尾身茂氏がいることが注目された。同氏は、以前から設置されて
いた新型インフルエンザ等対策有識者会議と同会議基本的対処方針等諮問委員
会及び同会議新型コロナウイルス感染症対策分科会の各々会長で、2020年の前
半に数カ月間設置された新型コロナウイルス感染症対策本部新型コロナウイル
ス感染症対策専門家会議の副座長でもあった。西太平洋地域事務局を含む
WHO が、公衆衛生・感染症対策の専門家のリーダーとなる人材の一つのキャ
リアパスともなってきたことが分かる（なお上記の会議メンバーの中には他にも
WHO 西太平洋地域事務局での勤務経験をもつ専門家やアドバイザーを務めた専門家が
いる）。

　この感染症との戦いに際しては、流行時には例えば3密（密閉空間・密集場
所・密接場面）を避け屋内にとどまり人との接触を大幅に削減することや、状
況が改善してくると新しい生活様式を実践することなど国民一人一人の協力
や、国民・企業等に対する政府からの支援及び社会経済面の配慮も重要であっ
た。しかしそれらだけではなく、新型コロナウイルスに対する本章のテーマで
ある感染症・保健医療・公衆衛生政策としては、合理的・効果的で必要な対策
を、専門家が科学的知見に基づき適時適切に表明でき、それが迅速に政策とし
て採用され、必要な資源が付与された上で如何に継続的かつ十分に実行できる
かも大きな課題であった。この点例えば、医療人材・病床・医療機器を含む医
療体制の充実や病院だけでなくクラスター化・重症化が起こりやすい介護福祉
施設などへのマスクを含む様々な防護具や消毒液等の関連物資の手厚い支援の
継続などが必須であった。そのために必要な資金を十分に確保した上で効率
的・効果的に活用し、人材・物資・施設等の確保を図っていくことは、国家及
び各地方の政治行政の基本的な役割かつ使命といえる。因みに、本章の国際保
健医療・公衆衛生の文脈からは、日本政府は従来、自国の国民皆保険・医療ア
クセスの容易さ・国民の平均寿命の長さなどを踏まえて、保健システムやユ
ニーバーサル・ヘルス・カバレッジの意義や充実の必要性を WHO とも協力し

つつ世界に強く発信してきた。その日本でも今回の新型コロナウイルス問題により、医療崩壊なども一時危惧されたことを踏まえて、この問題で再度の流行への備えを万全にして実際に将来の流行を持続的に防いでいくことができるかだけでなく、他のより強力な新興感染症が将来日本に来襲した際にも十分に対応可能なより強靭な医療体制・保健システムを如何に構築できるかは、各個人から地域社会ひいては日本社会全体の保健医療・公衆衛生・安全安心・安全保障などの見地だけでなく、将来の国際社会における日本の発言・提言への説得力及び日本への評価に影響する意味でも極めて重要である。

　WHO は、上記のような保健衛生面の危機対応だけでなく、平時の世界の国際保健行政でも枢要な役割を担っている。WHO の活動の幅広さは、WHO 憲章の前文の冒頭近くにある、健康は完全な身体的・精神的・社会的な福祉・満足できる生活状態をいい、単に疾病や虚弱・病弱でないことではない、というよく知られたフレーズからも窺い知ることができる。

　WHO の活動の幅広さが分かる例としては、たばこ規制への取組みがある。1996年に、世界保健総会でたばこ規制に関する国際枠組み条約の制定を求める決議 WHA49.17（International Framework Convention for Tobacco Control）が採択され、2003年の世界保健総会で WHO たばこ規制枠組み条約（WHO FCTC）が採択され、2005年に発効した。同条約では、受動喫煙の防止、たばこの放送及びラベルへの警告表示に関する規定、たばこの広告・販売促進及びスポンサーシップの禁止または制限、不法取引をなくすための包装への効果的な表示、未成年者に対する販売禁止などが盛り込まれている。同条約は、寡占化した大規模な多国籍企業であるたばこ企業の市場拡大戦略が展開される中で実効性には課題もあるが、非感染性疾患の制御・統制ガバナンスモデルとして国際的に評価されているということである。そして SDGs の中では、非感染性疾患による若年死亡率を低減させ、同条約の実施を適宜強化することが提言されるに至っている（福田 2019）。このようなグローバルな取組みの中で、近年では日本でも受動喫煙対策が強化されてきており、2018年7月に健康増進法の一部を改正する法律が成立し、これが2020年4月1日より全面施行され、事業者に対してだけではなく国民に対しても、望まない受動喫煙を防止するための取組みがマナーからルールへと変わった。

第2節　UNICEF 等の国際保健衛生政策

　国連システムで国際保健衛生を担うのは、WHO だけではない。WHO とともに日本で最も有名な国際保健衛生関係の国連システムの機関は、国連児童基金（UNICEF）である。UNICEF は、第2次世界大戦後の荒廃するヨーロッパへの支援を中心として活動を開始し、その後1940年代後半からアジアにも活動の場を広げた。その発足当初から、アメリカが財政・組織・活動面で大きく下支えを行ってきた機関であり（安田）、現在では主に途上国の子どもへの支援を実施している。

　UNICEF の収入面の特徴は、政府からの収入だけでなく、民間部門からの収入も相当程度存在することである。2018年には図表13-1のように約2割を占めており、UNICEF の活動規模を維持する上で不可欠な収入源となっている。

　逆に支出面については、日本ユニセフ協会によると、2018年度の UNICEF の支出総額は59億4600万米ドルであり、そのうち53億5100万ドル（90％）が開発支援事業費に、3億7300万ドル（6.3％）が管理・運営費に支出され、また、1億9200万ドル（3.2％）を民間部門との連携やパートナーシップなどの事業に、2300万ドル（0.4％）を設備投資などの特別な費用に、700万ドル（0.1％）を国連の開発支援にかかわる連携調整費に充てられた。9割を占める開発支援事業費には、現地で効果的にプログラムを実施できるようにするための政策助言、技術導入などの支援費も一部含まれるが、最も主要なプログラム支援に関しては、図表13-2のような分野別の構成となっている。

　このように、UNICEF は子どもが関係する教育や環境をはじめ様々な分野にまたがって活動しているものの、分野別の支出割合で最も主要なものは子どもの保健衛生などの関係であることが分かる。この関係では、例えばワクチンの予防接種は UNICEF の活動としてよく知られているが、他にも、栄養失調治療食の支援や、HIV/エイズから母子感染を予防し青少年に対する感染予防や治療ケアを行うなど、幅広く活動している。

　日本との関係では、UNICEF は第2次世界大戦後の食糧・物資不足の日本に対して支援を実施し、それは国内で大いに歓迎された。具体的には、1949年

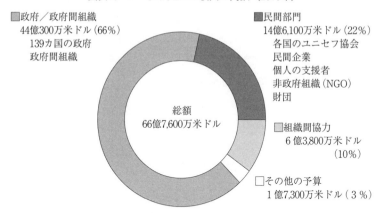

図表13-1　UNICEF の収入の内訳（2018年）

■政府／政府間組織
44億300万米ドル（66％）
139カ国の政府
政府間組織

■民間部門
14億6,100万米ドル（22％）
各国のユニセフ協会
民間企業
個人の支援者
非政府組織（NGO）
財団

総額
66億7,600万米ドル

□組織間協力
6億3,800万米ドル
（10％）

□その他の予算
1億7,300万米ドル（3％）

（出典）日本ユニセフ協会ウェブサイト

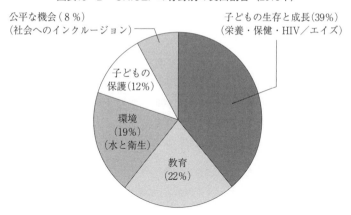

図表13-2　UNICEF の分野別の支出割合（2018年）

公平な機会（8％）
（社会へのインクルージョン）

子どもの生存と成長（39％）
（栄養・保健・HIV／エイズ）

子どもの
保護（12％）

環境
（19％）
（水と衛生）

教育
（22％）

（出典）日本ユニセフ協会ウェブサイト

に脱脂粉乳と原綿の供給を中心に対日救援活動の支援が開始され、脱脂粉乳は学校給食に取り入れられ、UNICEF からの粉乳を取り入れた給食を実施した小学校の生徒は、給食を実施していない小学校の生徒よりも発育効果が認められたことが日本政府から国連に報告された。また、原綿は日本政府の費用負担で衣料に加工され、児童に届けられ、特に1949年12月の配給はクリスマス直前で大きな反響を呼び、母子からの感謝状が UNICEF に多数寄せられ、各地で

感謝の会が開催され、翌年4月には衆議院が院議によりUNICEFとGHQに謝意を表明したなど、国民の間に親UNICEF意識を浸透させることとなった（安田）。日本ユニセフ協会によると、日本への援助は東京オリンピックが開催された1964年まで続き、15年間の援助総額は、当時の金額で65億円になった。この期間中に例えば、1955年には日本の全国約700自治体の母子衛生組織にユニセフ・ミルクが贈られ、以後1959年まで続き、また、1959年9月の伊勢湾台風に際しては、被災母子に毛布4万枚が贈られた。このような復興期の日本への支援が、現在まで続く日本からUNICEFへの民間寄付の多さにも繋がっている。

　本節の冒頭で、UNICEFは途上国の子どものために活動、と述べたが、先進国となった後の日本でも、東日本大震災を受けて例外的に日本ユニセフ協会により被災地への支援が実施された。同協会に寄せられた東日本大震災緊急募金は、国内から約35億4000万円あっただけでなく、海外からも約12億1000万円が寄せられ、これを原資として、緊急支援物資の提供、保健・栄養、心理社会的ケア、子どもの保護、子どもにやさしい復興計画、教育という幅広い分野にわたって被災東北三県で支援が実施された。

　国連システムには、ここまで説明してきたWHOとUNICEFの他にも、エイズ対策のための国連システムの関係機関の合同組織である国連合同エイズ計画（UNAIDS）や人口問題・家族計画・妊娠・出産・母性保護関係等の国連人口基金（UNFPA）など幾つかの国際保健衛生機関があり、例えば世界銀行やUNDPなどの他の機関も国際保健衛生面での活動を実施している。ただ、国際保健衛生を担う組織は、これらの国連システムの機関以外にも、世界基金（世界エイズ・結核・マラリア対策基金）やビル＆メリンダ・ゲイツ財団やユニットエイド（UNITAID）など様々な機関ができており、本節で述べたような関係の国連システムの機関にとって、伝統的なドナー国などに加えて、それらの国連システム以外の機関との連携協力関係が非常に重要となってきている。

第3節　EUの感染症対策と保健・医療・公衆衛生政策

　国際感染症（国境を越える感染症）とは何か。伝統的感染症としては、結核、マラリア、ペスト、ポリオ、コレラなどがよく知られている。感染症の伝播方

式は、SARS や天然痘などに見られるように病原体が人から人へ感染するタイプと、狂犬病などの人獣共通感染症では動物から動物へ感染し、次に動物から人への伝播が起こるタイプもある。BSE（狂牛病）のように、異常プリオンと呼ばれるタンパク質を含む牛肉を1g 食しただけで人間や牛の脳細胞が破壊され、死に至る人獣共通感染症もある。これらの伝播方式とは異なり、マラリアやデング熱などのように、ベクター（媒介物）を経て人へと伝播する場合もある。ペストなどのように病原体が動物から媒介生物へと伝播し、さらに媒介生物を介して人へと伝播するタイプ、あるいは人から媒介生物へと伝播し、さらに人への伝播が起こるという間接的に伝播する感染症のタイプもある。

　グローバル化に伴う人の越境移動や地球温暖化の影響によって先進国では既に撲滅されたと思われていた結核やマラリア、デング熱、狂犬病などが先進国で「再興感染症」として広がりつつある。1918〜20年のスペイン風邪では世界で4000万人が死亡したが、世界への拡散には半年かかり、夏の到来とともに収束した。しかし人口の規模と密度が当時の約３倍になり、ジャンボ・ジェット機が発達した2000年代初頭に発生した SARS（重症急性呼吸器症候群）では、４日から７日間で全世界に広がった。さらに2000年前後からエボラ出血熱、西ナイル熱、HIV/AIDS（後天性免疫不全症候群）、SARS、新型鳥インフルエンザなどの「新興感染症」も人類にとって大きな脅威となってきている。

　EU 諸国では、保健・医療・公衆衛生政策は、社会保障政策の一部として加盟国の権限と責任の範囲にあると捉えられ、EU は補完的な役割を演じるにすぎなかった。しかし国際保健衛生環境の変化に呼応して、EU では1987年単一欧州議定書において、安全・環境保護・消費者保護・健康を規定する条項（第100a 条）で初めて保健・医療分野にも条約上の根拠を置くに至った。グローバル化の進展に伴い、EU が加盟国ごとに異なる制度や政策を単に調整する段階から、現在では EU レベルの感染症対策に加え、人の健康にかかわる医薬品、医療機器、血液、移植臓器の質や安全性を確保し、EU が保健・医療・公衆衛生政策の広範かつ包括的な政策を展開する段階へと移った。

　1993年10月発効した EU（マーストリヒト）条約では、「パブリック・ヘルス」を規定した（第３条、第129条）。1999年５月発効の EU（アムステルダム）条約では、①EU 公共政策の形成・実施に「高水準の健康保持」の保障、②疾病予防

と健康危険の除去及び健康増進、③薬物依存防止、④臓器・人の組織・血液・血液関連物質の安全性に関する高水準の基準設定「高水準の健康の保持」と「疾病の予防、薬物依存を含む健康阻害要因からの予防」（第152条）を EU 保健・医療・公衆衛生政策の目的として明確に規定した。また欧州委員会の行政機関として第24総局（消費者・保健総局）に加えて、第5総局（社会・労働総局）「医療・保健・労働安全局」（F局）を設置し、①医療・保健分析・調整・政策立案、②疾病に対する行動計画の実施、③健康増進・疾病モニタリング・労働災害・労働衛生行政を管轄することとした。EU の役割、行動戦略、目的達成のための手段と評価、レヴューと協議手続きや戦略的な5カ年計画も策定された。2000年プロディ欧州委員会は、「欧州健康戦略」を提案し、「健康戦略に関するコミュニケーション」として採択した。さらに9・11米国同時多発テロの影響もあり、バイオ・テロや国境を越える感染症対策も策定されることになった。

　2009年12月発効した EU（リスボン条約）では、同時に欧州基本権憲章（第35条）の法的効力発生との関連もあり、共通の安全にかかわる健康・公衆衛生の分野で、EU と加盟国が「共有権限」を有することが規定された。また EU は、人の健康の保護・増進のために加盟国の措置を支援・調整・補完し（EU 運営条約第6条a)、雇用水準の向上、社会保護と人の健康維持のための政策、措置、実施において加盟国と協力することを謳っている（EU 運営条約第6条a)。さらに感染症やバイオ・テロなど国境を越える健康への脅威と闘い、EU は加盟国と共に健康にかかわるモニタリング、評価の導入、実施措置に加盟国間の協力を促進する役割などが挙げられている（EU 運営条約第168条5項）。

　EU 保健・医療・公衆衛生政策の目的は、①若者・就業世代に影響する死亡の防止、②障害や疾病なく寿命を延ばし、③健康状態改善・慢性的な障害状況を避け、生活の質の向上を図り、④経済的・社会的状況に起因する健康状態の悪化を最小限にし、福祉を向上させる。⑤計画に対する財政的支援・先駆的プロジェクトの実施、⑥患者の自由移動に対する障害の除去、医薬品の適正使用によるコストダウンなど、加盟国の権限を尊重して「補完性」と「比例性」原則に則り、政策実施することとしている。EU の加盟国と EU が設置した欧州疾病予防管理センター（ECDC）、及び WHO と欧州委員会が協力し、EU と加盟国の両レベルで保健医療体制の整備を進めてきた。こうした EU/ 欧州諸国

における健康レジームにおける感染症のコントロール事例を取り上げ、EU の感染症政策の取組みを見てみよう。

第4節　EU の感染症政策と健康リスクのネットワーク・ガバナンス

　国際感染症の制御は国境を越える複数の多様なアクターが、長期的目標を共有し、協力する場合に有効性を発揮するガバナンス形態であるといえる。そのため「政策ネットワーク・ガバナンスの概念を用いると、感染症の予防やサーベイランスを行う多様なアクターの政策連携の秩序がどのように構築されるのか、国際機関と各国の保健医療政策を通じて、関係機関間での交渉と討議・熟慮の複雑なプロセスを理解するのに役立つ」（福田 2009）といえよう。

　EU は、2004年5月中東欧諸国の10カ国を迎え入れ、25加盟国となった。これに伴い、西欧諸国へ就労の場を求め多くの中東欧諸国民が流入した。しかしこれらの中東欧諸国では、結核についても図表13-3のように撲滅されているとは言い難い状況にある。医療体制が不十分で予防接種を受けていない諸国家

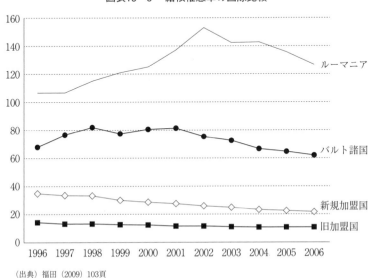

図表13-3　結核罹患率の国際比較

（出典）福田（2009）103頁

から移民労働者が流入することによって西欧諸国において結核の感染症罹患リスクを高めることが予想された。

なぜなら、①中東欧諸国においては結核等の感染者が多く、②脆弱な集団（ナーシングホーム）、囚人への感染、及び③ホームレス・シェルター、HIV 感染者、移民などにとって感染リスクも高い傾向にあるからである。さらに薬剤耐性菌の出現により、難治性結核に罹患する感染者の増加が認められる。しかし個人の利益、プライバシーの尊重、人権の尊重、集団としての利益（国民連帯、社会連帯）、経済・社会的影響をいかに制御するのか、といった問題も同時に提起されるため、感染症制御のためのガバナンスが有効かつ効率的に実施し難い現実もある。

EU は、国境を越える感染症をいかにして制御してきたのであろうか。1993年欧州理事会は、EU レベルでの感染症のコントロールとサーベイランスを行うネットワークが必要であると決定した。1998年、欧州理事会及び欧州議会は加盟国間の協力を促進するために EU レベルでのネットワークを構築し、感染症の予防とコントロールを行うこととした（Decision No 2119/98/EC）。まず、流行している疾患のサーベイランスを行い、感染症の早期警告と対応システムの EU レベルにおけるネットワーク化を図った。次に欧州委員会がリーダーシップをとり、サーベイランスすべき感染症のリスト、疾患の選択基準、症例の定義、収集すべきデータ・情報のタイプと性質、疫学的微生物学的サーベイランスの方法、防御方法のガイドライン、国民に対する情報提供と指導ガイドラインを作った。2000年欧州委員会は、早期警告・対応システム（Early warning and Response System：EWRS）の構築を図り、他の加盟国に拡大する恐れのある感染症の国内での発生、加盟国に拡大する可能性がある EU 域外での発生状況などを報告する仕組みを作った。

2004年４月「欧州疾病予防管理センター」（European Centre for Disease Prevention and Control：ECDC）が、欧州議会及び理事会規則（851/2004）により設置が決定され、2005年５月開設された。ECDC はリスク評価と科学的アドバイスとガイドラインを提供するハブとして機能する（福田 2009）。EU は、ヨーロッパにおけるインフルエンザ、SARS 及び HIV/AIDS、結核のような国際感染症に対する予防、防御を強化するための支援を行うことになった。ECDC

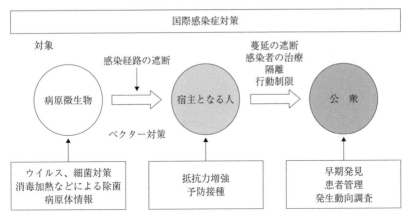

図表13－4　国際感染症の伝搬

国際感染症対策

対象

感染経路の遮断

蔓延の遮断
感染者の治療
隔離
行動制限

病原微生物　→　宿主となる人　→　公　衆

ベクター対策

ウイルス、細菌対策
消毒加熱などによる除菌
病原体情報

抵抗力増強
予防接種

早期発見
患者管理
発生動向調査

（出典）福田八寿絵の早稲田大学での講演（2008年5月・EUフレンドシップ・ウィーク）資料を基に、筆者（福田耕治）作成

を通じて、再興感染症あるいは新興感染症がもたらすリスクに対し、科学的見解を示し、欧州の医療知識提供を支援している。ECDCの任務は、①人間の疾病予防及びコントロールを通じて健康を保護するためにEUとその加盟国の能力増進を図ること、②未知の感染症の発生がEUを脅かす場合に、独自のイニシアティブに基づいて活動を行うこと、③EUの諸機関、加盟国、関連する国際機関、特にWHOと連携することにより公衆衛生分野における責任を果たすものとしている。

　ECDCは、これらの任務を遂行するため、関連する科学的なデータを収集・整理し、評価及び情報の提供を行う。さらに、ECDCは専門家のトレーニングも含む科学的技術支援を行い、その情報を欧州委員会と加盟国、公衆衛生分野の国際機関に提供する。欧州委員会は、公衆衛生活動を行っているネットワーク機関と協力しつつ、専門サーベイランス・ネットワークを管轄し、活動を行う。例えばWHOのグローバル感染症集団発生警告対応ネットワーク（Global　Out- break Alert and Response Network：GOARN）との連携協力もその一つである。コペンハーゲンのWHO欧州事務局であるWHO-EUROPやジュネーブのWHO本部とEUは、政策的、戦略的、活動的レベルでのパートナーシップ強化を行っている。ECDCの組織は、運営局（Management Board：MB）、

局長（Director）とそのスタッフ、助言フォーラム（Advisory Forum）から構成され、機構構造としては科学諮問部門（Scientific Advice Unit）、サーベイランス部門（Surveillance Unit）、準備・対応部門（Preparedness and Response Unit）、健康コミュニケーション部門（Health Communication Unit）と局長官房（Director's Cabinet）に分かれている。

　各加盟国の役割は、早期警告対応システムを通じて科学的データをタイムリーにECDCとの情報交換を行い、欧州委員会とも連絡を取り合うガバナンスの体制をとっている。各加盟国の役割は、リストにあるすべての疾患とその状況に関するサーベイランスシステムの構築とその管理を行うことである。各国は、自国のアウトブレイクを管理し、監視し、アウトブレイク拡大の危険性を早期警告システムを通じて報告し、アウトブレイクに対応する専門家名を公表する。さらに疫学的介入研修のためのヨーロッパのプログラム（European Programme for Intervention Epidemiology Training：EPIET）という感染症を予防し、サーベイランスを行うための疫学トレーニングプログラムも策定し、人的資源の確保を行っている。さらにECDCは、ウェブサイトを公開し、各種メディアに毎週最新の情報提供を行っており、医療者以外の民間人への情報提供も実施している。　またECDCは欧州委員会、欧州議会、加盟国の保健省、保健相及び欧州食品安全局（European Food Safety Authority：EFSA）、欧州医薬品庁（European Medicinal Agency：EMA）、欧州環境庁（European Environment Agency：EEA）、欧州化学庁（European Chemical Agency：ECHA）、欧州薬物使用モニターセンター（European Monitoring Centre for Drug and Drug Addiction：EMCDDA）などEUが設置した各種エージェンシーと相互に連携・協力し、情報提供を行っている。さらにECDCは加盟国保健・医療・公衆衛生担当行政機関とのネットワーク、WHOなどの国際機関や米国疾病管理センター、中国疾病管理センターなど域外諸国とのネットワークも構築し、食品や製品が感染源となることから食品に関する早期警告システムや製品安全に関する早期警告システムとのネットワーキングにも留意し、EUの他の各種エージェンシーや諸機関とのネットワークを形成している。これら国際行政機関と諸国家によるグローバルな保健・医療・公衆衛生の情報ネットワークを通じた感染症予防ガバナンスの仕組みが構築され、運用されている。グローバル化する現代国際社

会において人の健康への脅威を防御し、公衆衛生の向上を目指すことは不可欠である。それゆえ保健・医療・公衆衛生政策は、SDGsの持続可能な発展戦略を牽引する重要政策の一つとして位置付けられている。

　2019年12月新型コロナウイルス（COVID-19）が中国の武漢市で報告されて以降、新型肺炎は国境を越えて世界規模で拡大し、人類に脅威を与えている。ジョンズ・ホプキンス大学の調査に拠れば、2020年4月12日現在で世界全体の感染者数は200万人、死亡者は11万人に迫っている。WHOは、1月中旬時点で「コロナウイルスが人から人へと感染する証拠はない」としていたが、WHOテドロス事務局長が新型コロナ感染は「パンデミック（世界的大流行）」状況にあるとの評価を表明したのは3月12日であった。

　欧米諸国を中心に世界中で急激な感染拡大が現在も続いており、日本でも収束する兆しは見えない。EU・欧州委員会は、2020年1月「市民保護メカニズム」を発動し、EUと加盟国の共同出資で個人用防護服などの支援物資を中国に送り、WHOに対し1億1400万ユーロを支援し、アフリカでの予防対策に1500万ユーロ、ワクチン開発研究資金に1億ユーロを拠出し、3月2日新型コロナ対策本部を設置した。新型肺炎の爆発的感染拡大に伴う公衆衛生上の世界的危機に対し、国連、WHOやEUなどの国際行政機関に加え、多くの主権国家政府が国内緊急対策を講じており、イタリア、スペイン、フランスなどEU加盟国では国境封鎖により人の越境移動が制限された。EU諸国、イギリス、アメリカ、そして日本などリベラルデモクラシーを前提とする諸国家でも感染封じ込め対策が進められているが、公衆衛生上の危機を乗り切るための人々の行動制限は目的と必要な期間を限定して補完性原則と比例性原則に則り実施し、基本的人権や民主主義的諸価値を犠牲にするものであってはならない。WHOの感染症拡大への対応の遅延、在り方が各国での感染防御対策を遅らせた原因ともなったとして、WHOの保健・公衆衛生行政に対して国際的な批判が高まっている。新たな国際保健・医療機関を創設すべきだとする声もあるが、WHO事務局長の選任方法、人事改革も考えられる。いずれにせよ、情報の客観性と中立性が担保できる公衆衛生情報を発信することが国際行政機関として求められる。非常時だからこそ情報の根拠を示し、地球規模で市民が連帯して政府の腐敗を監視し、フェイクニュースなどの虚偽情報の流布をAI技術

活用等によってチェックする評価体制を整える必要がある。メディアの正確性、客観性を保ち、国際行政機関や政府広報も感染症情報の発信には、科学的・客観的事実の迅速な公表、正確性、透明性の確保に徹することが要請されるであろう。

〔Further Reading〕

元田結花（2008）「国境を越える感染症対策」遠藤乾編『グローバル・ガバナンスの最前線―現在と過去のあいだ』東信堂、98-120頁

福田八寿絵（2009）「EU における感染症予防政策のガバナンス」福田耕治編『EU とグローバル・ガバナンス』早稲田大学出版部、93-120頁

福田耕治・福田八寿絵（2009）『EU・国境を越える医療』文眞堂

安田佳代（2010）『国際政治のなかの国際保健事業―国際連盟保健機関から世界保健機関、ユニセフへ』ミネルヴァ書房

福田八寿絵（2011）「EU 公衆衛生政策とリスボン条約」『日本 EU 学会年報』Vol. No. 31、265-289頁

昇亜美子（2015）「国際機関との関係」恒川恵市編『大震災・原発危機下の国際関係 大震災に学ぶ社会科学 第7巻』東洋経済新報社、171-203頁

福田八寿絵（2016）「EU タバコ規制政策と健康リスク管理」福田耕治編『EU・欧州統合研究―Brexit 以後の欧州ガバナンス〔改訂版〕』成文堂、189-209頁

福田八寿絵（2019）「たばこ規制のグローバル・ガバナンス」宮脇昇編『現代国際関係学叢書 第5巻 国際関係の争点』志學社、196-214頁

駐日欧州連合代表部（2020）「新型コロナウイルス感染症拡大への EU の対応」EU MAG（2020年3月9日）

〔設問〕

1 WHO・UNICEF と日本の関係について具体例を挙げつつ説明した上で、日本にとっての両機関の意義と、日本が両機関を通して国際社会に対して果たしていくことが望まれる役割について論じなさい。

2 EU における感染症予防と保健・医療・公衆衛生政策のガバナンスについて、論点を整理しなさい。

【福田耕治・坂根　徹】

第 **14** 章

国際教育・文化・科学技術政策と国際行政

［本章で学ぶこと］
　国連 SDGs の目標 4 は、すべての人々に包摂的かつ公平で質の高い初等教育を受け、学修の機会を得られるよう促進することや、2030年までにすべての児童が、障害、ジェンダーに配慮した初等教育を受け、さらに質の高い技術教育、職業教育及び大学を含む高等教育にアクセスできるようにすることを掲げている。本章では、この教育等の分野に関する国連システムの機関として国連教育科学文化機関（UNESCO）を取り上げ、ESD やユネスコスクールなどの日本での取り組みを含めて検討し、次いで科学技術分野の国際行政の具体例として国際電気通信連合（ITU）を取り上げその特徴などを学ぶ。そして EU においても教育・文化政策や科学技術・イノベーション政策が展開されている現状と課題についても学ぶ。

第 1 節　UNESCO の国際教育政策

　国連システムで教育・文化・科学の政策を担う最も有名な機関は、1946年に発足した国連教育科学文化機関（UNESCO）である。UNESCO は、1945年 8 月の広島・長崎に原子爆弾が使われた悲劇を踏まえて、教育と文化に加え科学が平和のために生かされなければならないという決意の下で、同年11月にロンドンで開催された「教育文化機関設立のための国連会議」において採択された UNESCO 憲章に基づき、それまでの取組みを継承しつつ設立されたものである。UNESCO 設立の背景・目的・理念等は、UNESCO 憲章第 1 条第 1 項の「正義、法の支配、人権及び基本的自由に対する普遍的な尊重を助長するため

に教育、科学及び文化を通じて諸国民の間の協力を促進することによって、平和及び安全に貢献すること」や、憲章前文の「専横は人の心の中で生まれるものであるから、人の心の中に平和のとりでを築かなければならない。相互の風習と生活を知らないことは、人類の歴史を通じて世界の諸人民の間に疑惑と不信を起こした共通の原因であり、この疑惑と不信のために、諸人民の不一致があまりにもしばしば戦争となった」などによく体現されている（西海 2016）。

このような UNESCO は、図表14 - 1 のような組織構造となっている。

図表14 - 1　UNESCO の組織図

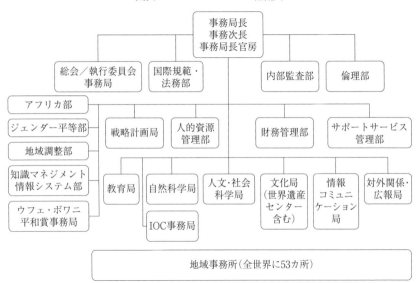

（出典）文部科学省ウェブサイト

UNESCO は、事務局の中に教育・科学・文化に関する各局が置かれており、組織面からも教育・科学・文化の諸政策を所掌していることが確認できる。これらのうち科学については、単に自然科学だけでなく、人文・社会科学も置かれており、また、IOC 事務局も（国際オリンピック委員会ではなく）政府間海洋科学委員会ということで、やはり科学関係の部局となっている。また同図の左側には、アフリカ・ジェンダー・地域調整・知識情報・平和関係の部局が置かれており、それらが分野横断的なイシューとして重視されていることが

分かる。

　UNESCO の教育局の事業には様々なものがあり、万人のための教育（Education for All, EFA）の調整・企画（EFA の国際調整とモニタリング、EFA 達成のための政策・企画・評価）、万人のための基礎教育の達成（基礎教育の普及、識字率イニシアティブと国連識字の10年、教員教育）、質の高い教育の促進（共生教育、エイズ予防教育）、義務教育後の支援（中等教育及び技術職業教育、知的社会のための高等教育）などがある（西海 2016）。

　教育面で SDGs とも密接に関係し、日本が積極的に推進してきた取組みとしては、持続可能な開発のための教育（ESD）がある。この ESD は、関連する様々な分野を持続可能な社会の観点から繋げ、総合的に取組んでいくことが重要とされている。図表14 - 2 にある各分野はあくまでも例であり、実際にはこれらに限らず、例えば、気候変動、減災、海洋、持続可能な生産・消費、福祉、ジェンダー平等、人権、平和、文化多様性なども挙げられる（文部科学省・日本ユネスコ国内委員会 2018）。そして、これらの様々な分野の教育を行うことは、実質的には SDGs の様々な分野を教育することに繋がっている。

図表14 - 2　ESD の概念図

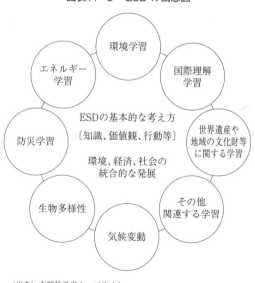

（出典）文部科学省ウェブサイト

このような ESD の教育の普及のために、文部科学省と日本ユネスコ国内委員会では、ユネスコスクールを推進拠点と位置付けている。

　ユネスコスクールの歴史は古く、1953年に UNESCO がユネスコスクール・ネットワークを当初15カ国33校で発足させた。その目的は、教育交流と文化交流による国際理解の促進であった。日本は創設時から参加し、一時50校にまで増えた。その背景には、第2次世界大戦への深い反省から、（当時はユネスコ協同学校と呼ばれていた）ユネスコスクールを中心とする平和教育、国際理解教育が全国的に大きな盛り上がりを見せていたことがある。その後、日本国内では停滞期に入り、20校前後で推移し、2005年時点ではわずか19校になった。しかし、同年から始まった「国連持続可能な開発のための教育（ESD）の10年」が一つの契機となり、また、様々なグローバルな諸問題に対する関心や危機感も高まり、再び教育関係者の関心を集めるようになり、ユネスコスクールの加盟校は急速に増加していった。2014年には、「ESD に関する世界会議」及びその一環としての「ユネスコスクール世界大会」が日本（名古屋市と岡山市）で開催されるなど、日本も ESD とユネスコスクールの国際的な推進に尽力している（小林 2014）。そして SDGs の中でも、持続可能な開発を促進するために必要な知識及び技能を習得できるようにするための手段の一つとして、SDGs4.7で ESD が挙げられている。

　文科省・日本ユネスコ国内委員会によると、日本国内のユネスコスクール加盟校数は、2009年度に152校と100校を超え、2016年に1008校と1000校を超えた。最も多いのは小学校であり半数弱を占めているが、中学校と高校（及び中高一貫校）も各々数百校存在しており、それらに比べると少ないものの、幼稚園、特別支援学校、大学、高等専門学校、その他と様々な種類の学校でユネスコスクールが存在している。ユネスコスクールとなるためには、UNESCO の理念に沿った取組みを継続的に実施していることが必要で、加盟申請から承認までの間に加盟希望校には様々な作業が必要となり、また、原則1年間以上、ユネスコスクール支援大学間ネットワーク（ASPUnivNet）の助言を得つつ、ユネスコスクールガイドライン等に沿った活動を実施し、その間の活動報告書を文部科学省に提出することが必要とされている。そして、加盟国には「ユネスコスクールガイドライン」やユネスコ本部の定めるガイドライン等を踏まえた

各学校の積極的な活動、UNESCO やその関係機関・団体が行う様々な活動への参加、日本ユネスコ国内委員会（文部科学省）への年次報告書の提出及び年次活動調査への協力などが求められる。このように、ユネスコスクールとなり、その資格を維持していくためには、一定の事務的な負担を伴うが、他方で、それにより加盟校側が得られるメリットもある。第1に、国内で1000を超え、世界では1万を超える世界的な学校間ネットワークの一員になることにより、生徒や教員が国内や海外のユネスコスクールと交流して経験や情報を共有することや、UNESCO が開催する学生や教員を対象とした国際会議や協働プロジェクトに参加することが可能になり、それを通して、グローバル人材の育成に繋がるということである。第2に、学校の意欲に応じて、ESD 実践のための人・モノ・情報が得られ、教育手法の変革と児童生徒の変容に繋がるという。

この点具体的には、ESD の推進拠点としてユネスコスクール事務局や AS-PUnivNet から情報・指導助言・教材などを得られる。また、ユネスコスクールの教員や教育関係者が一堂に会する全国大会や地域の研修会などに出席して他校の優れた ESD 実践事例を学び意見交換等をすることができ、それにより、教育課程の編成、学習方法や学習スタイルなどの教育手法の変革に繋がり、さらには児童生徒の変容にも繋がることが期待できるということである。

「平成29年度ユネスコスクール年次活動調査結果・考察」からは、児童生徒、教師、カリキュラム・教授法のいずれにも、ユネスコスクールに加盟し ESD の推進拠点となったことによる効果（変化）が確認できたとされている。具体的には、①児童生徒の変化としては、地域の環境に意識や関心が高まった、活動に積極的に参加するようになった、ボランティア活動に参加する生徒が増えた、課題解決学習に取組むようになった、学習に取組む意欲が向上した、地域への愛着や誇りに思う気持ちが育ったなどが、また、②教師の変化としては、ESD の視点を教育活動に取り入れるようになった、総合的な学習の中で ESD を意識するようになった、教科の教育の中で ESD の視点を意識した授業を工夫するようになった、地域連携の能力がついた、児童が意欲をもち積極的・主体的に取組む指導をするようになったなどが、そして、③カリキュラム・教授法の変化としては、総合的な学習の時間を中心に、教科横断型の学習を進めている、年間の計画を立て ESD カレンダーを作成した、地域を教材に

したカリキュラムや地域の人材を活用した授業、教師主導から生徒主体の課題解決型に変化したなどが挙げられている（文部科学省・日本ユネスコ国内委員会 2018）。

　日本でのユネスコスクールの推進活動には、地域格差も存在しているということであり、官民が一体となった様々なユネスコスクール普及活動によって、全国的に底上げを図っていくことが課題であるとされる。このような中で、東日本大震災の主要な被災県の一つである宮城県は全国でも最もユネスコスクール活動が盛んな地域の一つであり、特に気仙沼市は全国に先駆けて、2010年には市内のすべての公立学校がユネスコスクールに加盟した。翌年の東日本大震災を受けて、同市では ESD 的視点からの防災教育の拠点としての取組みも進めている。そして宮城県では、宮城教育大学と東北大学が ASPUnivNet の加盟大学として、同県（や東北全域）のユネスコスクール活動を積極的に支援している（小林 2014）。日本の様々な地域でのユネスコスクールの取組みは、文科省のユネスコスクール公式ウェブサイトで確認することができる。

　日本と UNESCO の関係としては、このような ESD やユネスコスクール以外にも、有名な世界遺産関係だけでなく、例えば、主要な財政貢献国で執行委員会の委員国となってきたことや、1999年から10年にわたり事務局長に松浦晃一郎氏が就任していたことなどの一方で、（後任のブルガリア人のイリナ・ボコバ事務局長の下で）2015年には「南京大虐殺」の資料がいわゆる記憶遺産に新規登録されたことに日本政府が中立・公平であるべき国際機関として問題であり極めて遺憾と表明（同年10月10日の外務報道官談話）し、一時分担金の支払いを留保するなど、対応を迫られたこともある。ボコバ事務局長の時期には、2011年に UNESCO がパレスチナの正式加盟を承認した問題も起こり、アメリカは、分担金の拠出を停止した上で、UNESCO が反イスラエル的であるなどとして2017年末にボコバ事務局長に脱退を表明し、実際に翌年末に脱退した（また1984年から2003年中途までの間も脱退していた）など政治問題が起きやすい国際機関という側面もある。なお、ボコバ事務局長の後任には、2017年中途にフランス人のオードレ・アズレ氏が就任している。

第2節　ITUの国際電気通信政策

　電気通信は、現代社会において科学技術の重要分野の一つである。このような電気通信について国連システムには、国際電気通信連合（ITU）という専門機関がある。このITUの沿革は、第2章第1節で紹介のあった1865年の万国電信連合（UTU）という国際行政連合に遡れるものであり、非常に歴史がある機関である。ただITUの沿革はこの電信規制分野だけでなく、国際無線通信規制、国際電話規制という諸分野の複合体として発展してきたものであり、組織的には「連邦的構造（federal structure）」と規定される複雑な構造が取られてきた。その意味で、アドホックな目的ごとの組織化（＝機能的アプローチ）を特徴とする国際行政全体の縮図とも称されている。具体的には、上記のUTUに加えて、国際無線通信規制については1906年に国際無線電信連合が成立し、国際電話規制については1924年に長距離電話に関する国際諮問委員会（CCI）が成立した。その後、これらが合併し、1932年にITUが設立されたが、上記の「連邦的構造」は維持され、1992年の全面的な組織の再編成を経ても、無線通信部門（ITU-R）、標準化部門（ITU-T）、開発部門（ITU-D）の「3部門」制として各部門の自律性がむしろ強化されたということである（城山 1997、2013）。このようなITUの組織構造の特徴は、図表14-3の最近のITUの組織図にも明瞭に示されている。

　このITUの特徴としてはまた、国際標準化活動の調整枠組みが発達していることが挙げられる。具体的には、国際諮問委員会（後の標準化部門）では、各国の実務関係者が参加する研究グループ会合における直接的接触により、各国関係者が提案、実験結果、コメント等の情報の共有を通して、参加者間の相互作用が図られていき、最終的に勧告という公示形式で提示されるという手法がとられてきた。各国の実務関係者の直接的接触が重要な中で、事務局の役割は、各研究グループの議長を補佐し、運営を支援するなど限定的なものとなる。なお勧告という形式は、各主権国家の批准を要さないため、迅速な対応が可能で実効性があり、各地域・国の事情に合わせて適用できる柔軟性もある。これに、途上国へ執行を支援する技術援助が加わり、世界のこの分野の標準化

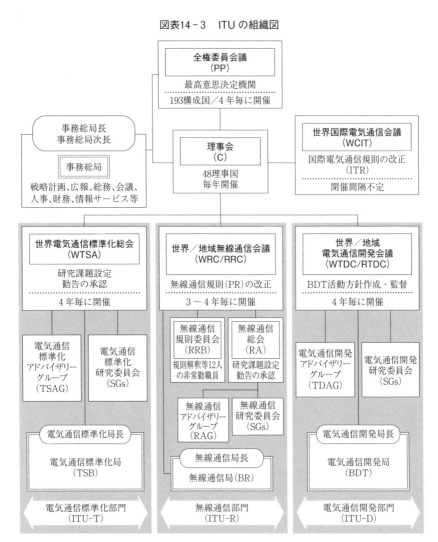

図表14-3　ITU の組織図

全権委員会議
（PP）

最高意思決定機関

193構成国／4年毎に開催

事務総局長
事務総局次長

事務総局

戦略計画、広報、総務、会議、
人事、財務、情報サービス等

理事会
（C）

48理事国
毎年開催

世界国際電気通信会議
（WCIT）

国際電気通信規則の改正
（ITR）

開催間隔不定

世界電気通信標準化総会
（WTSA）

研究課題設定
勧告の承認

4年毎に開催

電気通信
標準化
アドバイザリー
グループ
（TSAG）

電気通信
標準化
研究委員会
（SGs）

電気通信標準化局長

電気通信標準化局
（TSB）

電気通信標準化部門
（ITU-T）

世界／地域無線通信会議
（WRC/RRC）

無線通信規則（PR）の改正

3～4年毎に開催

無線通信
規則委員会
（RRB）

規則解釈等12人
の非常勤職員

無線通信
総会
（RA）

研究課題設定
勧告の承認

無線通信
アドバイザリー
グループ
（RAG）

無線通信
研究委員会
（SGs）

無線通信局長

無線通信局（BR）

無線通信部門
（ITU-R）

世界／地域
電気通信開発会議
（WTDC/RTDC）

BDT活動方針作成・監督

4年毎に開催

電気通信開発
アドバイザリー
グループ
（TDAG）

電気通信開発
研究委員会
（SGs）

電気通信開発局長

電気通信開発局
（BDT）

電気通信開発部門
（ITU-D）

（出典）日本 ITU 協会ウェブサイト

が進んできた面がある（城山 1997、2013）。このような事務局と直接的接触の場
としての委員会・アドバイザリーグループ等の位置付け及び勧告という形式の
重要性などの ITU の組織構造の特徴も、図表14-3の ITU の組織図から確認
することができる。

ITU とその前身の機関では、（企業や業界団体などの）NGO の参加が進んできたことも特徴として挙げられる。具体的には、国際電信連合では、1871年のローマ会議以降、私企業の参加が認められてきた。国際諮問委員会では、認められた私企業（RPOA）、学術工業団体（SIO）が、財源負担まで担って活発な提案活動等を行ってきた。また、国際無線規制では、1926年に放送事業者間のNGO が放送用周波数の各国への事前割り当て計画を作成し、1929年に開催された政府間会議の準備に大きな役割を果たした。このように、ITU の前身の時代から NGO の参画が進んできたということである（城山 1997）。

ITU は、例えば最近世界的に注目されている新技術である５G（第５世代移動通信システム）においても標準化の取組みに関与してきた。電気通信分野は技術の発達が目覚ましく、それは歴史的にも現在も民間により担われてきた面が大きく、ITU だけで標準化の議論・検討がなされているのではなく、例えば3GPP など標準化を推進する他の重要な団体も存在している。しかし、ITU は政府間組織でありながら、関係の企業や業界団体が標準化をめぐる協議に正式に参画できている面で強みがある。

ITU でのこのような標準化の取組みは、主務官庁（日本では総務省）や業界関係者など一部を除いてはあまり知られていないが、実際には、ここでの協議の結果、標準化や仕様が固められ、国際的に広く流通していく。そのため、日本企業が単独または他国企業と連携して開発してきた技術がどの程度標準仕様として採用されるかは、この分野の国際競争力にも影響を与えるものとなっている。５G では、日本はグローバルな技術開発や商用化で成功したとはいえないようであり、次世代のいわゆる６G（第６世代移動通信システム）での巻き返しが重要となっている。ITU では、2030年以後の将来のデジタル社会とネットワークに向けた６G の技術研究グループ（FG NET-2030）が、2020年の５G 導入前の2018年７月に設置されたなど、既に ITU-T の第13スタディ・グループにより検討が進められており、主要国では取組みが進んでいる。日本でも2020年１月に総務省が有識者会議を開催するなど取組みがなされており、ITU の場を含めて、今後どの程度有効な技術提案が日本からなされ、国際標準規格として採用されていくのか、2030年に向けて動向が注目される。

なお、ITU 事務局トップの事務総局長には以前、内海善雄氏という旧郵政

省官僚が1999年から2期8年間務めたことがあるが、近年では、2015年に中国人技術者のHoulin Zhao氏が事務総局長に就任し2期目となり、また、電気通信標準化局長も2015年に韓国人技術者のChaesub Lee氏が就任し2期目となるなど、中韓は世界の電気通信ビジネスでの躍進だけでなく、ITUの事務局の中で重要ポストの確保の面でも目覚ましい。日本人は幾つかのスタディ・グループの議長や副議長を占めてはいるが、以前に比べて単独での影響力が減少していると見られる。その中で、国内の様々な主体間の連携を一層強化しつつ、優れた技術開発・応用及びその技術提案を行っていくとともに、一層の国際連携が求められている。無論その際、どの国・主体とより緊密に連携すべきか及びその理由と期待される中長期的な効果を十分踏まえる必要がある。

第3節　EU教育政策・文化政策のガバナンス

　EUの教育政策の端緒は、ECSC条約の下で石炭鉄鋼労働者の転職を支援するための職業訓練（第56条）政策にある。EEC条約の下では、共通農業政策における職業訓練（第41条）、自営業者のための卒業証書、学位、免許、資格の相互承認（第57条）、社会政策との関連における失業者の雇用を促進するための職業訓練の加盟国間協力と共通職業訓練政策（第118条、第123条、第128条）であり、EAEC条約では、原子力専門家の訓練施設の設置（第9条）など、3共同体設立当初は職業訓練との関連で間接的に教育とかかわっていた。その後1993年10月発効したEU（マーストリヒト）条約の下で、「普通教育、職業訓練及び青少年」という条約上の根拠が置かれ、各加盟国間で各国教育政策の緊密な連携・協力を図るためのEU教育政策が展開されることになった（EC条約第126条、第127条）。普通教育、職業訓練及び青少年の「教育」（第149条：旧126条）では、共同体は、教育内容・教育制度に関する各加盟国の責任と文化的・言語的多様性を十分尊重し、質の高い教育活動を支援するとともに、欧州レベルでの教育も発展させるため、学位の相互承認や学生・教員の越境移動を促進することなどを規定している。また職業訓練（第150条：旧127条）については、加盟国の職業訓練、職業再教育を支援し、各国の教育制度（Education and Culture）支援部局が設置され、教育・文化・スポーツ政策が展開されるようになった。

1988年EC理事会は、①欧州人としてのアイデンティティの醸成、②ECによる経済的・社会的発展への参加、③ECと加盟国との間の理解などの政策指針を示した。欧州統合研究と欧州の国際公務員育成を目的とする大学院大学として1972年ECがイタリアのフィレンツェに学部及び4つの修士・博士課程の大学院課程を有する欧州大学院（European University Institute：EUI）を設置した。またEC加盟諸国は、欧州官僚の養成と研修を目的とする欧州大学院大学（College of Europe）を1949年ベルギーのブリュージュと1992年ポーランドのワルシャワに設置した。

　2000年3月リスボン欧州理事会では、2010年をターゲットとする知識基盤経済社会を構築する「リスボン戦略」という10カ年に及ぶ成長戦略を策定した。この戦略の一環として、研究とイノベーションや雇用、教育、社会的統合を促進し、包摂的な社会を目指す観点から教育政策が取り上げられ、欧州委員会は、学界、産業界、労働界を巻き込み、欧州評議会とも協力して「欧州高等教育圏」を構築することとした。職業教育の分野では「コペンハーゲン・プロセス」も開始された。2001年3月教育相理事会は「普通教育及び職業教育制度の具体的将来目標」と題する報告をストックホルム欧州理事会に提出し、①有効性と質の向上、②教育機関へのアクセス促進、③世界に開かれた教育、という3つの戦略目標と13の具体的目標を設定した。

　2010年EUは、「リスボン戦略」の後継となる10カ年にわたる成長戦略「欧州2020」を策定した。同戦略は、①イノベーションと知識を基盤とする「賢い成長」、②エネルギー資源の効率向上を図る「持続可能な成長」、③社会的な疎外や貧困の撲滅を目指す「包括的な成長」、の3点を骨子とするが、これらに横断的にかかわってくるのが教育政策である。「欧州2020」では就業率の改善が重視され、2020年までに就業率75％に引き上げることを目標としている。「欧州2020」は、5大重点目標を掲げた。①幼児教育の普及率を95％以上に引き上げ、②読解力、数学・自然科学の学力不足の割合を15％未満に引き下げ、③中途退学者の割合を10％未満に引き下げ、④高等教育修了者（30～34歳）比率を40％以上に引き上げ、⑤成人教育の普及、生涯学習参加率を15％以上に引き上げることを目標としている。

　特にEUの「ライフロング・ラーニング（生涯学習）」と学生や教員がEU加

盟国間と域外諸国を越境移動して学べる「モビリティー（移動性）」を重視する教育理念を特徴とする。EU は、8つの能力・技能として①母語、②外国語、③数学、自然科学、工学、④ ICT（情報通信技術）、⑤学習計画力、⑥社会・市民活動参加、⑦率先力、企業家精神、⑧文化的感受性、表現力などの向上を目指している。2011年11月欧州委員会では、欧州債務危機以降の厳しい経済状況の中でバシリウ教育担当欧州委員が、「エラスムス・フォー・オール（Erasmus for All）」という名称の EU の教育・訓練・青少年・スポーツ分野の新たなプログラムを立ち上げ、「危機だからこそ教育への投資を」必要とすることを訴えた。

　2014年「エラスムス・プラス」という EU レベルの留学支援プログラムが立ち上げられ、400万人以上の若者、学生、成人に対して外国での研修訓練、勉学、ボランティア活動等に参加する支援を開始した。EU は、1987年に開始した「エラスムス」プログラムによる欧州域内大学生の留学支援以来、2004年には EU 域内のみならず域外世界にも門戸を開放して、欧州各国の複数の大学院で越境移動して修士・博士の学位を取得できるようにする「エラスムス・ムンドス」プログラムへと進化させた。このエラスムス・ムンドスは7年間で147億ユーロの予算規模で実施され、エラスムス・プラスの教育プログラムとして一つに統合され、国際単位移動制度（International Credit Mobility）も整備された。日本の大学生・大学院生も欧州の諸大学において EU の支援を得て学び、学位を習得できるようになった。このような EU の国際教育プログラムによって、欧州の歴史や文化を体得したグローバルな人材を育成し続けている。

　EU の文化政策は、1975年12月ベルギー首相による「チンデマンス報告」において、欧州の歴史・文化や言語を共通遺産として位置付け、欧州アイデンティティの強化の重要性を提起したことに始まる。1983年ゲンシャー・コロンボによるシュトゥットガルトの「厳粛な宣言」においても欧州文化の重要性が訴えられ、文化問題担当相理事会が開催されることになった。EU（マーストリヒト）条約において、加盟国と地域の多様性を尊重し、共通の文化遺産を保護・育成することを政策として展開するための法的根拠を置いた。2000年「文化2000」という包括プログラムの下で、「アリステ（Ariste）」プロジェクトで美術品のデータベース化を進め、クラシック音楽家を支援する「トスカニーニ

基金」を立ち上げ、ルネサンス期の文献を Web 上に公開する「デポラ（Depora)」プロジェクト、古代遺産の一つである野外劇場を3D 化するプロジェクト「テアトロン（Theatron)」、毎年対象都市を選定し、文化祭典を支援する「欧州文化首都」プロジェクト、インターネットで欧州の教育・文化情報を発信する「ネットデイズ（Netdays)」などのプロジェクトが5 年間で1 億7000万ユーロの予算により実施された。また2007年「メディア2007」(2007～2013年) が立ち上げられ、EU 域内のオーディオ・ビジュアル産業を支援し、育成する施策も加わった。さらにリスボン条約の下で教育・文化政策の一環としてスポーツの振興も行うことになり、欧州規模でスポーツの指導者育成と指導資格の共通化を進め、ドーピング防止対策、試合における人種差別の監視や障碍者の参加支援、健康増進など多様な目的を包摂したスポーツ政策も展開されるようになった。

第4節　EU 科学技術・イノベーション政策のガバナンス

　EU の科学技術政策は、ローマ条約には根拠規定がなかったが1958年に欧州委員会と共同研究センター（Joint Research Centre：JRC) が設置されて以来、半世紀以上の歴史を有している。JRC は、科学技術の支援と助言を行うことを任務とする。1970年代以降、コンピュータ技術、エレクトロニクス技術の発展とともに、EU の科学技術研究支援政策は拡大していった。1984年には、多年度にわたる科学技術研究支援のための予算化を行い、枠組計画（Framework Programme：FP) という形態により実施することになった。欧州委員会の研究総局が中心となり、第 1 次枠組計画（FP1：1984～1987年)、第 2 次枠組計画（FP2：1987～1991年)、第 3 次枠組計画（FP3：1990～1994年)、第 4 次枠組計画（FP4：1994～1998年)、第 5 次枠組計画（FP5：1998～2002年)、第 6 次枠組計画（FP6：2002～2006年)、第 7 次枠組計画（FP7：2007～2013年) が継続して実施されてきた。FP の資金助成は、EU 加盟国または関連諸国3 カ国以上から3 つ以上の機関が参加することを条件として義務付け、EU 域内と域外を結ぶ世界的な幅広い研究機関・研究者ネットワークを構築してきた。枠組計画では、当初は原子力等のエネルギー研究が中心であったが、次第にライフサイエンス分

図表14-4　EU 科学技術政策・イノベーション政策の行政組織図

（出典）科学技術振興機構（2015）8 頁

図表14-5　EU 科学技術予算の変遷（枠組計画１～７・ホライズン2020）

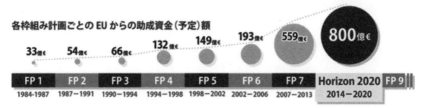

（出典）EU 駐日代表部（2019）「Hrizon2020」2019年７月30日閲覧

野、ICT、環境分野へと資金供与分野が拡大されていった。

　EU 科学技術政策の発展過程で1996年から「ジェンダー平等の主流化（Mainstreaming Gender Equality）」が進められた。1977年４月欧州委員会が提案し、1998年からの第５次枠組計画において、EU 科学技術と社会との関係が重視され、科学技術研究における男女の研究参画機会均等政策が強化された。特に第５次枠組計画では、「女性と科学」の問題が取り上げられ、1999年『女性と科学―欧州研究を拡充するための女性の動員』報告書が作成され、また『女性と科学に関する欧州技術評価ネットワーク（European Technology Assessment network on Women and Science：ETAN）』も組織され、研究評価におけるジェンダー構成についても配慮する必要性が指摘された。高等教育における理系女性研究者の進出を促進する「女性による研究」、社会経済学的視点、及び生命医科学や性差医科学的な視点から女性のニーズに合った「女性のための研究」を重視し、女性の社会や労働市場における地位、ジェンダー関係研究への支援を行う「女性についての研究」という３分野に分けて女性研究者支援施策が実施された。

　その後、第１次～７次の枠組計画に代わる新たな研究開発支援プログラムとして「Horizon 2020（2014-2020）」が全欧州規模で実施されるに至った。「ホライズン2020」の下で、研究及びイノベーションを促進するためにこの期間に約800億ユーロ（約10兆円）EU 公的資金が投入されることになった。これは、①卓越した科学（Excellent Science）、②産業技術におけるリーダーシップ（Industrial Leadership）、③社会的な課題への取組み（Social Challenges）を基本理念として、産業界、学界から市民社会の代表まで幅広い代表で構成される諮問機関

として19の「ホライズン2020」アドバイザリーグループも設置された。

　③の社会的課題としては、保健、人口構造の変化及び福祉（74億7200万ユーロ）、食糧安全保障、持続可能な農業、水産業及びバイオエコノミー（38億5100万ユーロ）、安全かつクリーンかつ効率的なエネルギー（59億3100万ユーロ）、スマートな輸送、環境に配慮した統合型の輸送の開発（63億3900万ユーロ）、気候問題への対処、環境、資源効率及び原材料の研究（30億8100万ユーロ）、包括的、イノベーティブな思慮深い社会の構築（13億900万ユーロ）、欧州と欧州市民の自由と安全を守る研究（16億9500万ユーロ）などが取り上げられ、予算措置が講じられている。

　以上のように、EU教育・文化政策は、職業訓練との関連で始まり、欧州市民のEUアイデンティティを強化することを目的として発展してきた。さらにEU科学技術政策は、欧州の経済成長と産業振興という経済的目標との関連で、イノベーション政策へと発展させ、新産業分野の開発とそれに伴う雇用創出という観点から近年一層重要視されるようになった。また研究イノベーションを推進するためには、男女共同参画の促進支援のみならず、ジェンダーをリソースとして捉え、そのための教育・訓練を行う政策も、研究イノベーションによる経済成長にとって不可欠であることが浮かび上がった。日本とEUは、科学技術イノベーション政策分野における国際共同研究協力のため、2009年科学技術協力協定に署名し、2011年3月発効した。さらに2015年5月日・EUの首脳が「日・EU間の研究・イノベーションにおける新たな戦略的パートナーシップに関する共同ビジョン」を採択し、日欧双方が科学技術協力によってイノベーションと社会的課題の解決に繋げることを共通の課題としており、今後の発展が期待されている。

〔Further Reading〕

城山英明（1997）『国際行政の構造』東京大学出版会
城山英明（2013）『国際行政論』有斐閣
小林亮（2014）『ユネスコスクール―地球市民教育の理念と実践』明石書店
科学技術振興機構（2015）『科学技術・イノベーション動向報告―EU編』
西海真樹（2016）「文化・知的協力」横田洋三監修・滝澤美佐子・富田麻理・望月康恵・吉村祥子編『入門国際機構』法律文化社、134-151頁

福田八寿絵（2016）「EU 科学技術イノベーションとジェンダー」福田耕治編『EU・欧州統合研究—Brexit 以後の欧州ガバナンス〔改訂版〕』成文堂、264-282頁
文部科学省・日本ユネスコ国内委員会（2018）「ユネスコスクールで目指す SDGs—持続可能な開発のための教育 Education for Sustainable Development」（2018年11月改訂版）

〔設問〕

1　ESD とユネスコスクールについて説明した上で、任意の ESD の関心分野・テーマを取り上げ、それに関連するユネスコスクールの具体的な事例とその意義や課題について説明しなさい。

2　EU における教育・文化政策、及び科学技術イノベーション政策の形成と発展について論じなさい。

【福田耕治・坂根　徹】

索　引

■執筆者紹介

福田耕治 (ふくだこうじ)

早稲田大学政治経済学術院教授、博士（政治学）、早稲田大学 EU 研究所所長
グローバル・ガバナンス学会理事長、日本公共政策学会理事、日本 EU 学会理事、日本公益学会
特別顧問、外務省政策評価アドバイザー、リーゼ賞（経済法学会）、政治研究櫻田会奨励賞を受賞
『グローバル・ガバナンス学Ⅱ—主体・地域・新領域』（共編著）法律文化社、2018年
『EU・欧州統合研究— Brexit 以後の欧州ガバナンス』（編著）成文堂、2016年
『EU の連帯とリスクガバナンス』（編著）成文堂、2016年
『国際行政学・新版—国際公益と国際公共政策』（単著）有斐閣、2012年
『EC 行政構造と政策過程』（単著）成文堂、1992年
『現代行政と国際化—国際行政学への序説』（単著）成文堂、1990年
Policy Change under New Democratic Capitalism, （共著）Routledge, 2018
The Dynamics of Policy Innovation and Paradigmatic Change, （共著）Edward Elgar, 2014
Envisioning Reform: Enhancing UN Accountability in the Twenty-first Century, （共著）UNU
    Press, 2009

坂根　徹 (さかねとおる)

法政大学法学部教授、博士（法学）
日本行政学会理事
東京大学法学部・同大学院法学政治学研究科、日本学術振興会特別研究員（DC1・PD）、愛媛大
学法文学部を経て現職
『変容する国際社会と国連』（国連研究第20号）（共著）国際書院、2019年
『入門 国際機構』（共著）法律文化社、2016年
『国際機構論』（共著）ミネルヴァ書房、2013年
『日本と国連—多元的視点からの再考』（国連研究第13号）（共著）国際書院、2012年
『人類の道しるべとしての国際法—平和、自由、繁栄をめざして』（横田洋三先生古稀記念論文
    集）（共著）国際書院、2011年
『国連研究の課題と展望』（国連研究第10号）（共著）国際書院、2009年
『国連システムと調達行政』（東京大学行政学研究会研究叢書１）（単著）、東京大学21世紀 COE
    プログラム「先進国における《政策システム》の創出」、2005年
International Handbook of Public Procurement, （共著）Taylor & Francis, 2008

Horitsu Bunka Sha

国際行政の新展開
——国連・EUとSDGsのグローバル・ガバナンス

2020年8月30日　初版第1刷発行

著　者　福田耕治・坂根　徹
　　　　ふくだこうじ　さかねとおる

発行者　田靡純子

発行所　株式会社 法律文化社

〒603-8053
京都市北区上賀茂岩ヶ垣内町71
電話 075(791)7131　FAX 075(721)8400
https://www.hou-bun.com/

印刷：中村印刷㈱／製本：㈲坂井製本所
装幀：仁井谷伴子
カバー地図：brichuas/Shutterstock.com

ISBN978-4-589-04094-7

©2020 K. Fukuda, T. Sakane Printed in Japan

グローバル・ガバナンス学会編
大矢根聡・菅 英輝・松井康浩責任編集
グローバル・ガバナンス学Ⅰ
―理論・歴史・規範―

渡邊啓貴・福田耕治・首藤もと子責任編集
グローバル・ガバナンス学Ⅱ
―主体・地域・新領域―

A 5 判・約280頁・各3800円

グローバル・ガバナンス学会 5 周年記念事業の一環として、研究潮流の最前線を示す。Ⅰ：グローバル・ガバナンスの概念とこれに基づく分析を今日の観点から洗いなおし、理論的考察・歴史的展開・国際規範の分析の順に論考を配置。Ⅱ：グローバル・ガバナンスに係る制度化の進展と変容をふまえ、多様な主体の認識と行動、地域ガバナンスとの連携および脱領域的な問題群の 3 部に分けて課題を検討。

佐渡友 哲著
SDGs 時代の平和学
A 5 判・136頁・3000円

持続可能な社会のゴールを示す SDGs について平和学の視点から考察する。SDGs の生成と平和学の展開との交錯を学術的に整理し、SDGs の理念・価値を再考する。平和学が目標達成へ向けてどのような役割を果たせるかを明示する。

高柳彰夫・大橋正明編
ＳＤＧｓを学ぶ
―国際開発・国際協力入門―
A 5 判・286頁・3200円

SDGs とは何か、どのような意義をもつのか。目標設定から実現課題まで解説。第Ⅰ部は SDGs 各ゴールの背景と内容を、第Ⅱ部は SDGs の実現に向けた政策の現状と課題を分析。大学、自治体、市民社会、企業と SDGs のかかわり方を具体的に提起。

横田洋三監修／滝澤美佐子・富田麻理・
望月康恵・吉村祥子編著
入門　国際機構
A 5 判・266頁・2700円

創設70周年を迎えた国連を中心に国際機構が生まれた背景とその発展の歴史、組織構造とそこで働く職員の地位を論じる。感染症の拡大防止等、国境を越えた人類共通の問題に対して国際機構は何ができるのかを解説する。

日本平和学会編
平和をめぐる14の論点
―平和研究が問い続けること―
A 5 判・326頁・2300円

いま平和研究は、複雑化する様々な問題にどのように向きあうべきか。平和研究の独自性や原動力を再認識し、果たすべき役割を明確にしつつ、対象・論点への研究手法や視座を明示する。各論考とも命題を示し論証しながら解明していくスタイルをとる。

─────────── 法律文化社 ───────────

表示価格は本体（税別）価格です